Goethes Juristenlaufbahn

Alfons Pausch · Jutta Pausch

GOETHES Juristenlaufbahn

Rechtsstudent
Advokat
Staatsdiener

Eine Fachbiographie

von

Dr. Alfons Pausch
und
Jutta Pausch

Verlag
Dr. Otto Schmidt
Köln

Die Deutsche Bibliothek – CIP-Einheitsaufnahme

Pausch, Alfons:

Goethes Juristenlaufbahn: Rechtsstudent, Advokat, Staatsdiener; eine Fachbiographie / von Alfons Pausch und Jutta Pausch. – Köln: O. Schmidt, 1996

ISBN 3-504-01798-8

NE: Pausch, Jutta:

Verlag Dr. Otto Schmidt KG
Unter den Ulmen 96–98, 50968 Köln
Tel.: 02 21/9 37 38-01, Fax: 02 21/9 37 38-921

Umschlaggestaltung: Jan P. Lichtenford, Mettmann

Gesamtherstellung: Bercker Graphischer Betrieb GmbH, Kevelaer

Printed in Germany

Inhaltsverzeichnis

III. Abschluss des Rechtsstudiums und Promotion in Strassburg

IV. Rechtsanwalt in Frankfurt a.M. mit Rechtspraktikum in Wetzlar

ANHANG

Einführung

Soweit ersichtlich, legen wir mit diesem Buch zur Berufslaufbahn des namhaftesten Dichterjuristen der Weltliteratur die erste Fachbiographie vor, die drei Hauptgesichtspunkte zu erfüllen versucht:

Erstens soll Goethes *gesamte* Juristenlaufbahn aufgezeigt werden, vom Privatschüler, Rechtsstudenten und Juradoktoranden über den Advokaten und Gerichtspraktikanten bis zum Verwaltungsbeamten und Staatsminister. Bisherige Arbeiten haben nur Teilaspekte behandelt oder die neueren Quellenwerke noch nicht auswerten können.

Zweitens sollen möglichst alle *Primär*quellen ausgewertet werden, besonders diejenigen, die in Juristenkreisen weithin noch unbekannt sein dürften: Goethes „Labores juveniles" (Jugendarbeiten im Elternhaus und Schulbereich) aus der Stadt- und Universitätsbibliothek Frankfurt a. M., die Belege aus der Studienzeit an den juristischen Fakultäten in Leipzig und Straßburg, die überlieferten Aussagen über die zurückgewiesene Doktorarbeit zum Staatskirchenrecht, seine aufgefundenen „Positiones juris" (Rechtsthesen für den akademischen Grad eines Lizentiaten beider Rechte), das Zulassungsgesuch mit dem Vereidigungsprotokoll des Advokaten im Stadtarchiv Frankfurt a. M., die Rechtsanwaltseingaben der im dortigen Stadtarchiv entdeckten, heute als Depositum im Frankfurter Goethe-Museum befindlichen Prozeßakten, vor allem aber auch die noch weniger bekannten, inzwischen vom Staatsarchiv Weimar aufbereiteten amtlichen Schriften aus dem Staatsdienst Goethes im Herzogtum bzw. Großherzogtum Sachsen-Weimar-Eisenach. Hier begegnen wir dem Dichter in überraschenden Beratungs- und Leitungsfunktionen, so in Sachen des Staats- und Verfassungsrechts, Kirchenrechts, Strafrechts, Steuerrechts, Wirtschaftsrechts, des zwischenstaatlichen Bündnisrechts, des Universitätsrechts, des Polizeirechts, des Presse- und Urheberrechts.

Drittens sollen überall Goethes fachliche *Selbstzeugnisse* in wortgetreuer Wiedergabe den Vorrang haben: seine autobiographischen Schriften, Tagebücher, Briefe und Gespräche, mit einschlägigen Beigaben aus Epik, Lyrik und Drama. Gerade auch seine drei „Naturformen der Poesie" werfen heiter-besinnliche Schlaglichter auf sein juristisches Fundament, angefangen vom „Götz" und „Werther" aus der Advokatenzeit, bis zu des Staatsministers „Wanderjahren" und dem lebenslangen Hauptwerk „Faust".

Wir sind der Meinung, daß eine chronologische Sammlung von Goethes eigenpersönlichen Aussagen allemal mehr hergibt als die gescheiteste Sekundärliteratur. Damit legen wir uns bewußt eine Selbstbescheidung zum Wohle der Leser auf; denn sie sollen nicht auf spekulative Betrachtungen angewiesen sein, sondern in die Lage versetzt werden, sich ein eigenes Urteil zu bilden über die ernsten und heiteren, eindeutigen und widersprüchlichen, offenherzigen und rätselhaften Äußerungen unseres Titelhelden. So können sie den vielleicht wichtigsten Nutzen aus dem Buche ziehen, nämlich aus Goethes Berufs- und Lebenserfahrungen diejenigen Stellen zu überdenken, von denen sie persönlich zu beruflichem und menschlichem Vergleich animiert werden.

Als wagemutige Zwerge auf den Schultern von professionellen Forschungsriesen wollen wir unseren Gesamteindruck in einer überschaubaren, möglichst kurzweiligen Fassung vorlegen, um die termingehetzten Pendler zwischen Jus und Poesie nicht noch zusätzlich zu belasten, sondern sie in die höchsten Sphären der Regeneration zu geleiten.

Im übrigen will unser aufgelockertes Konzept keineswegs abschließen, sondern aufschließen für die Freuden und Leiden eines einzigartigen Doppellebens im Dienste von Recht und Dichtung. Wir haben zu diesem Vorhaben neuen Ansporn durch das erfreuliche Publikumsecho auf unsere vorangegangenen „Goethe-Zitate für Juristen"* erhalten.

Besondere Ermunterung verdanken wir Herrn Prof. Dr. Werner Keller, dem Präsidenten der Goethe-Gesellschaft in Weimar, einer Freundes- und Forschungsgemeinschaft, die im Jahre 1885 von dem namhaften Juristen und Politiker Eduard M. Simson, dem damaligen ersten Chefpräsidenten des Reichsgerichts in Leipzig, als erstem Vorsitzenden mit aus der Taufe gehoben worden war. Prof. Kellers Beifall für unser Zitatenbuch ging in eine Einladung an die Juristenzunft über: „So ist Goethe zu rühmen, seine Menschen- und Sachkenntnis, die hoffentlich viele Juristen anhält, sich auch mit den anderen Teilen seines Oeuvre einzulassen."

Wie unsere eheliche Autorengemeinschaft zeigen wird, sind auch die „anderen Teile seines Oeuvre" vielfältig mit Goethes Juristenlaufbahn verknüpft. Einschlägige Verbindungslinien wurden seit langem von Rechtsanwälten, Notaren, Richtern, Staatsanwälten, Verwaltungsjuristen, Wirtschaftsjuristen und Rechtswissenschaftlern wiederholt in berufsbezogenen Goethebeiträgen aufgedeckt. Wir selber sind in unserer Studienzeit nach gemeinsamen Goethe-Vorlesungen bei dem Kulturphilosophen Eduard Spranger besonders von den Goethestudien des Rechtsphilosophen Gustav Radbruch angezogen worden.

Radbruch hat unseren Dichterjuristen den „größten unter den Künstlern aus Fülle" und dessen *Leben* „das größte seiner Werke" genannt und philosophiert: „Sein Leben ist das Leben *des* Menschen. Goethe der Jüngling, der Mann, der Greis, in Urbildern, die sich, in welcher Einstellung immer, in jedem Jüngling, jedem Manne, jedem Greis darstellen." Wir meinen: Wer wie der Dichter – oder wie der Rechtsphilosoph – seine berufliche und

* *Goethe-Zitate für Juristen.* Aus Rechtsstudium, Advokatur, Staatsdienst, Rechts- und Lebensweisheit des Dichterjuristen. Ausgewählt und lexikalisch aufbereitet von Dr. jur. Alfons Pausch und Jutta Pausch. Verlag Dr. Otto Schmidt, Köln, 1. Auflage 1994, 2. Auflage 1995, 3. Auflage 1996.

außerberufliche Laufbahn als lehrreiche Wanderung durch die Höhen und Tiefen des Lebens begreift, kann in vielen seiner Gefühle, Erkenntnisse und Erfahrungen auch als „kleinerer" Jurist den Aha-Effekt des Sichwiederfindens genießen. Für Nörgler halten wir ein Motto unseres Titelhelden bereit: „Man braucht ja mit vorzüglichen Menschen nicht durchaus einig zu sein, um Neigung und Bewunderung für sie zu empfinden."

Alfons und Jutta Pausch

I.

Juristische Vorschule im Elternhaus zu Frankfurt am Main

(1749–1765)

Wir sind in Frankfurt a. M. und stehen am Großen Hirschgraben vor dem rekonstruierten „Goethe-Haus". Hier ist die Geburtsstätte unserers Dichterjuristen Johann Wolfgang – kurz „Wolfgang" gerufen –, der sein autobiographisches Hauptwerk „Dichtung und Wahrheit" mit dem Satz begann:

> „Am 28. August 1749, mittags mit dem Glockenschlag zwölf, kam ich in Frankfurt am Main auf die Welt."

Am zierlichen Gitterwerk des Oberlichts über dem Portal zwischen den schmiedeeisernen Fensterkörben weisen die Initialen „JCG" den Vater Johann Caspar Goethe als ursprünglichen Erbauer aus. Er war promovierter Jurist und hatte sich ein Jahr vor Wolfgangs Geburt mit Catharina Elisabeth aus der angesehenen Juristenfamilie Textor verheiratet.

Schon vom äußeren Bauwerk her gewinnen wir den Eindruck einer großbürgerlichen Wohlhabenheit. Das Innere mit dem höfisch anmutenden Treppenhaus, den sage und schreibe zwanzig Räumen, den barocken Möbeln und den vielfältigen Bildungs- und Kunstgegenständen unterstreicht diese Annahme. Alles spricht für ein Elternhaus, das die materiellen und ideellen Voraussetzungen für eine vielseitige Erziehung und gründliche Ausbildung des Juristensohnes Wolfgang in reichem Maße bot.

Aus Vaters Besitz sticht uns die juristische Fachliteratur in seinem Bibliothekszimmer in die Augen, darunter 21 Foliobände der Frankfurter Rechtsverordnungen von 1534–1779, mit manchen Abschriften von Wolfgangs Hand. Aus Mutters Erbgut betrachten wir das große Ölgemälde ihres Vaters Dr. jur. Johann Wolfgang Textor aus dem Jahre 1763, das ihn in seiner Amtstracht als Schultheiß und obersten Richter der Reichsstadt zeigt. In den festlichen Repräsentationsräumen erinnern wir uns auch der juristischen Hausfreunde, die der Vater zu den vierzehntägigen „convivia amicorum" um sich versammelte; der Sohn hat sie achtungsvoll als „hochgebildete Männer" geschildert, die auf seine Erziehung einen starken Einfluß ausübten.

Unser Hauptinteresse findet Wolfgangs Domizil im dritten Stock, mit dem Schreibsekretär und dem Schreibpult, wo seine frühen poetischen Ergüsse und seine ersten juristischen Hausarbeiten entstanden. Hier begann aber auch der „dämonische" Widerstreit zwischen dem Juristenberuf und der Dichterberufung, der das „Geniezimmer" von Zeit zu Zeit in ein Krankenzimmer verwandelte.

Die ersten Schritte zur Juristerei mit Hilfe der Bibel und der Hausbibliothek

Beim Betreten des Frankfurter Goethe-Hauses kann der Besucher schon im Hauptwohnraum – zwischen Eingangsflur und Küche – die erzieherische Grundeinstellung der Eltern erahnen: Ein prachtvoller Barockofen ist mit biblischen und mythologischen Motiven geschmückt, über die sich im Frontispiz die Justitia mit der Waage der Gerechtigkeit erhebt.

Für das Verständnis von Goethes Juristenausbildung mit dem Höhepunkt seiner staatskirchenrechtlichen Promotion erscheint uns der Hinweis wichtig, daß Wolfgang nach der Taufe in der lutherischen Glaubenstradition beider Elternfamilien aufwuchs. Es ist daran zu erinnern, daß Kirche und Religion damals in der

Erziehung wie überhaupt im privaten und öffentlichen Leben eine überragende Rolle spielten. Dabei bildete die Bibel das zentrale Rüstzeug, dessen sich die Eltern als Lehrstoff und der Knabe als Verhaltensanweisung bedienten.

Nach dem Brauch vornehmer Bürgerhäuser wurde Wolfgang im wesentlichen von Hauslehrern unterrichtet. Die sorgfältige Privaterziehung stand unter der Aufsicht des Vaters, der den Knaben planmäßig auf das juristische Studium vorbereitete. Wie unser Dichterjurist im Ersten Teil seiner Selbstdarstellung berichtet, verlor der Vater diesen Hauptzweck bei all den Beschäftigungen und Hausarbeiten nicht aus den Augen:

> „Er suchte mein Gedächtnis, meine Gabe etwas zu fassen und zu kombinieren, auf juristische Gegenstände zu lenken, und gab mir daher ein kleines Buch, in Gestalt eines Katechismus, von Hoppe, nach Form und Inhalt der Institutionen gearbeitet, in die Hände. Ich lernte Fragen und Antworten bald auswendig und konnte so gut den Katecheten als den Katechumenen vorstellen; und wie bei dem damaligen Religionsunterricht eine der Hauptübungen war, daß man auf das behendenste die Bibel aufschlagen lernte, so wurde auch hier eine gleiche Bekanntschaft mit dem Corpus juris für nötig befunden, woran ich auch bald auf das vollkommenste bewandert war.“[1]

Der erwähnte Rechtskatechismus stammte von dem Danziger Professor Joachim Hoppe (1656–1712) und war unter dem Titel „Examen institutionum imperalium“ 1684 in Frankfurt herausgekommen. Zeitlich betrachtet, kam der Knabe zuerst mit der Heiligen Schrift in Berührung, die ihm beide Eltern nahezubringen trachteten. Da war es nur natürlich, daß der religiöse Erziehungszweck mit dem väterlichen Hauptzweck der Rechtslehre verbunden wurde und der wißbegierige Schüler schon in der Bibel nach „dem Rechten“ Ausschau hielt.

Von Wolfgang war zunächst, wie in Dichtung und Wahrheit beschrieben, „die große Foliobibel mit Kupfern von Merian durchblättert“[2], bis ihm ihr Inhalt richtig zugänglich wurde. „Ich hatte sie", berichtet er rückblickend auf Kindheit und Jugend, „wie bei dem Religionsunterricht der Protestanten geschieht, mehrmals durchlaufen, ja mich mit derselben sprungweise, von vorn nach hinten und umgekehrt, bekannt gemacht."[3] Doch war schon der Vater kein Anhänger einer starren, engstirnigen Betrachtungsweise. So wurde auch der Sohn nicht daran gehindert, sich auf die Suche nach eigenpersönlichen Erfahrungen mit der Rechtgläubigkeit zu machen. Was ihm die Bibel jedoch im Grunde bedeutete, hielt er in dem Bekenntnis fest: „Ich für meine Person hatte sie lieb und wert: denn fast ihr allein war ich meine sittliche Bildung schuldig."[4]

In dieser sittlich-religiösen Vorstellungswelt begannen sich die ersten Empfindungen des Knaben für Recht und Unrecht zu bilden. Aufschlußreiche Spuren finden sich in Goethes „Labores juveniles", seinen privaten Schul- und Jugendarbeiten, die lange verschollen waren und erst 1963 vollständig veröffentlicht werden konnten.[5] Sie beginnen ab Januar 1757 zunächst mit deutsch-lateinischen Übersetzungsarbeiten, die den religösen und rechtserziehenden Einfluß des Vaters ausweisen. Der Sohn sollte ja das zeitgenössische „ius utrumque" studieren; das waren „die beiden Rechte", nämlich das durch das Corpus iuris civilis vertretene römische Recht und das durch das Corpus iuris canonici repräsentierte kanonische Recht, die seit dem Mittelalter für das weltliche und das geistliche Recht oder für das staatliche und das kirchliche Recht standen. So war es sinnvoll und für das angestrebte Fachstudium nützlich, wenn mit Hilfe der Bibel Brücken zwischen dem geistlichen und dem weltlichen Recht geschlagen wurden.

Pädagogisch geschickt macht der Vater den achtjährigen Hausschüler in einem „Exercitium privatum" mit der biblischen Gehorsamspflicht der Kinder gegenüber den Eltern näher bekannt. Er führt ihn damit an die Zehn Gebote des Alten Testamentes heran, mit denen sich der spätere Jurastudent noch intensiv befassen sollte. Er läßt ihn dieses Vierte „Gebot" mit „praeceptum" im Sinne einer göttlichen Rechtsvorschrift übersetzen. Am Exempel eines Frankfurter Übeltäters, der „die schuldige Liebe und sonstige Achtung gegen Gott und den Nächsten" aus den Augen verloren hatte, lernt der gehorsame Übersetzer die Begriffe „divina iura" und „humana iura" als göttliche und menschliche Rechte kennen, die damals besonders für die aktuelle Diskussion um das Naturrecht bedeutsam waren. Das Lehrer-Schüler-Paar faßt die Gerechtigkeit in einem doppelten Sinne ins Auge, nämlich als „justitia Christi" und als „justitia humana". In einem Übersetzungsgespräch über das Frankfurter Bürger- und Beisassenrecht taucht der Gnadenbegriff „gratia" auf; der spätere Geheimrat wurde im Weimarer Consilium gerade auch mit Gnadensachen befaßt.

Den Begriff „Gesetz" lernte der „Nichtschulknabe" – wie er sich nannte – zunächst im Sinne des israelitischen Bundesgesetzes kennen, dann als profane Anordnung aus der römischen Geschichte des Historikers Marcus J. Justinus (als „lex" mit dem Eigenschaftswort „legitimus") und aus dem Griechischunterricht als Staatsgesetz Athens (übersetzt mit „nomos"). In den Bibelstunden und vielleicht auch in den hebräischen Sprachübungen kam der Knabe auch mit einzelnen Rechtsinstituten in Berührung, so z. B. mit Kauf, Besitz und Eigentum im Leben Abrahams, mit dem Recht der Erstgeburt und dem Betrug Jakobs gegenüber Esau oder mit dem Recht der Sklaverei beim ägyptischen Joseph. Nachwirkungen auf das juristische Studium sind teilweise deutlich erkennbar, so in Goethes Straßburger Streitsatz über die Sklaverei im Rahmen des Völkerrechts.

Der frühe Einstieg in die juristische Fachrichtung wurde auch durch die Büchersammlung des Vaters gefördert. Der junge Wolfgang entdeckte darin „vieles, was sich auf die römischen Antiquitäten und die elegantere Jurisprudenz" bezieht. Die Hausbibliothek wuchs im Laufe der Jahre auf fast 1700 Bände an. Allein die „Sammlung juristischer Dissertationen vermehrte sich jährlich um einige Bände", hielt Goethe in seiner Lebensbeschreibung fest. Über des Vaters eigene Doktorarbeit, die wohl einen Ehrenplatz einnahm, bemerkte der Sohn noch im Jahre 1811 achtungsvoll: „Seine mit Ernst und Fleiß verfaßte Dissertation: Electa de aditione hereditatis, wird noch von den Rechtslehrern mit Lob angeführt". Neben Quellenwerken und Kommentaren zum römischen, kirchlichen und vaterländischen Recht befanden sich offenbar noch des Vaters eigene Studienbücher in den Regalen, darunter ein anspruchsvolles Werk über Jurisprudentia Romano-Germanica forensis des Jenaer Juraprofessors Georg A. Struve. Der Dichter erinnert sich in seiner Selbstbiographie, daß sich der lehrfreudige Hausdozent mit der bloßen Einführung in das Corpus juris nicht begnügen wollte: „Mein Vater wollte weitergehen, und der kleine Struve ward vorgenommen; aber hier ging es nicht so rasch. Die Form des Buches war für den Anfänger nicht so günstig, daß er sich selbst hätte aushelfen können, und meines Vaters Art zu dozieren nicht so liberal, daß sie mich angesprochen hätte."

Nach einem „Colloquium Pater et Filius" ging es im Hausunterricht gelegentlich auch heiter zu. So hatte der Knabe nach einem Besuch des elterlichen Weinkellers folgende Unterhaltung ins Lateinische zu übersetzen:

„Filius: Allein was sind denn in diesen Fässern für Weine? Pater: Ob zwar die Unwissenheit hierinnen besser ist, so sollst du doch wissen, daß sie viele Jahre haben, und desfalls sehr rar sind, und dieses sage ich dir, damit du dich dermaleinst mäßig bedienest, und Sorge habest, daß solche auf die Zukunft überliefert werden.

Filius: Ja ich will es tun: doch eines möchte ich noch wissen, ob es nämlich solche Weine sind, welche Theologische genennet, und mit denen dreien Buchstaben COS bezeichnet werden. Pater: Ei wie lustige Einfälle: die armen Geistlichen müssen sich sehr leiden, da die wenigsten solchen genießen können. Filius: Dieses ist auch wahr und pflegen jene Beschuldigung auf die Juristen zu schieben."[6]

Die Abkürzung „COS" bezog sich auf „vinum cos", einem bevorzugten Kirchenwein von der griechischen Insel Kos.

In privaten Schreibzirkeln, denen ab und zu namhafte Juristen der Stadt vorstanden, wetteifern die Kinder um die schönsten

Schriftzüge bei der Eintragung von Bibelzitaten oder biblischen Lehren in die Übungshefte. Bei der Geschichte des Brudermordes von Kain z. B. wird der Ausdruck „gerecht" dem Wort „böse" im Sinne von ungerecht gegenübergestellt. In Versen des Propheten Jesaja werden die „Gerechten" von den „Gottlosen" geschieden. Aus den alttestamentlichen Büchern der Lehrweisheit werden Gottes „Gebote" und seine „wohlwollenden Züchtigungen" niedergeschrieben, nachdem der Vater die „poenae benemeritae" (wohlverdienten Strafen) „in foro humano" (vor dem menschlichen Richterstuhl) behandelt hatte.

Unter der Leitung des Frankfurter Schöffen Dr. jur. v. Olenschlager, der auf die juristische Bildung von Wolfgang einen starken Einfluß ausübte, schrieb der Jungschüler am 29. März 1757 in sein Arbeitsheft die Goldene Regel der Bergpredigt:

> „Alles, das ihr wollet, das euch die Leute tun sollen, das tut ihr ihnen" (Matthäusevangelium 7,12).

Mit dieser sittlichen Grundformel wurde die biblische „Gerechtigkeit" in einer allgemein-menschlichen Handlungsmaxime zusammengefaßt, der die Seligpreisung vorausging: „Selig sind, die hungern und dürsten nach der Gerechtigkeit."

Welch nachhaltigen Eindruck gerade die Bergpredigt auf den baldigen Jurastudenten gemacht hat, läßt ein Erlebnisbericht aus dem Nachlaß der Frau Appellationsrätin Marie Körner erkennen. Sie schildert, wie „Goethe, damals Student der Rechte, sechzehn Jahre alt" in Leipzig während einer Lektion von „Hurengeschichten" aus dem Buch Esther eine heftige „Strafpredigt" gegen den Magister hielt und ihn auf die Bergpredigt verwies:

> „Goethe las uns das ganze Kapitel laut vor und fügte ganz erbauliche Bemerkungen hinzu, wie wir sie von unserem Magister niemals gehört hatten. Dieser faßte nun auch wieder Mut und fragte bescheidentlich: Der Herr sind wohl studiosus theologiae ..."[7]

Auch in der Folgezeit hat Goethe von seiner häuslichen Vorschule und seinen Interessen her wiederholt den Anschein eines

Theologiestudenten erweckt. Später läßt er denn auch seinen Faust resümieren, er habe nicht nur „Juristerei", sondern „leider auch Theologie durchaus studiert." Dabei sollte nicht übersehen werden, daß sich der betonende Zusatz „leider" nicht auf sein juristisches Berufsstudium bezieht.

Der Vater als Jurist, Kaiserlicher Rat und Millionär

Über Wolfgangs juristischen Haupterzieher Johann Caspar Goethe (1710–1782) lesen wir später in Dichtung und Wahrheit:

> „Mein Vater, ein gründlicher, ja eleganter Jurist, führte seine Geschäfte selbst, die ihm sowohl die Verwaltung seines Vermögens als auch die Verbindung mit wertgeschätzten Freunden auferlegte, und ob ihm gleich sein Charakter als kaiserlicher Rat zu praktizieren nicht erlaubte, so war er doch manchem Vertrauten als Rechtsfreund zur Hand."[8]

Die Gründlichkeit und Eleganz seiner Rechtsgelehrsamkeit beruhten auf einer umfassenden Fachausbildung und einer gepflegten Ausdrucksweise im Geiste der französisch inspirierten Barockzeit. Der facherzieherische Drang des Vaters lief auf das Bestreben hinaus, den Sohn als Stammhalter möglichst nach seinem Ebenbild zu formen. Das bedeutete, ihn zum Nachvollzug seines eigenen Ausbildungsganges zu bewegen, der kurz folgende Hauptstationen aufwies:[9]

1730–1735 Studium an den juristischen Fakultäten der Universitäten in Gießen und – die längere Zeit – in Leipzig.

1736–1738 Praktikant in einem Frankfurter Advokatenbüro und am Reichskammergericht in Wetzlar.

1738 Promotion zum Dr. jur. in Gießen über das Thema „Electa de aditione hereditatis ex iure romano et patrio illustrata" (Über den Erbschaftsantritt nach römischem und vaterländischem Recht).[10]

1739 Informationsaufenthalt beim Immerwährenden Reichstag in Regensburg und beim Kaiserlichen Reichshofrat, dem zweiten obersten Reichsgericht, in Wien.

1740 „Kavalierstour" nach Italien und Frankreich, wie sie als Bildungsreise für begüterte junge Männer damals üblich war.

1741 Halbjähriges Ergänzungsstudium bei der Juristischen Fakultät der Universität in Straßburg.

In zahlreichen wohlhabenden Familien wurde das Jurastudium als Allgemeinbildung geschätzt, ohne daraus unbedingt einen Beruf zum Lebensunterhalt zu machen. Auch Goethes Vater war auf eine juristische Erwerbsquelle nicht angewiesen und strebte zunächst einen ehrenamtlichen Dienst beim reichsstädtischen Rat seines Heimatortes an. Die Bewerbung mißlang und wurde dann unmöglich, als sein Bruder als Vertreter der Zinngießerzunft in den Rat aufgenommen und er selbst die Tochter des Stadtschultheißen heiratete; denn nach dem Frankfurter Stadtrecht schloß diese Verwandtschaft jegliche Mitwirkung im Rate aus.[11]

Indessen war der Vater 1742 auf Grund seiner nachgewiesenen Rechtsstudien sowie seiner Rechtspraktiken beim Reichskammergericht, Reichstag und Reichshofrat durch den gerade in Frankfurt weilenden Kaiser Karl VII. zum „Wirklichen Kaiserlichen Rat" ernannt worden; das geschah allerdings „gegen Erlegung des gewöhnlichen Tax" von 313 Gulden und 30 Kreuzern, wonach der ehrenvolle Titel bei entsprechenden Beziehungen mehr oder weniger käuflich war.[12]

Das originelle Bittgesuch von Goethes Vater mit den traditionellen Formeln und der Schlußabkürzung „J. U. D." (Juris Utriusque Doctor = Doktor beider Rechte) versetzt uns in den schrulligen Geist jener Zeit:[13]

Allerdurchlauchtigster Großmächtigster und unüberwindlichster Römischer Kayser auch zu Böheim König ꝛc.ꝛc.

Allergnädigster Kayser, König und Herr Herr!

Ew. Kayserl. & Königl. Majestät haben bereits seit Dero jüngsthin glorwürdigst angetrettenen Kayserl. Regierung auch ein und andere Personen dieser Stadt, so sich durch Wissenschaften und gute Sitten qualificirt gemacht, dero allerhöchste Kayserl. Gnade in verschiedenen Fällen allermildest angedeyen lassen. Nachdem ich nun nicht allein durch die letzthin von Ew. Kayserl. & Königl. Majestät in allerhöchster Person alhier eingenommenen Huldigung ein allerunterthänigst-treu-gehorsambster Knecht geworden, sondern auch durch den auf verschiedenen Teutschen Academien in denen Studiis gelegten Grund und deren volligen Vollendung so wohl, als nachhero bey dem Kayserl. Cammer-Gericht zu Wetzlar, dem Reichs-Tage zu Regenspurg und dem Reichs-Hoffrath viele Jahre hindurch erlernte Reichs-Praxeos, so fort auff Reisen geschöpffte Einsicht verschiedener vornehmen Europäischen Staaten, Sitten und Gebräuche, die erforderlichen Eigenschafften, Gott, Ew. Kayserl. & Königl. Majestät und dem Vatterlande ersprießlich dienen zu können, hoffentlich acquiriret, So erkühne mich ebenfalls Ew. Kayserl. & Königl. Majestät obgedachte meine wenige qualitäten zu vördrist zu Dero allerhöchsten Diensten allergehorsamst zu offeriren, Zugleich aber allerhöchst Dieselben zu bitten, mir Dero würklichen Kayserl. Raths Caracter allermildest zu conferiren, welche allerhöchste Kayserl. Gnade Zeitlebens mit Treuaufrichtigsten Diensten zu demeriren mein einziges Augenmerk seyn wird, Der ich übrigens in allertiefster Verehrung, zu Dero allerhöchsten Kayserl. Huld und Gnade mich fernerhin empfehlende, ersterbe

Ew. Kayserl. und Königl. Majestät ꝛc.
allerunterthänigst treugehorsambster
Knecht
Johann Caspar Goethe J. U. D.

Im Frankfurter „Buch der Getauften" steht bei der Eintragung von Wolfgangs Taufe am 29. August 1749 über den Vater geschrieben:

„Ihro Römisch Kaiserl. May. würklicher Rath und beider Rechten Doct. allhier."

Als Taufgevatter ist Wolfgangs Großvater der Mutterseite verzeichnet als „Herr Johann Wolfgang Textor, Hochansehnlicher Reichs-Gerichts-Schultheiß allhier, wie auch Ihro Röm. Kaiserl. May. würklicher Rath".

Das abgedruckte Gesuch des Vaters ist durch kaiserliches Dekret vom 16. Mai 1742 positiv beschieden worden; die Verleihungsurkunde wiederholt anerkennend den vom Bittsteller angegebenen juristischen Ausbildungsgang und berechtigt ihn zum Genuß aller „Ehr, Würde, Vorteil, Rechte und Gerechtigkeit, wie andre Unsere Kayserl. Räthe haben".[14] Durch diese Ehrung rückte Goethes Vater zwar nicht dienstlich, aber gesellschaftlich in den Rang der reichsstädtischen Spitzenämter auf und konnte erfolgreich um die Hand der ältesten Tochter des obersten Amtsträgers der Reichsstadt anhalten, der ebenfalls den kaiserlichen Ratstitel führte. Die Trauung erfolgte am 20. August 1748; sie verband den Goetheclan mit einer altehrwürdigen Juristenfamilie, die umgekehrt mit einem aufstrebenden Handwerkergeschlecht zusammengeführt wurde.

Der achtunddreißigjährige Bräutigam J. Caspar Goethe kam aus dem Hause eines tüchtigen Schneidermeisters, der aus der Fertigung von barocken Garderoben für die Oberschicht und durch Einheirat in den viertgrößten Gasthof der Handelsstadt zu einem begüterten Bürger aufgestiegen war. Als gleichzeitiger Gastwirt und gewandter Weinhändler mischte sich der großväterliche Handwerksmeister unter die reicheren Kaufleute und hinterließ bei seinem Tod im Jahre 1730 ein beträchtliches Vermögen:[15] den Gasthof „Weidenhof" auf der Zeil mit eigenen Weinbergen, 2 Wohnhäuser, 2 Gartengrundstücke, 14 verschiedene Grundstücksbeleihungen und 17 Sack Geld in jeweils verschiedener Münze. Das Bargeld ergab 90 000 Gulden, was ihn allein schon zum Millionär im heutigen Sinne gemacht hätte. Davon fiel Wolfgangs Vater als dem ersten Akademiker der Goethesippe ein stattliches Erbe zu, womit er für 14 000 Gulden das Haus am Hirschgraben erbaute und den Rest in festverzinslichen Werten mit einer Jahresrente von rund 2 700 Gulden anlegte.

Bei dieser Wohlhabenheit konnte es sich der Vater wie andere großbürgerliche Juristen seines Freundeskreises leisten, die liberalere Lebensweise eines „Particulier" zu wählen, den Neigungen eines Privatgelehrten nachzugehen und sich wie ein Gymnasiallehrer oder Hochschuldozent stundenplanmäßig der Ausbildung des Sohnes wie auch der Tochter Cornelia zu widmen.

Dieser Werdegang des Vaters färbte in vielem auf den Sohn ab. Zwar hat Wolfgang die juristischen Stationen nicht wie jener aus eigenem Antrieb durchlaufen, sie später aber wiederholt als nützlich für seine Entwicklung erkannt. Mehr war es wohl die ungebundene Lebensweise, die ihn zeitlebens nach dem väterlichen „Ebenbild" formte und über den Juristenberuf hinaus die freiere Entfaltung des Dichters begünstigte. Von entscheidender Bedeutung aber war auch die großzügige finanzielle Unterstützung durch den millionenschweren Privatier. Wolfgang hätte das Jurastudium kaum durchgestanden und die Poesie nicht so vielfältig bereichern können, wäre er nicht durch großherzige Studentenwechsel des Vaters gefördert worden. Sein Studium hat rund 6000 Gulden verschlungen, was eine durchschnittliche Jahressumme von 1200 Gulden ergibt; im Vergleich dazu belief sich das Jahresgehalt des Frankfurter Stadtschultheißen für seine siebenköpfige Familie auf 1800 Gulden und das des Stadtpfarrers auf ganze 500 Gulden.

Juristen der Muttersippe Textor: Spitzenbeamte, Advokaten, Richter und Rechtslehrer

„Vom Vater hab ich die Statur,
Des Lebens ernstes Führen,
Vom Mütterchen die Frohnatur
Und Lust zu fabulieren."

Wenn diese bekannten Sinnsprüche des Dichterjuristen die von den Eltern empfangenen Wesenszüge hervorkehren sollen, dann hatte er nicht nur des Lebens „ernstes Führen", sondern auch „die Lust zu fabulieren" dem Juristenblut zu verdanken; denn mehr noch als der Vater war das Mütterchen im Juristenkreis verankert.

Goethes Mutter Catharina Elisabeth (1731–1808) stammte aus der traditionellen Juristenfamilie Textor. In Epigrammen ließ der Sohn später anklingen, daß er sich als gar zu wunderliche „Überlieferung" empfand, bis er humorig-selbstbescheiden erkannte:

„Und endlich wird ihm offenbar:
Er sei nur, was ein andrer war."[16]

Unter solchen „anderen" sollen hier wenigstens stichwortartig die juristischen Ahnen mütterlicherseits um ein Jahrhundert zurückverfolgt werden:

- Wolfgangs *Großvater Johann Wolfgang Textor* (1693–1771), Rechtsstudium an der Universität Altdorf (bei Nürnberg), wo er 1717 den Lizentiaten- und 1720 den Doktorgrad beider Rechte (kirchliches und weltliches Recht) erwarb; Praktikant am Reichskammergericht, Advokat, seit 1727 Mitglied des Rates der Reichsstadt Frankfurt am Main mit Aufstieg in die Spitzenämter: Senator 1727, Schöffe 1731, jüngerer Bürgermeister 1738, älterer Bürgermeister 1743, Frankfurter Reichstagsgesandter 1742, Wirklicher Kaiserlicher Rat 1743, seit 1747 Stadtschultheiß auf Lebenszeit, womit er als gleichzeitiger oberster Justizbeamter die höchste Würdenstelle der Reichsstadt erhielt.

Dieser Vater von Catharina Elisabeth und Großvater Wolfgangs heiratete während seiner Praktikantenzeit in Wetzlar eine Anna Margarethe Lindheimer aus einer ebenfalls traditionellen Juristenfamilie; ihr Vater war Advokat und Prokurator am Reichskammergericht zu Wetzlar, ihr Großvater mütterlicherseits Lizentiat und Doktor beider Rechte, Consulent, Geheimer Rat und Hofrat verschiedener Fürsten, Grafen und Stände, ihr Urgroßvater war Consulent und Advocatus ordinarius.

- Goethes *Urgroßvater Christoph Heinrich Textor* (1666–1716) war Rechtsstudent in Gießen, Lizentiat beider Rechte, ab 1692 Advokat in Frankfurt am Main, später Kurpfälzischer Hofgerichtsrat.

- Goethes *Ururgroßvater Johann Wolfgang Textor* (1638–1701) war der bedeutendste juristische Ahnherr. Als Sohn eines Magisters und Gräfl. Hohenloheschen Kanzleidirektors studierte er Jura ab 1653 in Jena, ab 1655 in Straßburg, wo er 1663 promovierte. Nach hohenlohischen Diensten als Kanzleidirektor und Rat in Neuenstein wurde er 1666 Juraprofessor an der Universität Altdorf bei Nürnberg, wo 1667 Leibniz bei ihm zum Doktor beider Rechte promovierte; 1673 wurde er Rechtslehrer in Heidelberg, war 1676/77 Rektor der Universität, von 1674–1688 auch Beisitzer und 1688–1699 Vizerichter des kurpfälzischen Hof- und Ehegerichts. 1691 wurde er zum Syndicus primarius und Consulenten der Reichsstadt Frankfurt/Main gewählt. Dieser Vorfahre unseres Dichterjuristen hat als Rechtslehrer und Reichspublizist im Staats-, Kirchen- und Völkerrecht wegweisend gewirkt und neben Conring und Pufendorf die Pflege des öffentlichen Rechts in Deutschland wohl erst „wirklich in Gang“ gebracht.[17]

Der Privatschüler Wolfgang ist mit dem juristischen Geistesgut der Textorsippe unmittelbar durch den noch lebenden Großvater und Stadtschultheißen in Berührung gekommen. Nach Dichtung und Wahrheit war ihm dieser, sein Taufpate, von dem er beide Vornamen weitertrug, eine besonders verehrte und verständnisvolle Kontaktperson. Er berichtet, daß er bei den manchmal „doppelten Lektionen" des Vaters vor diesen „didaktischen und pädagogischen Bedrängnissen" in das Textorhaus flüchtete, wo Geschäftigkeit und Behaglichkeit in einem ausgewogenen Verhältnis standen. Der „würdige Greis", zu dem der Enkel ehrfürchtig aufsah, betrieb seine „Obst- und Blumenzucht . . . ebenso regelmäßig und genau als seine Amtsgeschäfte." Wolfgang sah sich auch in der Bibliothek des Großvaters mit den „juristischen Werken" um; der Stadtschultheiß konnte drei eigene Disputationsschriften aus dem Lehns- und Reichsrecht vorweisen, mit denen er an der Universität Altdorf (dem vormaligen Lehrort des gleichnamigen, ihm als Knaben noch persönlich bekannt gewesenen Juraprofessors und Wolfgangs Urgroßvater) zum Lizentiaten und Doktor beider Rechte promoviert hatte.

Wie Goethe erzählt, gefiel er sich in dem Verhältnis, welches aus dem juristischen Beruf des Großvaters für die Familie entsprang: „denn indem er als der erste unter seinesgleichen dastand, hatte dies doch auf die Seinigen nicht geringen Einfluß." Unter diesem Einfluß wurde der Knabe Wolfgang schon früh mit der Rats- und Gerichtsverfassung der Reichsstadt bekannt, sowie „mit jenem großen staatsrechtlichen Gegenstand, der Wahl und Krönung eines römischen Königs" am Ort seiner juristischen Vorschule.

Bei aller freudigen Bewunderung für den Textor-Großvater scheint dieser jedoch nicht die gleiche ungetrübte Frohnatur wie die Mutter ausgestrahlt und auf den Dichter vererbt zu haben. Eine Zeitgenossin meinte: „Selbst wenn seine (Wolfgangs) Natur in ihrer heiteren Fülle waltete, steckte bisweilen etwas wieder hervor, das mich an den Schultheißen von Frankfurt erinnerte", um dann auf Goethes gegensätzliche Natur mit seiner „dämonischen Gewalt" zu sprechen zu kommen.[18] In seiner äußeren Haltung habe der Dichter „sein Herkommen aus einer angesehenen und obrigkeitlichen Familie einer freien Reichsstadt nie verleugnet"; aber innerlich sei er von einem „Bangen seiner Natur" erfüllt gewesen: „Da er zugleich die menschliche Freiheit stark in sich fühlt, wird er verdrießlich, angstvoll", wie es anscheinend auch der Großvater im höchsten Juristenamt der Stadt gelegentlich war. Welcher professionelle Jurist wüßte nicht sein eigenes Lied über den inneren Widerstreit von Freiheitslust und beruflicher Begrenzung zu singen?

Goethe hat unter solchem Widerstreit von Jugend an besonders schwer gelitten. Als er später in Dichtung und Wahrheit sein widerspruchsvolles Juristenleben überdachte, faßte er seine Erfahrungen über das gegensätzliche Wesen der Natur in Worten zusammen, die wir im Blick auf seine Persönlichkeitsentwicklung stets im Auge behalten sollten:

> „Alles was uns begrenzt schien für dasselbe (Wesen) durchdringbar; es schien mit den notwendigen Elementen unseres Daseins willkürlich zu schalten; es zog die Zeit zusammen und dehnte den Raum aus. Nur im Unmöglichen schien es sich zu gefallen und das Mögliche mit Verachtung von sich zu stoßen. Dieses Wesen, das zwischen alle übrigen hineinzutreten, sie zu sondern, sie zu verbinden schien, nannte ich dämonisch, nach dem Beispiel der Alten und derer die etwas Ähnliches gewahrt hatten. Ich suchte mich vor diesem furchtbaren Wesen zu retten, indem ich mich nach meiner Gewohnheit hinter ein Bild flüchtete."

Juristen als Hausfreunde und Miterzieher

In dem juristisch geprägten Elternhaus des Privatschülers Wolfgang gingen angesehene Vertreter des Juristenstandes ein und aus. Wie Goethe für seine Lebensdarstellung festgehalten hat, waren es vor allem folgende Männer, die „großen Einfluß auf mich gehabt":[19]

- *Johann Philipp Orth* (1698–1730), nach dem Rechtsstudium in Marburg und Halle seit 1721 Advokat in Frankfurt und juristischer Schriftsteller.[20] Goethe schreibt über ihn:

„Doctor Ort, reich, Capitalist, in sich gezogen, trefflicher Jurist ... Die deutschen und besonders die frankfurtischen Altertümer sind ihm sehr viel schuldig geworden; er gab die Anmerkungen zu der sogenannten Frankfurter Reformation heraus, ein Werk, in welchem die Statuten der Reichsstadt gesammelt sind. Die historischen Kapitel desselben habe ich in meinen Jünglingsjahren fleißig studiert."

– *Dr. jur. Johann Daniel v. Olenschlager* (1711–1778), nach dem Rechtsstudium in Marburg, Leipzig und Straßburg zunächst Advokat in Frankfurt, ab 1748 Ratsmitglied: Senator, Schöffe, Bürgermeister.[21] Goethe berichtet:

„Ich war um ihn, als er eben seine Erläuterungen der Güldnen Bulle schrieb; da er mir den Wert und die Würde dieses Dokuments sehr deutlich herauszusetzen wußte. Auch dadurch wurde meine Einbildungskraft in jene wilden und unruhigen Zeiten rückgeführt, daß ich nicht unterlassen konnte, dasjenige was er mir geschichtlich erzählte, gleichsam als gegenwärtig, mit Ausmalung der Charakter und Umstände und manchmal sogar mimisch darzustellen; woran er denn große Freude hatte und durch seinen Beifall mich zur Wiederholung aufregte. Ich hatte von Kindheit auf die wunderliche Gewohnheit, immer die Anfänge der Bücher und Abteilungen eines Werks auswendig zu lernen, zuerst der fünf Bücher Mosis, sodann der Äneide und der Metamorphosen. So machte ich es nun auch mit der Goldenen Bulle, und reizte meinen Gönner zum lächeln, wenn ich ganz ernsthaft unversehens ausrief: Omne regnum in se divisum desolabitur: nam principes ejus facti sunt socii furum."

(Jedes Reich, das in sich uneins ist, wird veröden; denn dessen Fürsten sind Genossen von Dieben geworden.) Dieser Hausfreund hat den Privatschüler Wolfgang nicht nur in das Grundgesetz des alten Reiches eingeführt, sondern war auch Schiedsrichter bei der ersten Schreibübung des sechsjährigen Knaben über das biblische „Gesetz" der Goldenen Regel.[22] Auch dieser Kontakt bestätigt die enge Verbindung der religiösen Erziehung mit der juristischen Heranbildung des Knaben.

– *Wilhelm Friedrich Hüsgen,* Hofrat und Agent, „nicht von Frankfurt gebürtig, reformierter Religion und deswegen keiner öffentlichen Stelle noch auch der Advokatur fähig, die er jedoch, weil man ihm als vortrefflichem Juristen viel Vertrauen schenkte, unter fremder Signatur ganz gelassen sowohl in Frankfurt als bei den Reichsgerichten zu führen wußte . . . Da er sich nur bedeutender Rechtsfälle annahm, so hatte er Zeit genug, sich auf andere Weise zu beschäftigen und zu unterhalten."

– Als weiterer Anteilnehmer an Goethes privater Grundausbildung wird uns *Friedrich Ludwig v. Reineck* (1707–1775) vor Augen geführt, der als Kursächsischer Geheimer Kriegsrat in Frankfurt wirkte; sein Sohn studierte Jura in Göttingen, war Praktikant beim Reichskammergericht in Wetzlar und wurde Waldeckischer Hofrichter. Der Kriegsrat wird von Goethe als „tüchtig, rechtschaffen, aber starrsinnig" und als eine Art Prozeßhansel geschildert, der unserem kleinen Nachwuchsjuristen einen lebhaften Einblick in seine Rechtsstreitigkeiten vermittelte.

Diese Männer waren als Hausfreunde der Juristenfamilie in einem höheren Sinne in die Erziehung Wolfgangs einbezogen. „Die verschiedenen Unterhaltungen mit diesen Männern", heißt es in Goethes zusammenfassender Rückschau, „waren nicht unbedeutend, und jeder wirkte auf mich nach seiner Weise. Für einen jeden hatte ich so viel, oft noch mehr Aufmerksamkeit als die eigenen Kinder, und jeder suchte an mir, als an einem geliebten Sohne, sein Wohlgefallen zu vermehren, indem er an mir sein moralisches Ebenbild herzustellen trachtete. Olenschlager wollte mich zum Hofmann, Reineck zum diplomatischen Geschäftsmann bilden; beide, besonders letzterer suchten mir Poesie und Schriftstellerei zu verleiden. Hüsgen wollte mich zum Timon seiner Art, dabei aber zum tüchtigen Rechtsgelehrten haben: ein notwendiges Handwerk, wie er meinte, damit man sich und das Seinige gegen das Lumpenpack von Menschen regelmäßig verteidigen, einem Unterdrückten beistehen und allenfalls einem Schelmen etwas am Zeuge flicken könne; letzteres jedoch sei weder besonders tunlich noch ratsam."

So waren die juristischen Hausfreunde mehr oder weniger auf die zielstrebigen Bemühungen von Goethes Vater eingeschworen, den erstgeborenen Sohn und Stammhalter Wolfgang auf die juristische Laufbahn zu lenken. Jeder scheint auf seine Weise versucht zu haben, ihm die beruflichen Möglichkeiten als Hofbeamter, Diplomat, Rechtslehrer oder Advokat schmackhaft zu machen. Der Verfasser von „Dichtung und Wahrheit" nennt noch eine Reihe weiterer Namen, die ihm während seiner häuslichen Ausbildungszeit persönlich oder in ihren fachbezogenen Werken begegneten, aber erst später einen stärkeren Einfluß auf ihn ausübten; auf sie kommen wir in den entsprechenden Abschnitten seiner Studien- und Advokatenzeit zurück.

Wichtig war für den zurückblickenden Dichter noch die Feststellung, daß er auch von jüngeren, an Alter ihm nur wenig Vorausgeschrittenen zum unmittelbaren Nacheifern aufgefordert wurde: „Ich nenne hier vor allen anderen die Gebrüder Schlosser und Griesbach", die „uns damals als ausgezeichnet in Sprachen und andern die akademische Laufbahn eröffnenden Studien gepriesen und zum Muster aufgestellt wurden, und daß jedermann die gewisse Erwartung hegte, sie würden einst in Staat und in der Kirche etwas Ungemeines leisten." Die Gebrüder Schlosser, auf die wir noch zurückkommen werden, haben Jura studiert und dann beachtliche Positionen als Advokaten, Stadt- und Staatsdiener erlangt, so daß sie ganz im Sinne von Goethes Vater „zum Muster aufgestellt" werden konnten. Interessant ist aber auch, daß der mitgenannte Griesbach (Johann Jakob 1745–1812) Pfarrerssohn war, Theologie studierte und dann Professor für Neues Testament in Halle und in Jena wurde und so für die „Kirche etwas Ungemeines leisten" konnte. Da auch er dem jungen Wolfgang „zum Muster aufgestellt" wurde, dürfte im Goethehaus, vielleicht nach einem Wunsche der Mutter, auch das Theologiestudium mit dem Ziele eines kirchlichen Amtes im Gespräch gewesen sein.

Doch als der Privatschüler zum sechzehnjährigen Jüngling herangewachsen war, befand er sich bereits auf der Spur seiner eigentlichen Berufung. Auf die vorgenannten Musterknaben zurückblickend, holte er aus seinem Inneren die Sätze hervor:

> „Was mich betrifft, so hatte ich auch wohl im Sinne, etwas Außerordentliches hervorzubringen; worin es aber bestehen könne, wollte mir nicht deutlich werden. Wie man jedoch eher an den Lohn denkt, den man erhalten möchte, als an das Verdienst, das man sich erwerben sollte, so leugne ich nicht, daß wenn ich an ein wünschenswertes Glück dachte, dieses mir am reizendsten in der Gestalt des Lorbeerkranzes erschien, der den Dichter zu zieren geflochten ist."

II.

Der Rechtsstudent in Leipzig

(1765–1768)

„Es ist ein frommer Wunsch aller Väter, das was ihnen selbst abgegangen, an den Söhnen realisiert zu sehen", schreibt Goethe im Rückblick auf die Jugendzeit. Zwar war seines Vaters eigener Lebensgang weithin nach Wunsch gelungen, so daß Wolfgang „denselben Weg gehen sollte". Aber der im Elternhaus so gut vorgebildete Junge sollte diesen Weg „bequemer und weiter" gehen. Der Vater hatte alles „nur durch unsäglichen Fleiß, Anhaltsamkeit und Wiederholung" erworben, beim Sohn aber ungeahnte Anlagen, „angeborne Gaben", schätzen gelernt: „Schnelles Ergreifen, Verarbeiten und Festhalten" und „andere Frühzeitigkeiten in Absicht auf Gedächtnis und Kombination." Das waren – nicht nur nach Ansicht des patriarchalischen Hauslehrers – die besten Voraussetzungen für einen juristischen Lebensberuf. Dazu Wolfgang: „Deshalb konnte mein Vater kaum erwarten, bis ich auf Akademie gehen würde. Sehr bald erklärte er, daß ich in Leipzig, für welches er eine große Vorliebe behalten, gleichfalls Jura studieren, alsdann noch eine andre Universität besuchen und promovieren sollte."[23]

Wie der Vater hinzufügte, sollte der promovierte junge Jurist alsdann „nach Wetzlar und Regensburg, nicht weniger nach Wien und von da nach Italien gehen". Der Vater hatte also entsprechend seiner eigenen Ausbildungszeit auch Stationen am Reichskammergericht in Wetzlar, beim Reichstag in Regensburg und beim Reichshofrat in Wien vorgesehen, sowie eine anschließende „Kavalierstour". Der italienische Ausklang der Juristenausbildung war es, der den Jungen am meisten lockte:

„Dieses Märchen meines künftigen Jugendganges ließ ich mir gern wiederholen, besonders da es in eine Erzählung von Italien und zuletzt in eine Beschreibung von Neapel auslief."

Diese schöne Aussicht dürfte mitbestimmend gewesen sein, daß der Junge der fachberuflichen Vorbestimmung zunächst nicht widersprochen hat.

Auch gesellschaftliche Ambitionen der nichtadeligen Bürgerfamilien spielten eine erhebliche Rolle. Unser Autobiograph schreibt dazu:

„Wer seinen Reichtum vermehrt, seine geistige Tätigkeit besonders im juristischen und Staatsfache gesteigert sah, der konnte sich überall eines bedeutenden Einflusses erfreuen . . . Der höhere Adel wirkte für sich unbeneidet und fast unbemerkt; ein zweiter sich annähernder Stand mußte schon strebsamer sein und, auf alten vermögenden Familienfundamenten beruhend, suchte er sich durch rechtliche und Staatsgelehrsamkeit bemerklich zu machen."

Wir erinnern uns: Der intelligente Knabe hatte sich schon in seinem achten Lebensjahr einen erstaunlichen Fundus in der lateinischen Sprache und Altertumskunde erworben, worauf der Vater gleich mit der Einschulung in das lateinisch verfaßte Corpus Juris der Römer begann. Durch einen einheimischen Rechtsgelehrten war ihm die Frankfurter Erneuerte Reformation nahegebracht worden als ein traditionsreiches Stadtrecht, das an eine römischrechtlich beeinflußte Gerichtsordnung von 1400 anknüpfte. Durch einen rechtskundigen Kommentator war er über die Goldene Bulle in das deutsche Reichsrecht und weiter in die Rechtsgeschichte eingeführt worden. Eltern, Prediger und Hauslehrer hatten ihn mit der ganzen Bibel, teilweise sogar im griechischen und hebräischen Urtext, bekannt gemacht, woraus ihn brennende Fragen des Kirchenrechts anrührten. So schien nach der Überzeugung des Vaters und seiner juristischen Miterzieher der Weg für ein Studium des weltlichen und kirchlichen

Rechts bestens geeignet zu sein und im Interesse des aufgeweckten Privatschülers zu liegen.

Inzwischen hatte der Privatschüler einen überdurchschnittlichen Bildungsstand erreicht. Wie seine gewandten Studentenbriefe und Verse aus Leipzig dartun, war er der französischen Modesprache wie die gehobene Bildungsschicht mächtig. Seit dem vierzehnten Lebensjahr war er auch in Italienisch und Englisch bis zur fließenden Lektüre vorangeschritten. Das mit dem übrigen Patriziat wetteifernde Elternhaus hatte ihm darüber hinaus genügend Gelegenheit zum künstlerischen Leben geboten, wie es in der oberen Gesellschaft durch lehrreiche Puppenspiele, Theater, Zeichnen, Malen, Klavierspielen nebst Tanzen, Fechten und Reiten üblich war. Durch die väterliche Bibliothek hatte er Zugang nicht nur zu den antiken Schriftstellern, sondern auch zu zeitgenössischen Dichtern gefunden. Seit dem siebten Lebensjahr hatte er bereits Gelegenheitsgedichte verfaßt und sich an kleinen Lustspielen und dramatischen Darstellungen biblischer Heldengestalten versucht. Eine besondere Wirkung hatte Klopstocks Messias auf ihn ausgeübt. Ob sich diese schöngeistigen Neigungen, die an der Mutter „Frohnatur" erinnern, mit dem „ernsten Führen" des väterlichen Juristen vertragen würden?

Warum Jurastudium wider Willen?

Wir schreiben das Jahr 1765. Der ausgelernte Privatschüler Wolfgang ist sechzehn Jahre alt geworden. Er wird vom Vater reif genug zum Eintritt in das akademische Leben gehalten. Reifezeugnisse, die zum Hochschulstudium berechtigten, gab es damals noch nicht. Es blieb dem Gutdünken von Eltern und Betroffenen überlassen, ob und wann eine ausreichende Grundausbildung angenommen wurde. Für das Jurastudium war jedenfalls die Beherrschung des Lateins Voraussetzung, da die Vorlesungen und Übungen im Hauptfach des Römischen Rechts in der klassischen Sprache des Altertums abgehalten zu werden pflegten. In diesem Punkt war Wolfgang dem Durchschnitt der heutigen Primaner wohl weit voraus.

Mit der Entscheidung für die Universität war der Zeitpunkt gekommen, da der väterliche Zukunftsplaner die Erzieherleine lockern mußte und der auswärtige Student versuchen konnte, das einengende Halsband des juristischen Prinzipienreiters abzustreifen. Freilich, der Studienort Leipzig stand für den Vater ein für allemal fest; hatte er sich doch in diesem eleganten „Klein-Paris" zum ersten Akademiker des Goethestammes gemausert. Für Wolfgang war er „ein zwar liebevoller und wohlgesinnter, aber ernster Vater, der, weil er innerlich ein sehr zartes Gemüt hegte, äußerlich mit unglaublicher Konsequenz eine eherne Strenge vorbildete, damit er zu dem Zwecke gelangen möchte, seinen Kindern die beste Erziehung zu geben."

Doch wie sah es im Innern des heranreifenden Jünglings aus?

Als Goethe das Erste Schema seiner Lebensbeschreibung konzipierte, schrieb er die Stichworte nieder:

„ Gegen mich nach Leipzig. "

Es ist gerätselt worden, ob sich dieser spontane Ausruf nur gegen „Leipzig" als Studienort oder speziell gegen das Juristenfach richtete. Des Rätsels Lösung erfordert die Betrachtung seiner Stimmungslage im Entscheidungsjahr 1765. Nach seiner eigenen Darstellung war er durch eine krankhafte Niedergeschlagenheit, also einen depressiven Zustand, stark gehemmt. Er hatte zuvor die schmerzhafte Entfremdung von seiner ersten Jugendliebe – dem Frankfurter Gretchen – erleiden müssen, deren Freunde den Ahnungslosen in eine betrugsverdächtige Affäre verwickelt hatten. Seine Vorbereitungen auf die Akademie kamen daraufhin ins Stocken: „Nichts wollte mir schmecken noch gelingen". Die Eltern gaben ihm einen ehemaligen Hofmeister als Stubennachbar bei, der ihn zu philosophischen Studien ermuntern wollte; doch Wolfgang meinte, „eine gesonderte Philosophie sei nicht nötig, indem sie schon in der Religion und Poesie vollkommen enthalten sei." Es folgte wieder eine Phase, in der er „dem

Vater zuliebe" fleißig den schon erwähnten Rechtskatechismus von Hoppe repetierte, um sich „vorwärts und rückwärts darin examinieren (zu lassen), wodurch ich mir den Hauptinhalt der Institutionen vollkommen zu eigen machte. Allein unruhige Wißbegierde trieb mich weiter ..."

Dann verlor er sich „in ein noch größeres Labyrinth, als ihm in der Hausbibliothek die kritische Lehre des religiösen Freidenkers Pierre Bayle (1647–1706) in die Hände fiel. Als nun der Aufbruch nach Leipzig heranrückte, befand er sich in einer trostlosen Stimmungslage:

„Mein Inneres ward ebensosehr vom Leben als von der Lehre bewegt. Eine Abneigung gegen meine Vaterstadt ward mir immer deutlicher. Durch Gretchens Entfernung war der Knaben- und Jünglingspflanze das Herz ausgebrochen; sie brauchte Zeit, um an den Seiten wieder auszuschlagen und den ersten Schaden durch neues Wachstum zu überwinden ... So mißfiel mir auch die Verfassung der Stadt, alles was mir sonst so ehrwürdig vorkam, erschien mir in verschobenen Bildern. Als Enkel des Schultheißen waren mir die heimlichen Gebrechen einer solchen Republik nicht unbekannt geblieben ... Der vergebliche Verdruß rechtschaffener Männer im Widerstreit mit solchen, die von Parteien zu gewinnen, wohl gar zu bestechen sind, war mir nur zu deutlich geworden ... Mein Vater, in die Angelegenheit der Stadt nur als Privatmann verflochten, äußerte sich im Verdruß über manches Mißlungene sehr lebhaft. Und sah ich ihn nicht nach soviel Studien, Bemühungen, Reisen und mannigfaltiger Bildung endlich zwischen seinen Brandmauern ein einsames Leben führen, wie ich mir es nicht wünschen konnte? Dies zusammen lag als eine entsetzliche Last auf meinem Gemüte, von der ich mich nur zu befreien wußte, indem ich mir einen ganz anderen Lebensplan als den mir vorgeschriebenen zu ersinnen trachtete. Ich warf in Gedanken die juristischen Studien weg und widmete mich allein den Sprachen, den Altertümern, der Geschichte und allem, was daraus hervorquillt ... Ich wollte mich mit Ernst zu jenen gründlichen Studien bekennen, und indem ich, bei einer vollständigen Ansicht des Altertums, in meinen eigenen Werken rascher vorzuschreiten dachte, mich zu einer akademischen Lehrstelle fähig machen, welche mir das Wünschenswerteste schien für einen jungen Mann, der sich selbst auszubilden und zur Bildung anderer beizutragen gedachte.“

Bei diesen Gesinnungen hatte der angehende Student immer die Universität Göttingen im Auge, wo nahmhafte Vertreter der klassischen Philologie, Orientalistik und Theologie lehrten. „Mein sehnlichster Wunsch war, zu ihren Füßen zu sitzen und auf ihre Lehren zu merken. Aber mein Vater blieb unbeweglich.“

Hiernach hatte sich bei Wolfgangs getrübter Stimmungslage eine Abneigung sowohl gegen das Juristenfach als auch gegen des Vaters Studienort aufgestaut. Sie lag in dem Ablösungsprozeß des gereiften Kindes vom Elternhaus begründet. Ein solcher Versuch, „sich auf seine Füße zu stellen, sich unabhängig zu machen, für sein eigen Selbst zu leben, er gelinge oder nicht, ist immer dem Willen der Natur gemäß“.

Der Konfrontation mit dem Jurastudium verdanken wir die ersten berufsbezogenen Einblicke in Goethes Natur an der Schwelle zur Mündigkeit. Es war offenbar nicht die Poesie, die ihn als vordringliches Nahziel bewegte. Er suchte vielmehr ein realistisches Fundament für die Entfaltung seiner tieferliegenden Neigungen. Er wollte in seinen Lieblingsfächern den Posten eines akademischen Lehrers erlangen, um an erster Stelle „sich selbst auszubilden“ und dann das erworbene Bildungsgut an andere weiterzugeben. Wie wir noch sehen werden, hat er dabei im Trotz des Ablösungsprozesses das damalige juristische Bildungsangebot zurückweisen wollen, es aber nach mancherlei Widersprüchen bejahend und befruchtend in sein Leben aufgenommen. Das eindrucksvollste Zeugnis hierfür ist die juristische Studien- und Berufswahl für seinen eigenen Sohn August (1789–1830), die er ganz nach dem Vorbild seines Vaters gesteuert und für eine günstige Existenzgrundlage gehalten hat.[24]

Aufbau eines akademischen Luftschlosses

Nachdem Goethes Vater unbeweglich auf dem Studienort Leipzig bestand, sann der designierte Jurastudent im freiheitsdurstigen Alter eines heutigen Sekundaners insgeheim nach fachlichen Ausflüchten.

> „Nun hielt ich den Entschluß, daß ich, gegen seine Gesinnungen und Willen, eine eigne Studien- und Lebensweise ergreifen wollte, erst recht für Notwehr. Die Hartnäckigkeit meines Vaters, der, ohne es zu wissen, sich meinen Plänen entgegensetzte, bestärkte mich in meiner Impietät, daß ich mir gar kein Gewissen daraus machte, ihm stundenlang zuzuhören, wenn er mir den Kursus der Studien und des Lebens, wie ich ihn auf Akademien und in der Welt zu durchlaufen hätte, vorerzählte und wiederholte. "

Bot Leipzig nicht Möglichkeiten genug, den eigenen Lieblingsfächern nachzugehen? Hatte die Alma mater Lipsiensis im deutschen Klein-Paris nicht ihren Ruhm auch in den schönen Wissenschaften begründet? Wirkten dort nicht anziehende Gestalten, die seinen Neigungen entgegenkamen und ihm schon aus der Lektüre viel Vertrauen erregten? Für Wolfgang waren es vor allem zwei Namen, die ihm jetzt in einem hellen Licht erschienen: Johann August Ernesti (1707–1781), der damals bekannte Philologe und Theologe, Rektor der Thomasschule in Leipzig und Professor der Theologie an der Universität; Samuel F.N. Morus (1736–1792), Professor der griechischen und lateinischen Sprache und dann der Theologie in Leipzig. Der Verfasser von Dichtung und Wahrheit erinnert sich: „Ich ersann mir im stillen einen Gegenkursus, oder vielmehr ich baute ein Luftschloß auf einen ziemlich soliden Grund; und es schien mir sogar romantisch ehrenvoll, sich seine eigne Lebensbahn vorzuzeichnen."

Diese Vorstellung kam ihm um so weniger phantastisch vor, als ein vier Jahre älterer Jugendgenosse sich selbstbewußt den theologischen Neigungen hingab und so auf ähnlichem Wege „schon große Fortschritte gemacht hatte und deshalb von jedermann gerühmt wurde. Die heimliche Freude eines Gefangenen, wenn er seine Ketten abgelöst und die Kerkergitter bald durchgefeilt hat, kann nicht größer sein, als die meine war, indem ich die Tage schwinden und den Oktober herannahen sah", in welchem das Studium beginnen sollte.

In diesem Luftschloß löste sich Wolfgangs Betrübnis wieder auf. Es waren nur die gegenwärtigen Verhältnisse in Frankfurt und im Vaterhaus, die ihm jetzt noch düster erschienen. Die übrige unbekannte Welt stellte er sich licht und heiter vor. So bildete er sich seine Träume und versprach sich „in der Ferne nichts als Glück und Zufriedenheit."[25]

Freilich, die Wirklichkeit sollte den beglückten Träumer bald wieder einholen. Es sind nicht wenige Juristen bekannt, die vergleichbare Fluchtwege aus der zunächst abschreckenden Paragraphenwelt eingeschlagen haben, dann aber zum Fachstudium zurückkehrten und es zum erfolgreichen Abschluß brachten. Unser Musensohn mußte erhebliche Abstriche von seinem Luftschloßbild machen, wie seinem Leipziger Briefgedicht an einen befreundeten Jurastudenten entnommen werden kann:

„Du weißt, wie sehr ich mich zur Dichtkunst neigte,
Wie großer Haß in meinem Busen schlug,
Mit dem ich die verfolgte, die sich nur
Dem Recht und seinem Heiligtume weihten
Und nicht der Musen sanften Lockungen
Ein offnes Ohr und ausgestreckte Hände
Voll Sehnsucht reichten . . .
Allein kaum kam ich her, als schnell der Nebel
Von meinen Augen sank, als ich den Ruhm
Der großen Männer sah, und erst vernahm,
Wieviel dazu gehörte, Ruhm verdienen . . ."[26]

Die Worte vom „großen Haß" gegen musisch unempfängliche Juristen dürfen wohl als Zeichen für die poetische Abreaktion eines übersteigerten Widerwillens gedeutet werden. Es scheint, daß gerade auch der Druck der ungeliebten Studienvorgabe befruchtend eingewirkt hat auf die Selbstbeobachtung und Ergründung seiner Natur, die ihn „immerfort aus einem Extreme in das andere warf". Ohne die Spannung zwischen äußerem Zwang und innerer Neigung hätte er kaum die strebende und ausgleichende Richtung seiner Dichternatur erkannt, „nämlich dasjenige, was mich freute oder quälte, oder sonst beschäftigte, in ein Bild, ein Gedicht zu verwandeln und darüber mit mir selbst abzuschließen, um sowohl meine Begriffe von den äußeren Dingen zu berichtigen, als mich im Innern deshalb zu beruhigen."

Strafpredigt beim Geschichts- und Staatsrechtsprofessor

Der Studienanwärter traf Anfang Oktober 1765 vor Beginn des Wintersemesters in Leipzig ein. Das Studienangebot der Universität war auf die vier klassischen Fakultäten verteilt, wie sie aus Faust I bekannt sind: Philosophie, Jurisprudenz, Medizin und Theologie. Goethe hatte von dem Frankfurter Schöffen Dr. jur. J.D. v. Olenschlager, den Kommentator der Goldenen Bulle, Hausfreund der Familie und Befürworter des Jurastudiums, ein Empfehlungsschreiben an den Hofrat Johann Gottlieb Böhme (1717–1780) mitbekommen. Der war von Hause aus Jurist, jetzt Mitglied der philosophischen Fakultät und ordentlicher Professor der Geschichte und des Staatsrechts. Die staatsrechtlichen Vorlesungen waren noch in der philosophischen Fakultät verankert, ähnlich wie die kirchenrechtlichen mit der Theologie verknüpft waren. An den meisten Universitäten wurde das allgemeine Staatsrecht den philosophischen, das positive Staatsrecht den juristischen Lehrstühlen zugeteilt.

Diese Beweglichkeit der Fächerverteilung mochte den Neuankömmling in seiner Absicht bestärkt haben, die philosophische Fakultät anzusteuern. So suchte Goethe den Adressaten des Empfehlungsschreibens sogleich auf in der Hoffnung, ihn für seine Neigungen gewinnen zu können. Er konnte den schicklichen Moment kaum erwarten, wo er sich „von der Jurisprudenz frei und dem Studium der alten verbunden erklären wollte.“ Was ihm dabei widerfuhr, war eine Kopfwäsche, die sein Luftschloß zunichte machte:

„Allein ich fand keineswegs eine gute Aufnahme meines Vortrags. Als Historiker und Staatsrechtler hatte er einen erklärten Haß gegen alles, was nach schönen Wissenschaften schmeckte . . . Er hielt mir daher aus dem Stehgreif eine gewaltige Strafpredigt, worin er beteuerte, daß er ohne Erlaubnis meiner Eltern einen solchen Schritt nicht zugeben könne, wenn er ihn auch, wie hier der Fall nicht sei, selbst billigte. Er verunglimpfte darauf leidenschaftlich Philologie und Sprachstudien, noch mehr aber die poetischen Übungen, die ich freilich im Hintergrund hatte durchblicken lassen. Er schloß zuletzt, daß wenn ich ja dem Studium der Alten mich nähern wolle, solches viel besser auf dem Wege der Jurisprudenz geschehen könne.“

Professor Böhme brachte dem verdutzten Jüngling so manchen „eleganten Juristen“ ins Gedächtnis, wie Everhard Otto (1685–1756), der sich als Professor der Rechte in Duisburg und Utrecht einen Namen gemacht hatte, und Johann Gottlieb Heineccius (1681–1741), der als Professor der Jurisprudenz in Frankfurt/Oder und dann in Halle hohes Ansehen erlangt hatte. Böhme versprach dem Sechzehnjährigen von einer Kombination der römischen Altertümer mit der Rechtsgeschichte goldene Berge und zeigte ihm sonnenklar, daß er auf diese Weise mit dem Rechtsstudium nicht einmal einen Umweg machen müsse.

Böhmes Argumente und die Nachdrücklichkeit seiner Worte haben Goethes „biegsame Jugend“ rasch überzeugt. Die liebenswürdige Gattin des Professors stellte dem Jüngling die Sache nochmals so freundlich und verständig vor, daß er sich nicht enthalten konnte nachzugeben. „Der Gemahl regulierte darauf meine Stunden: da sollte ich denn Philosophie, Rechtsgeschichte und Institutionen und noch einiges andere hören“, aber als Hörer der juristischen Fakultät, wobei er durchsetzte, bei dem berühmten Professor der Weltweisheit Christian Fürchtegott Gellert (1715–1769) Literaturgeschichte und ein Praktikum zu belgen.

In einem Brief vom 12. Oktober 1765 an seine jüngere Schwester Cornelia hat sich Wolfgang noch als „Poet" gerühmt; in einer Nachschrift an den Vater vom 13. Oktober heißt es: „Wenn Sie Schöff Olenschlager sehen, danken Sie ihm ja, daß er mich zu Professor Böhmen wies. Par ipsi rependere nequeo" (Ich kann es ihm nicht mit Gleichem vergelten) . . . „Noch eins! Sie können nicht glauben, was es eine schöne Sache um einen Professor ist, ich bin ganz entzückt gewesen, da ich einige von diesen Leuten in ihrer Herrlichkeit sah". Und in lateinischer Sprache fügt er die hier übersetzte Lobrede hinzu: „Nichts Glänzenderes, Würdevolleres, Ehrenvolleres als sie. Ihr Ansehen und ihr Ruhm hat meiner Augen und des Geistes Schärfe so geblendet, daß ich nach keinen anderen Ehren als nach denen einer Professur dürste."[27]

Beginn des Jurastudiums mit dem Römischen Recht

Wenige Tage nach der geschilderten „Strafpredigt" bei dem Geschichts- und Staatsrechtsprofessor Böhme ließ sich Johann Wolfgang Goethe am 19. Oktober 1765 in die Matrikel der Universität Leipzig eintragen. Die Gesamtzahl der dortigen Studenten betrug rund 700; die Neuzugänge für das Wintersemester 1765/66 beliefen sich auf 247 Hörer. Dekan der Juristenfakultät war Prof. Carl Ferdinand Hommel (1722–1781), die herausragende Größe unter den Leipziger Rechtslehrern.

Zwei Tage nach der Immatrikulation schreibt Goethe seinem Frankfurter Jugendfreund Riese, der in Marburg Jura studierte:

> „Heut hab ich angefangen, Collegia zu hören. Was für? – Ist es der Mühe wert zu fragen? Institutiones imperiales. Historiam iuris. Pandectas und ein privatissimum über die 7 ersten und

7 letzten Titel des Codicis. Denn mehr braucht man nicht, das übrigen vergißt sich doch.“[28]

Hier zeigt uns Goethe die belegten Fachkollegs für das erste Semester an, in die er zu Hause schon vom Vater eingeführt worden war. Es handelte sich um die ersten drei Teile des Corpus Juris Civilis und um die Geschichte des Rechts. Die Institutiones imperiales = Reichsrechte aus der römischen Gesetzsammlung des Kaiser Justinian (482–565 n. Chr.) enthielten die allgemeinen Prinzipien des Römischen Rechts, die eine Art „Allgemeiner Teil“ darstellten. Die Pandectas („allumfassend“), auch Digesten („Geordnetes“) genannt, waren eine Sammlung von Auszügen aus Werken juristischer Schriftsteller, vorwiegend aus der klassischen Zeit des Römischen Rechts (1. bis 3. Jahrhundert n. Chr.). Die genannten Titel des Codicis betrafen den Codex Justinianus, der eine Gesetzessammlung der römischen Kaiser Hadrian bis Justinian umfaßte, bestehend aus 12 Büchern, die in Titel eingeteilt waren. Der vierte Teil des Corpus Juris Civilis mit den Novellen (novellae leges = „neue Gesetzte“, Nachträge) wird von Goethe hier nicht erwähnt. Bekanntlich hat das Römische Recht nach der Rezeption seit dem 15./16. Jahrhundert in Deutschland als gewohnheitsrechtliches „Gemeines Recht“ gegolten, allerdings nur subsidiär zu lokalem und regionalem Recht. Nach der Reichskammergerichtsordnung von 1495 waren die Richter ausdrücklich angewiesen, nach diesen „des Reichs gemeinen Rechten“ zu urteilen und einheimisches Recht nur dann anzuwenden, wenn es von den Parteien vorgetragen wurde. Erst mit dem Inkrafttreten des Bürgerlichen Gesetzbuches am 1. 1. 1900 hat das Corpus Juris seine Eigenschaft als unmittelbar geltendes Recht in Deutschland verloren.

Mit seinen sechzehn Jahren und den mitgebrachten Vorkenntnissen scheint der frischgebackene Jurastudent zunächst von einer selbstbewußten Hochstimmung getragen worden zu sein. Die ersten Briefe aus Leipzig klingen gelöst, heiter, übermütig und durchaus zuversichtlich. „Ich lebe hier recht zufrieden“, meldet er am Ende des ersten Studienmonats.[29] „Der Papa wird mit meinen Anstalten zufrieden sein“, schreibt er nach zwei

Monaten an die Schwester, was der Vater sicherlich auf den guten Einstieg in die Jurisprudenz bezogen haben wird.[30] In Dichtung und Wahrheit bekennt Goethe im Rückblick: „Meine Collegia besuchte ich anfangs emsig und treulich". Das bezog sich einerseits auf das Juristenfach, andererseits aber auch auf einige freigewählte Nebenfächer, in die er voll jugendlicher Neugierde einstieg.

„Ich habe heute zwei Collegien gehört, die Staatengeschichte bei Prof. Böhme, und bei (Prof.) Ernesti über Ciceros Gespräche vom Redner . . . Die andere Woche geht Collegium philosophicum et mathematicum an", gesteht er seinem Freund Riese. Hier wie dort beginnt sich sein scharfer Geist aber bald kritisch zu regen: „Die Philosophie wollte mich jedoch keineswegs aufklären. In der Logik kam es mir wunderlich vor, daß ich diejenigen Geistesoperationen, die ich von Jugend auf mit der größten Bequemlichkeit verrichtete, so auseinanderzerren, vereinzelnen und gleichsam zerstören sollte, um den rechten Gebrauch derselben einzusehen. Von den Dingen von der Welt, von Gott glaubte ich ungefähr so viel zu wissen, als der Lehrer selbst, und es schien mir an mehr als einer Stelle gewaltig zu hapern . . . Mit den juristischen Collegien ward es bald ebenso schlimm: denn ich wußte gerade schon so viel, als uns der Lehrer zu überliefern für gut fand. Mein erst hartnäckiger Fleiß im Nachschreiben wurde nach und nach gelähmt, indem ich es höchst langweilig fand, dasjenige nochmals aufzuzeichnen, was ich bei meinem Vater, teils fragend, teils antwortend, oft genug wiederholt hatte, um es für immer im Gedächtnis zu behalten."

Hier kündigte sich ein Unmut an, der ihm sowohl die philosophischen als auch die juristischen Vorlesungen zu verleiden begann.

Im Auditorium der Juristenfakultät

Die juristischen Vorlesungen, die Goethe an der Universität Leipzig besuchte, fanden im sog. Petrinum an der Petersstraße statt.[31]

Ein zeitgenössischer Kupferstich zeigt uns ein ansehnliches Auditorium, das in der Mitte von zwei gewundenen Säulen getragen wird. Die Wände sind mit kursächsischen Fürstenporträts und deren Stammbäumen geschmückt. Auf den seitlich erhöhten Bänken durften nur erlauchte und graduierte Personen Platz nehmen; Zuwiderhandelnde wurden mit harten Strafen, darunter auch die „Relegation" (Verweisung von der Hochschule), bedroht. In ihren ironischen Xenien, den kurzen Sinngedichten nach dem Muster des altrömischen Epigrammatikers Martial, haben Goethe und Schiller noch 1797 an diesen Brauch des feudalen Ständestaates wie folgt erinnert:

„ Hörsäle auf gewissen Universitäten.
Prinzen und Grafen sind hier von den übrigen Hörern gesondert. Wohl! Denn trennte der Stand nirgends, er trennte doch hier! "[32]

Der Jungstudent Goethe mußte auf den unteren Bankreihen sitzen. Dennoch mochte er sich gelegentlich an dem Leitspruch weiden, den der Kupferstecher über dem Hörsaal angebracht hatte:

„ Et nunc servat honos sedem tuus ",

von dem Humanisten Franz Brand übertragen mit:

„ Und nun prägt deine Würde den Raum. "

In diesem erhabenen Raum fanden auch die juristischen Promotionen mit den vorausgehenden Disputationen zwischen dem Doktoranden und einem Opponenten statt. In einem der übermütig prahlenden Briefe an seine jüngere Schwester Cornelia schreibt Wolfgang im Mai 1767, daß ihm „das unwichtige Amt eines Opponenten aufgetragen ward", um jedoch belehrend hinzuzufügen, daß ihm dieses Amt „aber doch wichtig genug war, um bei meinem ersten öffentlichen Eintritt in die akademische Welt nicht zu stolpern, mich mit ziemlicher Behutsamkeit darauf vorzubereiten."[33]

Es handelte sich um einen juristischen Redestreit mit seinem Studienfreund Christian Gottfried Hermann (1743–1813), der zum Doktor jur. promovierte, dann Assessor beim Leipziger Oberhofgericht und 1794 Bürgermeister von Leipzig wurde. Goethe hebt diesen um sechs Jahre älteren Jurastudenten als einen besonders aufrichtigen und vorzüglichen Freund hervor, dem er „durch widerliche Launen" beschwerlich gewesen, der ihm aber im Krankheitsfalle aufs liebreichste beistand. „Man konnte ihn wohl zu den fleißigsten der akademischen Mitbürger rechnen. Er besuchte seine Kollegien auf das regelmäßigste und sein Privatfleiß blieb immer gleich. Schritt vor Schritt, ohne die mindeste Abweichung sah ich ihn den Doktorgrad erreichen, dann sich zum Assessor emporheben, ohne daß ihm hierbei etwas mühsam geschienen, daß er im mindesten etwas übereilt oder verspätet hätte. Die Sanftmut seines Charakters zog mich an, seine lehrreiche Unterhaltung hielt mich fest; ja ich glaube wirklich, daß ich mich an seinem geregelten Fleiß vorzüglich deswegen erfreute, weil ich mir von seinem Verdienste, dessen ich mich keineswegs rühmen konnte, durch Anerkennung und Hochschätzung, wenigstens einen Teil zuzueignen meinte."[34]

Die Disputation, die über sieben rechtliche Streitfragen in Anwesenheit des Dekans der juristischen Fakultät stattfand, kann als Beweis für einen beachtlichen Wissensstand unseres Opponenten gelten. Er war jetzt 18 Jahre alt, hatte erst drei Semester hinter sich und wagte es, einem Juristen mit abgeschlossenem Studium gegenüberzutreten. Es war nicht alltäglich, daß ein Vertreter der unteren Semester zu einem solchen Rededuell zugelassen wurde. Sowohl der angesehene Doktorand als auch der Doktorvater mußten sich auf den fachlichen Reifegrad des Juranovizen verlassen haben.

Die erwähnte Briefstelle in Verbindung mit den dankbaren Worten für den Kontakt mit dem fortgeschrittenen Jurakollegen lassen erkennen, daß sich Goethe jedenfalls zeitweilig mit Fleiß und persönlichem Gewinn dem Juristenstoff gewidmet hat. Auch wenn er für das widerwillig angetretene Hauptfach in Leipzig keine anhaltende Zuneigung entwickelte und es im großen und ganzen nur mit der linken Hand betrieb, wollte er es nicht einfach aufgeben. Sicher stand dahinter auch die Pietät gegenüber dem Vater, der vom Sohn einen regelrechten Abschluß mit der juristischen Dotorwürde erwartete. Was den wißbegierigen Studenten bewegte und betrübte, waren nicht die juristischen Vorlesungen allein, sondern die ihm unzulänglich erscheinenden Angebote aller vier Fakultäten. Er wollte nicht nur viel, sondern – mit Faust – „alles" wissen und mußte dabei tiefe Zweifel an sich selbst, ja auch und gerade an seiner vermeintlichen Berufung zur Dichtkunst entdecken. In seiner rückschauenden Lebensbeschreibung spricht Goethe von einer „Zerstückelung" seines Wesens und seiner Studien und einer derartigen Ungewißheit seines Urteilsvermögens, daß er in Verzweiflung geriet. Dieser zerstörerische Zustand hat sich nicht etwa gegen die Juraskripte entladen, sondern gegen die Erzeugnisse seiner Liebhabereien:

> „Nach einiger Zeit und nach manchem Kampfe warf ich jedoch eine so große Verachtung auf meine begonnenen und geendigten Arbeiten, daß ich eines Tages Poesie und Prosa, Pläne, Skizzen und Entwürfe sämtlich zugleich auf dem Küchenherd verbrannte."

Die Juraprofessoren und ihre Lehrmethode

Bei der Betrachtung der dreijährigen Leipziger Studienzeit Goethes von 1765–1768 muß immer berücksichtigt werden, daß der Student erst 16–19 Jahre alt war. Hatte er von den Eltern bestimmte Lebensrichtlinien mitbekommen, so forderte er jetzt von den Lehrkräften einen „Maßstab des Urteils", glaubte aber gewahr zu werden, „daß ihn gar niemand besitze; denn keiner war mit den anderen einig". Die wissenschaftlichen Streitigkeiten zogen sich durch alle Fakultäten. Die Professoren schien das kaum zu berühren; „wohlhabend durch eigenes Vermögen und gute Pfründe" waren sie von ihren Schülern nicht abhängig. Auch bedrängte den verwöhnten Privatschüler ein pädagogisches Übel von zeitloser Art, das ihn wiederum nicht als hingebungsbereiten Durchschnittsstudenten, sondern als tief kritischen Ausnahmestudenten kennzeichnet.

„Professoren, so gut wie andere in Ämtern angestellte Männer, können nicht alle von einem Alter sein; da aber die jüngeren eigentlich nur lehren um zu lernen, und noch dazu, wenn sie gute Köpfe sind, dem Zeitalter voreilen, so erwerben sie ihre Bildung durchaus auf Unkosten der Zuhörer, weil diese nicht in dem unterrichtet werden , was sie eigentlich brauchen, sondern in dem, was der Lehrer für sich zu bearbeiten nötig findet. Unter den ältesten Professoren dagegen sind manche schon lange Zeit stationär: sie überliefern im ganzen nur fixe Ansichten, und, was das einzelne betrifft, vieles, was die Zeit schon als unnütz und falsch verurteilt hat. Durch beides entsteht ein trauriger Konflikt, zwischen welchem junge Geister hin und her gezerrt werden, und welcher kaum durch die Lehrer des mittleren Alters, die obschon genugsam unterrichtet und gebildet, doch immer noch ein tätiges Streben zu Wissen und Nachdenken bei sich empfinden, ins gleiche gebracht werden kann." Auf diesem Wege lernte Goethe in Leipzig „viel mehreres kennen als zurechte legen, wodurch sich ein immer wachsender Mißmut" bei ihm einstellte.

So von Grund auf mit dem Lehrkörper unzufrieden, hat Goethe in seiner rückschauenden Lebensbeschreibung nach mehr als 40 Jahren keine Lobeslieder auf die Professsoren des aufgenötigten Jurafaches gesungen, ja sie nicht einmal mit Namen erwähnt. Sein erster Kontaktlehrer aus der philosophischen Fakultät, Professor Böhme, der ihm die oben erwähnte Strafpredigt hielt und bei dem er Deutsches Staatsrecht hörte, hat er mehr durch Hervorhebung der Liebenswürdigkeit seiner verständnisvollen Gattin gewürdigt; „der Gemahl hatte leider nicht die glückliche Gabe, mit jungen Leuten umzugehen, sich ihr Vertrauen zu erwerben und sie für den Augenblick nach Bedürfnis zu leiten . . . Besonders nahm er mir sehr übel, als ihm verraten wurde, daß ich im deutschen Staatsrechte, anstatt gehörig nachzuschreiben, die darin aufgeführten Personen, als den Kammerrichter, die Präsidenten und Beisitzer (des Reichskammergerichts), mit seltsamen Perücken an den Rand meines Heftes abgebildet und durch diese Possen meine aufmerksamen Nachbarn zerstreut und zum Lachen gebracht hatte."

Der juristischen Fakultät gehörten fünf ordentliche Professoren an[35], die wie die übrigen Hochschullehrer anfangs einen großen Eindruck auf den Frankfurter Bürgersohn machten. Über Institutionen, die allgemeinen Grundsätze des Römischen Rechts, las Prof. Friedrich Plattner. Für die Pandekten oder Digesten mit den Auszügen aus den Schriften der altklassischen Juristen war Prof. Friedrich Gottlieb Zoller zuständig. Professor des Codicis, der Gesetzessammlung im Codex Justinianus, war Prof. Friedrich Alexander Kühnbold, der als Senior der Juristenfakultät von seinem Substituten Johann Theophilus Seeger vertreten wurde.

Die eigentliche Kapazität unter den Leipziger Juraprofessoren war Carl Ferdinand Hommel, der während Goethes Studienzeit das Amt des Dekans der Fakultät innehatte. Goethe dürfte auf diese Leipziger Größe und seine Werke schon vom Vater und den juristischen Hausfreunden hingewiesen worden sein. Eigentlich müßte ihn dieser Rechtsgelehrte besonders interessiert haben, da er ebenfalls Sohn eines Juristen war, der ihn gegen seine Neigung zum juristischen Studium in Leipzig bestimmt hatte.[36] 1750 war er außerordentlicher Professor des Staatsrechts, 1752 des Lehnrechts und 1756 Professor der Institutionen geworden. 1763 war sein „Deutscher Flavius", eine Anleitung zur Verbesserung des juristischen Urteilsstils, erschienen. Im gleichen Jahr erhielt er die Professur für die Dekretalen, die Hauptquelle des katholischen Kirchenrechts. In Goethes erstem Studienjahr verkündete er 1765 ein erstes Programm zur Strafrechtsreform in Deutschland unter Vorwegnahme von Gedanken Beccarias; darin vertrat er die Auffassung einer strikten Trennung von Staat und Kirche, eine staats- und kirchenrechtliche Thematik, mit der sich Goethe bei der Promotion in Straßburg auseinandersetzen sollte. Nachdrücklich wandte sich Hommel gegen den Mißbrauch der Religion im Recht, wie er in den sog. Gottesurteilen, der Inquisition und den Hexenprozessen zum Ausdruck kam. Seine Ablehnung mosaischer Rechtssätze für christliche Rechtsordnungen und seine grundsätzliche Tolerierung aller Religionen war eine Lehre, die sich wieder in Goethes kirchenrechtlichem Gedankengut der Straßburger Studienzeit findet.

Zwischen dem Rechtslehrer Hommel und dem Rechtsstudenten Goethe hat, auch wenn sich keine Belege für Vorlesungsbesuche oder Gespräche finden lassen, zumindest eine geistige Verwandtschaft bestanden. Als der Dichter von „Werthers Leiden" wegen angeblicher Verleitung zum Selbstmord angegriffen wurde, hat ihn Hommel als den „Goeddenius triumphator" vehement verteidigt. In einer Observatio seiner damals berühmten Spruchsammlung, der „Rhapsodia quaestionum . . .", die in Goethes zweitem Studienjahr 1766 bis zum Jahre 1787 in 7 Bänden herauskam, hat er den Vorwürfen entgegengehalten, daß aus Tausenden von Lesern nicht ein einziger durch Goethes Roman den Tod gesucht habe; hingegen sei ihm bekanntgeworden, daß sich einer erhängt habe, der eine theologische Schrift gegen Goethe gelesen hatte.[37]

Abgesehen von den vorwärtsdrängenden Rechtsideen Hommels, war unter den Leipziger Rechtslehrern „die konservative Richtung ebenso bestimmend für den Lehrinhalt, wie die traditionellen Bahnen den Lehrbetrieb kennzeichneten."[38] Nach Gründung der Leipziger Universität im 15. Jahrhundert hatte zunächst das kanonische Recht im Vordergrund gestanden, dem allmählich die Lehre vom römischen Recht unterstützend hinzugefügt wurde. Dabei hatte sich seit dem 16. Jahrhundert die analytisch-exegetische Lehrmethode nach der „mos italicus" eingebürgert, die den Rechtsstoff des Corpus Juris Civilis nach der vorgegebenen Bücherfolge zergliederte (Analyse) und erläuterte (Exegese). Widersprüche der Texte wurden durch Unterscheidungen (Distinktionen) zu beseitigen gesucht. Diese rechtswissenschaftliche Methode erstarrte zur Kasuistik und Begrifflichkeit, ohne den Studenten eine freiere Erkenntnis der Rechtsidee zu vermitteln.

Kein Wunder, daß der geistige Freiheitsdrang des jungen Goethe in dieser Stickluft keine Befriedigung finden konnte. Enttäuscht stellte er fest:

> „Die Rechtsgelehrten, von Jugend auf gewöhnt an einen abstrusen Stil, welcher sich in allen Expeditionen, von der Kanzlei des unmittelbaren Ritters bis auf den Reichstag zu Regensburg, auf die barockste Weise erhielt, konnten sich nicht leicht zu einer gewissen Freiheit erheben, um so weniger, als die Gegenstände, welche sie zu behandeln hatten, mit der äußeren Form und folglich auch mit dem Stil aufs genaueste zusammenhingen."

Gegenüber den Leipziger Juraprofessoren wies Goethe auf den Göttinger Rechtslehrer Johann Stephan Pütter (1725–1807) und den Rechtsgelehrten Friedrich Karl Ludwig v. Moser (1723–1798) aus Darmstadt als Vorbilder für eine freiere und klarere Behandlung des Rechtsstoffes hin. Pütter galt als einer der bedeutendsten und erfolgreichsten Rechtslehrer seiner Zeit. In den Leipziger Studienjahren Goethes waren die ersten Teile seiner „Auserlesene Rechts-Fälle aus allen Teilen der in Teutschland üblichen Rechtsgelehrsamkeit" und sein „Neuer Versuch einer juristischen Encyclopädie und Methodologie" erschienen. Dadurch hat er den Anstoß zur Überwindung der römisch-rechtlichen Legalordnung durch die nachfolgende Rechtswissenschaft des 19. Jahrhunderts gegeben.[39]

F. K. v. Moser war der älteste Sohn des berühmten Staatsrechtslehrers Johann Jacob Moser, hatte in Jena Jura studiert und von 1751 bis 1763 in Goethes Vaterstadt Frankfurt a. M. als Geheimer Legationsrat und Gesandter verschiedener Fürsten gewirkt. Goethe muß dort als Knabe und Jüngling öfters mit ihm in Berührung gekommen sein: „Ich erinnere mich seiner als eines angenehmen, beweglichen und dabei zarten Mannes . . ., dessen Persönlichkeit nicht sowohl als seine Wirkung in der Nachbarschaft und seine Schriften einen sehr bedeutenden Einfluß auf mich gehabt haben . . . Moser wollte als Staats- und Geschäftsmann wirken, und hier gab sein ererbtes bis zum Metier ausgebildetes Talent ihm eine entschiedene Ausbeute." Dazu gehörten z. B. seine Schriften zur Erläuterung des Staats- und Völkerrechts, die von 1751–1765, also bis zu Goethes Studienbeginn, in zwölf Bänden erschienen waren. Den nachhaltigsten Eindruck aus Mosers Gedankenwelt hat Goethe kurz vor seinem Studienbeginn durch eine Veröffentlichung erfahren, die Moser 1763 in Frankfurt unter dem Titel „Daniel in der Löwengrube" herausbrachte. Es stellt einen Ausflug aus der juristischen in die religiöse Welt dar, in der Form einer prosaischen Nachbildung von Klopstocks „Messias". Darin wird der alttestamentliche Held Daniel als edelmütiger und aufgeklärter Ratgeber des Perserkönigs Darius dargestellt, der schließlich über alle Angriffe und Ränke seiner Gegner siegt. Ganz unter dem Einfluß dieser nach Recht und Gerechtigkeit strebenden Bibelgestalt hat Goethe damals seine (verloren gegangene) erste epische Dichtung über den biblischen „Joseph" verfaßt, wohl mit demselben Ziel des Sieges der Gerechtigkeit. Nach Goethes Worten blieb sein Held „standhaft und rechtlich in der Sklaverei, widersteht den gefährlichsten Versuchungen, rettet sich durch Weissagung, und wird zu hohen Ehren nach Verdienst erhoben. Erst zeigt er sich einem großen Königreiche, sodann den Seinigen hilfreich und nützlich."[40]

Dem Lande und den Nächsten hilfreich und nützlich zu sein, – das war ein Leitziel, das den Leipziger Studenten sowohl aus rechtlicher als auch aus religiöser Sicht bewegte. Doch war die damalige Methode des Rechtsunterrichts und des Rechtsdenkens für den jungen Sucher nicht ausreichend darauf ausgerichtet. Wie bitter seine Enttäuschung war, hat er zu Beginn des 5. Semesters in einem Klagebrief an seine Schwester Cornelia wie folgt zum Ausdruck gebracht:

„Die guten Studia, die ich studiere, machen mich auch manchmal dumm. Die Pandekten haben mein Gedächtnis dieses halbe Jahr her geplagt, und ich habe wahrlich nichts Sonderlichs behalten. Unser Dözente hat's auch sauber gemacht und ist bis ins 21. Buch gekommen. Das ist noch weit, denn ein andrer war an Michael im 13ten. Das übrige mögen die Herren sehen, wo sie es herkriegen. So ist mir's auch mit den Instituten, mit der Hist. Juris gegangen; die Narren schwätzen im ersten Buche einem zum Ekel die Ohren voll und die letzten da wissen sich nichts, das macht, weil die Herren vorn herein ihren Autoren etwas ausgearbeitet haben, aber nicht sonderlich weit gekommen sind. Zum Exempel in der Hist. Jur. sind wir bis auf die Zeiten des zweiten Punischen Kriegs gekommen. Da kannst du dir eine Vorstellung von einem Studioso Juris machen, was der Vollständiges wissen kann. Ich lasse mich hängen, ich weiß nichts. Wenn du auch dieses Stück meines Briefs nicht verstehst, so laß es den Vater lesen, es wird ihm so unangenehm sein wie mir. "[41]

Die „Nebenfächer" des Jurastudenten

Als Goethe im 2. Semester studierte, wurde er von einem befreundeten Juragenossen als seltsame Figur bespöttelt, die offenbar allen Fakultäten voranschreiten wollte:

„ Il marche à pas comptés,
Comme un Recteur suivi des quatre Facultés."[42]
(Er stolziert gemessenen Schrittes,
Wie ein Rektor gefolgt von vier Fakultäten). "

„Er ist mehr Philosoph und mehr Moralist als jemals", urteilt derselbe Rechtsstudent über ihn zu Beginn des 3. Semesters.[43] Auch andere Zeitgenossen haben in dem Leipziger Goethe nicht den juristischen Fachstudenten, sondern einen Sonderling gesehen, der vor allem „besondere Denkungsarten in der Religion merken ließ"und später zwar „ein großes Genie, nur aber leider! ein Freigeist zu sein schien."[44] Ein Magister hielt diesen „Mosje Goethe" für einen Theologiestudenten.[45]

Auch in Goethes Selbstzeugnissen ist viel mehr von den nichtjuristischen Erlebnissen, Einsichten und Erfahrungen die Rede, die sich auf die Stoffgebiete der anderen Fakultäten verteilten.

Es seien hier wenigstens diejenigen „Nebenfächer“ aufgezählt, an die Goethe bei der Konzipierung seiner Lebensbeschreibung unter Namensnennung der Lehrer bevorzugt dachte:[46]

- Sittenlehre und literaturhistorisches Praktikum über den deutschen Sprachstil bei C. F. Gellert, seit 1750 außerordentlicher Professor für Weisheitslehre und berühmt geworden durch seine Fabeln und Lieder (z. B. „Die Himmel rühmen des Ewigen Ehren“); Goethe lobte sein frommes Gemüt und seinen gesunden Menschenverstand, war jedoch wenig angetan von seiner Pedanterie.

- Sprachliche und poetische Übungen bei C. A. Clodius, Professor der Philosophie und Literaturkritiker, der Goethes dichterische Versuche abfällig beurteilte.

- Literarische Werksstudien und Privatbesuch bei J. G. Gottsched, Professor der Poesie, Logik und Metaphysik, der in Goethes zweitem Studienjahr verstarb.

- Zeichenunterricht bei A. F. Oeser, Direktor der Leipziger Kunstakademie, einem feinsinnigen Ästhetiker und ideenreichen Lehrer, der den unzufriedenen Jurastudenten in die Schönheitsideale der Antike entführte und ihm dabei die „größte Zufriedenheit“ und „so bedeutende Anregungen“ schenkte. Doch weist unser Kunststudent auch auf Mängel des Unterrichts hin und gibt als eigene Schwäche zu, daß „nun der Fleiß ohnehin meine Sache nicht war: denn es machte mir nichts Vergnügen als was mich anflog, so wurde ich nach und nach wohl nicht lässig, doch mißmutig.“[47]

- Unterricht im Kupferstechen und Holzschneiden bei J. M. Stock, einem aus Nürnberg stammenden Künstler, der den Studiosus in diese Technik einführte, auch zu eigenen Radierungen anleitete und ihm durch die handwerkliche Tätigkeit eine nützliche Abwechslung verschaffte.

- Schon im ersten Semester rechnete sich der Sechzehnjährige gegenüber der Schwester zu den „Gelehrten“, die ihre Bildung mit einer „Menge Magisters“ – vor allem in der Tischgesellschaft – austauschten; darunter hob er den Theologen Morus und den Mediziner Herrmann hervor, mit denen er religiöse und naturwissenschaftliche Fragen erörtern konnte.[48] In der Theologie fühlte er sich im 5. Semester so weit fortgeschritten, daß er sich nach eigenen Worten „für einen Stud. Theol." ausgeben konnte.[49]

Wie der junge Goethe immer wieder zwischen dem Zwang zum Jurastudium und dem Drang nach Ausflüchten in andere Wissenschaften und Künste hin- und hergerissen wurde, kann den spotanen Stimmungsäußerungen in seinen Studentenbriefen nachempfunden werden.

„Die Universität-Nescire expedit"[50] (Es ist besser, hierüber in Unkenntnis zu bleiben). – „Ich brauche Kunst, um fleißig zu sein." – „Habt mehr Collegia in Zukunft, Horn soll 5 nehmen. Ich 6 . . . Gewöhnt euch keine academistische Sitten an." – „I seek to do nothing of what I could not give reason, to my superiors which are my God and my parents" (Ich suche nichts zu tun, über das ich nicht Rechenschaft ablegen könnte, gegenüber meinen Vorgesetzten, welche mein Gott und meine Eltern sind). – „I am diligent, I am mirthy, I am lucky" (Ich bin fleißig, ich bin fröhlich, ich bin glücklich). – „Kennst du einen unglücklicheren Menschen, bei solchem Vermögen, bei solchen Aussichten, bei solchen Vorzügen, als mich, so nenne mir ihn und ich will schweigen." – „Mais ces diables de Colleges recommençeront" (Aber diese Teufel von Kollegs fangen wieder an), schreibt er seinem Mentor Behrisch, mit dem Zusatz, daß er das Wintersemester 1766 in drei gleiche Partien aufteilen werde: ein Drittel für den Freund, ein Drittel für sein Mädchen und ein Drittel für seine Studien. – „Meine Schwester . . . ich will auch die heutigen Vorlesungen versäumen, und mich mit dir unterhalten" – „Jetzo will ich dir von meiner jetzigen Lebensart Nachricht geben. Sie ist sehr philosophisch. Ich habe dem Konzerte, der Komödie, dem Reiten und Fahren gänzlich entsagt." – „Ich komme zwar nicht mehr in Auerbachshof, wo ich sonst alle Tage lag." – „Auf den Montag fangen die Studia mit Macht an, ich habe jetzo so viel Dummheit im Kopf als ich brauche um fleißig zu sein." – „Ich bin heute auf der Akademie gewesen . . . Ich war schlimmen Humors." – „Ich will diesen Winter noch manches studieren. “

Zwischendurch versuchte der zwiespältige Student die Jurisprudenz mit der Poesie zu vermählen. Als sein Oheim, der Frankfurter Advokat Johann Jost Textor (1739–1782) Hochzeit feierte, brachte er in einem Festtagsgedicht Themis ins Spiel, die griechische Göttin der Sitte und Ordnung, Gemahlin des Zeus und Schützerin des göttlichen Rechts. „Ich versammelte daher den ganzen Olymp", schildert uns Goethe, „um über die Heirat des Frankfurter Rechtsgelehrten zu ratschlagen; und zwar ernsthaft genug, wie es sich zum Feste eines solchen Ehrenmannes wohl schickte. Venus und Themis hatten sich um seinetwillen überworfen; doch ein schelmischer Streich, den Amor der letzteren spielte, ließ jene den Prozeß gewinnen, und die Götter entschieden für die Heirat."[51]

In einer freien Übertragung von Corneilles Komödie „Le Menteur" (Der Lügner) versetzte sich unser Jurastudent in die Rolle des jungen Edelmanns Dorant:

„ Gehab dich wohl o Jus! wir sind nunmehr geschieden;
Dem Himmel sei's gedankt, mein Vater ist's zufrieden.
Der Übergang ist schnell, unglaublich scheint er mir,
Noch gestern ein Student, und heut ein Kavalier. “[52]

Ein aufwühlendes „Nebenfach" wurde seine Studentenliebe mit der anmutigen Wirtstochter Anna Catharina Schönkopf, genannt Käthchen und von Goethe poetisch als „Annette" verherrlicht. Sie war drei Jahre älter als er, nahm seine Huldigungen mit Zuneigung entgegen, ohne sich jedoch die Hoffnungslosigkeit dieser jugendlichen Beziehung zu verhehlen. Von Launen und rasender Eifersucht geplagt, mußte nicht nur sie, sondern auch sein juristisches Hauptfach darunter leiden. Nach Goethes Weggang hat sie sich mit dem fünf Jahre älteren Dr. jur. C. Karl Kanne verheiratet, der später Amtmann an der Leipziger Juristenfakultät wurde.[53]

Studienkrise als Teil der natürlichen Metamorphose

„Und ich gehe nun täglich mehr bergunter", heißt es in Goethes letztem Leipziger Studentenbrief aus dem 6. Semester. Er war während der Studienzeit mehrmals erkrankt und zudem vom Pferd gestürzt. „Dieses, daß ich nicht den Hals gebrochen habe, hat mich glaub ich so im Kopfe schwindelnd gemacht . . ., das ist ein Paragraf, in dem die Figur meines Gehirns modelliert ist, verwirrt, und unzusammenhängend." Er schwebte nach einem heftigen Blutsturz mehrere Tage zwischen Leben und Tod und war anscheinend in der Gefahr einer akuten Tuberkulose. Eine verfehlte Diät- und Abhärtungskur schleppte die „verdrießliche Krankheit" dahin. Am 8. August 1768, seinem 19. Geburtstag, trat er die Heimreise nach Frankfurt an. Sein Vater verhehlte, wie Goethe bemerkt, „so gut er konnte den Verdruß, anstatt eines rüstigen tätigen Sohns, der nun promovieren und jene vorgeschriebene Lebensbahn durchlaufen sollte, einen Kränkling zu finden, der noch mehr an der Seele als am Körper zu leiden schien."

Was bei unserem Leipziger Studenten zuletzt immer stärker hervortrat, war nach den zeitgleichen Briefzeugnissen dieses hier angedeutete und die organische Erkrankung übertreffende Seelenleiden, das ihm auch wie „Narrheit" dünkte. So befand er sich zeitweilig in einem Gemüts- und Geisteszustand, der in eine schwere Krise führte. Wer Krisen hat, wird von der Gesellschaft – heute wie damals – gern als gescheitert und als Versager abgestempelt. Doch der „Kränkling" war keineswegs am Jurastudium gescheitert. Er war in seinem Hauptfach kein Versager. Er machte keine bloße Studienkrise durch, sondern hatte mit einer umfassenderen Entwicklungskrise zu kämpfen. Was hierbei auch für Juristen von zeitlosem Interesse bleibt, ist die Frage, wie Goethe als angeschlagener Mensch die Krise bestanden und welche Lehren er daraus für sein künftiges Leben gezogen hat.

Mit seinen 16–18 Jahren hat der Leipziger Student die jugendliche Entwicklungskrise noch nicht durchschaut, aber doch einen spürbaren und geistig verklärbaren Wandlungsvorgang wahrgenommen. Inmitten einer seiner Gefühlsaufwallungen erkannte er z. B. im November 1767:

„Jeder Jammer wird Wohllust, wenn wir seine klemmende, stechende Empfindung, die unser Herz ängstigt, durch Klagen lindern und zu einem Kitzel verwandeln . . . Ein vergangenes Übel ist ein Gut. Die Erinnerung überstandener Schmerzen ist Vergnügen.“[54]

Später, als der Dichter im Jahre 1810 die Leipziger Studienzeit biographisch nachzeichnete, fand er die Krisenerklärung im vergeistigten Bild der alle Natur beherrschenden Metamorphose.[55] In dieses Modell des Gestaltwandels fügten sich sein Jammer, seine Herzensängste und seine Schmerzen in die natürlichen Übergänge der Wandlungsstufen ein, die für den Menschen in der Entwicklung vom Knaben zum Jüngling und zum Mann ebenso lebensnotwendig sind wie beim Wachstum der Pflanzen aus Staubfäden und Staubbeuteln zum Blumenblatt. Ein bevorzugtes Beispiel für diese Metamorphose waren ihm die Entwicklungsphasen vom Jungstadium der Larve und kriechenden Raupe zur starren Puppe im Konkon bis zum fliegenden Schmetterling. In seinem Seelenroman „Wilhelm Meisters Lehrjahre" schreibt Goethe: „Alle Übergänge sind Krisen."[56] In ihnen erkennt er als Naturforscher etwas „Physiologisch-Pathologisches."[57] Der Grund ist seiner Ansicht nach in den physiologischen Gesetzen der Biologie zu suchen; in der Krise gesellt sich dazu ein Pathos, eine Ergriffenheit, die in Gefühlsaufwallungen die genannten stechenden Empfindungen und Herzensängste auslösen und buchstäblich „Leiden schaffen".

Solche krisenhafte Übergänge in gesundes Wachstum zu verwandeln, hat Goethe mit der Zeit als Lebensaufgabe erkannt. Er hat den empfundenen „Jammer" der Metamorphose auf seine Weise – nach den Anlagen seiner persönlichen Natur – „durch Klagen gelindert". Seine Größe in dieser Lebenskunst überragt den Durchschnittsjuristen und Durchschnittsmenschen durch die dichterische Aussagekraft. Sie hat schon in Leipzig aufkeimende Spuren hinterlassen. Wir erinnern uns an das zitierte Briefgedicht nach seinem Luftschloßbau, in welchem er den quälenden „Haß“ gegen die Juristerei abreagierte. Auch das erwähnte und leider verlorengegangene Festgedicht an seinen Advokatenonkel Textor, in welchem er die Juragöttin Themis poetisch überlistete, gehört hierher. Am pathologischen Tiefpunkt in der Beziehung zu Annette angelangt, hat er sich von seiner Seelenqual dadurch befreit, daß er sich das Schäferspiel „Die Laune des Verliebten“[58] im Versmaß des Alexandriners vom „närrischen Herzen“ schrieb. Begriffe der Rechtssprache anwendend, mußte er sich sein eigenes „Urteil“ sprechen, um zu einer quälenden und belehrenden „Buße“ zu gelangen.[59]

Diesen poetischen Kunstgriff, mit dem der Jurastudent ein pathologisches „Übel“ durch geistige Verarbeitung in ein positives „Gut“, ja in ein „Vergnügen“ verwandelte, hat er in Leipzig zu pflegen begonnen und dann zeitlebens beibehalten. In „Dichtung und Wahrheit“ schreibt er darüber:

> „Und so begann diejenige Richtung, von der ich mein ganzes Leben über nicht abweichen konnte, nämlich dasjenige was mich erfreute oder quälte, oder sonst beschäftigte, in ein Bild, ein Gedicht zu verwandeln und darüber mit mir selbst abzuschließen, um sowohl meine Begriffe von den äußern Dingen zu berichtigen, als mich im Innern deshalb zu beruhigen. Die Gabe hierzu war wohl niemand nötiger als mir, den seine Natur immerfort aus einem Extreme in das andere warf.“[60]

Diese Selbsterkenntnis seiner zwiespältigen Natur mit auseinander- und gegeneinanderwirkenden Extremen müssen wir für die oft widersprüchlichen Aussagen des Dichters über die Juristerei im Auge behalten. Die extremen Ansichten sind gewissermaßen als unausweichliche Ab- und Rückwandlungen im Verlauf seiner persönlichen Metamorphose zu verstehen, oft hervorgerufen durch äußere Umstände, wie in Leipzig auf der einen Seite durch rückständige Methoden der Rechtslehrer und körperliche Krankheiten, auf der anderen Seite durch einfühlsame Anleitungen der Kunstlehrer und liebevolle Freundschaftsdienste. Solche Gegensätze konnten bei ihm besonders extreme Empfindungen auslösen, denen gerade die besten Dichtungen entsprungen sind, die jedem aufgeschlossenen Leser ein Körnchen seiner eigenen Polaritäten vor Augen führen. „Alles was daher von mir bekannt geworden, sind nur Bruchstücke einer großen Konfession", fügt er dem vorgenannten Textauszug hinzu.

So sind unsere Kenntnisse über den Rechtsstudenten und Dichter immer unvollständig. Er bleibt für uns im letzten Grunde rätselhaft, eben ein Mensch, ein wandelbares Geschöpf im Gestaltungsprozeß der Metamorphose.

Ernst, Humor und Ironie im Blick auf das Rechtsstudium

Goethes jugendliche Metamorphose bewirkte Wandlungen der Lebensansicht, die sich bald in ernsten, bald in humorvollen und im Rückblick auch in ironischen Gedanken gegenüber dem Jurastudium äußerten.[61]

Als er in Dichtung und Wahrheit die Leipziger Studienzeit beschrieb, kam er auf seine „ernsten, für einen jungen Menschen fürchterlichen Erfahrungen" zu sprechen. Schon früher hatte ihn eine „tiefe, bedeutende, drangvolle Welt" angesprochen. Zeitig hatte er „in die seltsamen Irrgänge geblickt, mit welchen die bürgerliche Sozität unterminiert ist. Religion, Sitte, Gesetz, Stand, Verhältnisse, Gewohnheit, alles beherrscht nur die Oberfläche des städtischen Daseins . . . Wie viele Familien hatte ich nicht schon näher und ferner durch Bankrotte, Ehescheidungen, verführte Töchter, Morde, Hausdiebstähle, Vergiftungen entweder ins Verderben stürzen, oder auf dem Rande kümmerlich erhalten sehen, und hatte, so jung ich war, in solchen Fällen zu Rettung und Hilfe öfters die Hand geboten." Ja er sah sich gelegentlich schon in Konflikte verwickelt, die er geradezu mit anwaltlichen oder richterlichen Eigenschaften zu regeln versuchte: „Denn da meine Offenheit Zutrauen erweckte, meine Verschwiegenheit erprobt war, meine Tätigkeit keine Opfer scheute und in den gefährlichsten Fällen am liebsten wirken mochte, so fand ich oft genug Gelegenheit zu vermitteln", aber im jugendlichen Eifer auch „zu vertuschen, den Wetterstrahl abzuleiten, und was sonst nur alles geleistet werden kann, wobei es nicht fehlen konnte, daß ich sowohl an mir selbst, als durch andere zu manchen kränkenden und demütigenden Erfahrungen gelangen mußte".

Dazu kamen ernste religiöse Erfahrungen, etwa dogmatische Gerichtsdrohungen beim unwürdigen Genuß des Abendmahls, die einen „ungeheueren Eindruck" auf ihn machten. Hierbei kamen Bilder aus der Rechts- und Kirchengeschichte in ihm hoch: „Alles Furchtbare, was ich in den Geschichten der Mittelzeit von Gottesurteilen, den seltsamsten Prüfungen durch glühende Eisen, flammendes Feuer, schwelendes Wasser gelesen hatte, selbst was uns die Bibel von der Quelle erzählt, die dem Unschuldigen wohl bekommt, den Schuldigen aufbläht und bersten macht, das alles stellte sich meiner Einbildungskraft dar und vereinigte sich zu dem höchsten Furchtbaren, indem falsche Zusage, Heuchelei, Meineid, Gotteslästerung, alles bei der heiligsten Handlung auf dem Unwürdigen zu lasten schien, welches um so schrecklicher war, als ja niemand sich für würdig erklären durfte . . ."

Von solchen ernsten Gedanken gequält, suchte der Leipziger Jurastudent vergeblich in den philosophischen Vorlesungen nach Klarheit. „Und so rückte nach und nach der Zeitpunkt heran, wo mir alle Autorität verschwinden und ich selbst an den größten und besten Individuen, die ich gekannt oder mir gedacht hatte, zweifeln, ja verzweifeln sollte".

Doch gab es auch „heitere Stunden", in denen er sich seiner wunderlichen Fragen entledigte. „Beständiger Ernst hat zum Vorteil", sagte er in einem späteren Gespräch, „daß er dann und wann auch recht lustig wird und so zu einem Gipfel kommt."[62]

Es entwickelte sich unter jenen „ernsten, für einen jungen Menschen fürchterlichen Erfahrungen" in ihm ein „verwegener Humor", der ihn zu studentischen Possen trieb und zu „humoristischen Kühnheiten" auf dem Theater verlockte.

Dieser Stimmung ist Goethes erstes Lustspiel „Die Mitschuldigen" entsprungen.[63] Auch wenn es in dem Stück um die Verarbeitung seiner Leipziger Studentenliebe ging, wäre es ohne seine juristische Ausbildung kaum in der vorliegenden Form entstanden. Das Spiel ist in die Diebstahlgeschichte einer Wirtsfamilie gekleidet, der ein ähnlicher Strafrechtsfall in England vorausgegangen war. Der namhafte Goetheforscher Ernst Beutler stellte dazu die Frage auf: „Hat der junge Leipziger Student der Rechte den Fall dieses Wirtes gekannt, verharmlost und als Rahmenhandlung benutzt, wie er ja das äußere Gerüst seiner Dramen auch später nicht zu erfinden, sondern abgewandelt zu entlehnen pflegte? Dann hätte sein juristisches Studium wenigstens eine poetische Frucht getragen."[64]

Die sorgfältige Lektüre der „Mitschuldigen" unter juristischen Gesichtspunkten drängt uns zur Bejahung der Frage. Goethe hat sich für Kriminalfälle nicht nur aus Lesevergnügen interessiert, sondern gerade im Hinblick auf die Schuldfrage, die für ihn vor allem eine moralische Komponente hatte. Das dürfen wir aus dem Leipziger Brief vom 28. Mai 1766 an seine Schwester Cornelia schließen, die ihn wegen der berühmten Strafrechtsfälle von Pitaval befragt hatte. Die aufsehenerregenden „Causes célèbres et intéressantes" des französischen Rechtsgelehrten F. G. de Pitaval waren eben in deutscher Übersetzung erschienen und von dem jungen Rechtsstudenten geprüft worden mit dem Ergebnis einer Warnung an die Schwester: „Pitaval ist nicht für dich; das sind nur schlichte Erzählungen, ohne moralische Anmerkungen, ohne irgendein Gefühl."[65] Ohne die Auseinandersetzung mit Moral und Gefühl war für den Rechtsstudenten eine Beurteilung von Schuld oder Mitschuld offenbar nicht möglich. Auf die Strafrechtspflege bezogen, erforderte dies nicht nur Rechts-, sondern auch Menschenkenntnis und für den Juristen ein verstehendes Herz. Gustav Radbruch hat in seiner „Einführung in die Rechtswissenschaft" dem Strafrichter der Zukunft das Goethewort ins Herz geschrieben:

„Soll er strafen oder schonen,
Muß er Menschen menschlich sehn."[66]

Im Lustspiel unseres Rechtsstudenten rühmt sich der hauptschuldige Haus- und Gelddieb der Zuneigung des „Diebesgottes", womit dem Götterboten Merkur eine Schutzfunktion gegenüber der gesetzlichen Strafverfolgung zugedacht ist. Fortlaufend, wenn auch nur am Rande der Liebeskomödie, ist von rechtlichen Dingen die Rede, wie „Recht am Gute", „Täter", „Betrug", „Reue", „Zeugen", „schwören", „vergleichen", „Henker" oder „Gnade". Dazwischen spannende Dialoge zwischen dem Liebhaber und dem Dieb, mit sozialkritischem Einschlag auf dem Hintergrund der zeitgenössischen Standesunterschiede und anspielend auf das Rechtssprichwort: Die Kleinen hängt man, und die Großen läßt man laufen:

„Pfui schlechter Mensch!"
„Ja ja, ich bin wohl schlecht, allein ihr großen Herrn, ihr habt wohl immer recht?
Ihr wollt mit unserm Gut, nur nach Belieben schalten;
Ihr haltet kein Gesetz, und andre sollen's halten.
Das ist sehr einerlei, Gelüst nach Fleisch, nach Gold.
Seid erst nicht hängenswert, wenn ihr uns hängen wollt." –
„An Galgen mit dem Dieb!" –
„Erinnern sie sich nicht,
Daß ein gewiss Gesetz von andern Leuten spricht?"

Hurtig wird mit peinlichen Strafen alten Stils gedroht:

„Gehangen wird er noch, zum wenigsten gestäupt."
„Gebrandmarkt bin ich schon."
„Schlagt einen Nagel ihm durch den Kopf, aufs Rad."

Zur Belustigung des Publikums schildert der Dieb seine Herkunft aus dem öffentlichen Dienst:

„Ich war ein Sekretär bei einem Bürgermeister.
Ein Sekretär! Das ist kein Werk für kleine Geister,
Es ist ein künstlich Amt, und will getrieben sein."

Das Bürgermeisteramt war damals zugleich für die örtliche Strafgerichtsbarkeit zuständig, wobei den Tätern ihre letzte Habe abgenommen wurde. Unser Dieb berichtet den Zuschauern, wie er selbst einmal einem Diebesgenossen den Dietrich in Gestalt eines Schlüssels aus Eisen abgenommen hat:

„Ein Dieb wurd eingefangen;
Die Schlüssel fanden sich und er, er ward gehangen.
Nun weiß man, die Justiz behält stets was für sich;
Ich war nur Subaltern, das Eisen kam an mich;
Ich hob es auf. Ein Ding mag noch so wenig taugen,
Es kömmt ein Augenblick und man kann alles brauchen."

Mit diesem Schlüssel hat er nun die Schatulle des Liebhabers aufgeschlossen und den Inhalt gestohlen. Er konnte seiner Beutelust nicht widerstehen, auch wenn ihm die drohende Justiz im Nacken saß:

„Ich seh's man wird zum Dieb geboren wie zum Dichter;
Und pfuscht nur einer drein, so fühlt er wie der Blitz;
Die Peitsche der Kritik, die Rute der Justiz."

Mitten in diesem heiter-burlesken Nebenprodukt des Jurastudiums hören wir plötzlich den Stoßseufzer:

„O wüßt' ihr wie mir's graust.
Es wird mir siedend heiß. So war's dem Doktor Faust."

Das ist in Goethes Werken die erste Erwähnung der sagenhaften Faustgestalt, die sich wie der Leipziger Jurastudent „in allem Wissen umhergetrieben" hatte, nun mit ihm herumging und ihn in einsamen Stunden „ergötzte", ohne daß er vorerst etwas davon aufschrieb.[67] Im Laufe der Zeit gelang dem Dichter im Zusammenhang mit seiner Metamorphosenlehre und gerade im Rückblick auf Leipzig eine „ironische Ansicht des Lebens im höheren Sinn, wodurch die Biographie sich über das Leben erhebt."[68] Von diesem sokratischen Standpunkt aus hat sich Goethe gleich zu Beginn der Fausttragödie in seinem Helden als „Tor" ironisiert, der sich trotz des Studiums der Juristerei mitsamt der Philosophie, Medizin und Theologie nicht einbildet, „was Rechts zu wissen." Dementsprechend läuft auch das Lehrgespräch in Fausts Studierzimmer ab, getragen von dem überlegenen Bewußtsein des Dichters, daß ein vernünftig richtender Mensch sich scherzend über Mängel und Irrtümer erheben kann, um auf diese Weise Konflikte zu überlisten:[69]

> „Mephistopheles: Doch wählt mir eine Fakultät!
> Schüler: Zur Rechtsgelehrsamkeit kann ich mich nicht bequemen.
> Mephistopheles: Ich kann es euch so sehr nicht übelnehmen,
> Ich weiß, wie es um diese Lehre steht . . .
> Schüler: Mein Abscheu wird durch euch vermehrt.
> O glücklich der, den Ihr belehrt!"

Doch schon in der nächsten Faustszene „Auerbachs Keller in Leipzig" läßt Goethe den erstsemestrigen Studenten Frosch ein Lob auf die bildungsreiche Universitätsstadt ausbringen:

> „Mein Leipzig lob' ich mir!
> Es ist ein klein Paris, und bildet seine Leute."

Daß die Leipziger Studienzeit auch für Goethe persönlich ein Bildungsgewinn war, hat er prosaisch im Neunten Buch von Dichtung und Wahrheit zum Ausdruck gebracht:

> „Mehr als ich in meiner bisherigen Darstellung aufzuführen Gelegenheit nahm, hatte ich bei meinem Aufenthalte in Leipzig an Einsicht in die Rechtserfordernisse gewonnen; obgleich mein ganzer Erwerb nur als ein allgemeiner enzyklopädischer Überblick und nicht als eigentliche bestimmte Kenntnis gelten konnte. Das akademische Leben, wenn wir uns auch bei demselben des eigentlichen Fleißes nicht zu rühmen haben, gewährt doch in jeder Art von Ausbildung unendliche Vorteile, weil wir stets von Menschen umgeben sind, welche die Wissenschaft besitzen oder suchen, so daß wir aus einer solchen Atmosphäre, wenn auch unbewußt, immer einige Nahrung ziehen."

III.

Abschluss des Rechtsstudiums und Promotion in Strassburg

(1770–1771)

„Neues Leben, neue Bekanntschaften, und hernach können Sie sich vorstellen, wieviel einer zu tun hat, seine Wissenschaft in Ordnung zu bringen, der drei Jahre in Leipzig die guten Studien zu studieren sich angelegen sein ließ. Gegen Ende März will ich meinen Flug weiter nehmen. Zuerst nach Straßburg, wo ich gern mögte meine juristischen Verdienste gekrönt haben.“[70]

In diesen Briefzeilen Goethes vom Februar 1770 aus Frankfurt an einen vormaligen Studiengenossen in Leipzig spiegelt sich nach eineinhalbjährigem Zwischenaufenthalt im Elternhaus eine neue Aufbruchstimmung wider. Er empfindet endlich wieder „neues Leben“, nachdem er Ende August 1768 das Jurastudium in Leipzig wegen schwerer Erkrankung hatte abbrechen müssen und seither daheim, nach zwei lebensbedrohenden Rückschlägen, um Genesung gerungen hatte. Er baute auf „neue Bekanntschaften“, die ihm vor allem auf religiösem Wege Heilungskräfte vermitteln wollten, ihn aber auch in alchemistische und naturmystische Anschauungen hineinführten und sein Inneres bedrängten.

„Mein Körper ist wieder hergestellt, aber meine Seele ist noch nicht geheilt“,

schrieb er im Dezember 1769.

Und nun war er dabei, die „Wissenschaft in Ordnung zu bringen", mit dem Ziel, seine „juristischen Verdienste gekrönt" zu sehen. Der Rekonvaleszent hat in der Frankfurter Zwischenzeit das Jurastudium nie aus den Augen verloren, ja eher an seiner dichterischen Berufung als an der Fortsetzung des Fachstudiums gezweifelt.

„Gott will, so scheint's, nicht haben, daß ich Autor werden soll", heißt es in einem Brief vom Januar 1769. Schon im November 1768, drei Monate nach der Krankheitsflucht aus Leipzig, hatte er Freunden angekündigt, zur Fortsetzung des Studiums nach Straßburg zu gehen, um sich dort „zum Doktor machen zu lassen". Wenn „das arme Füchslein" sich erholt haben werde, gehe es „nach Straßburg", betonte er im August 1769. Die dortige Akademie, meinte er im Oktober, sei „die vorteilhafteste, um dort seine Studien gut zu treiben". „Zu Ende Märzens geh' ich also nach Straßburg . . . Eh nun, da wär ich auch Docktor und zwar ein französischer Docktor", teilt er im Januar 1770 dem Leipziger Käthchen mit und nennt sich jetzt wieder „frisch und gesund und fleißig".

Daß der Genesende gerade auch im Juristenfach „fleißig" sein wollte, bezeugen die gleichzeitig im Januar 1770 in Frankfurt begonnenen und in Straßburg fortgeführten „Ephemerides" (Tagebücher) des jetzt Zwanzigjährigen.[71] Die darin vermerkten Fachbücher mit Kurznotizen geben wichtige Aufschlüsse über seine bevorzugten Studieninteressen. Bezeichnenderweise finden sich gleich auf den ersten Seiten Eintragungen zu juristisch-theologischen Grenzfragen der Zeit, die seine Beschäftigung mit dem Kirchenrecht unterstreichen: Fiktive Rechtsstreitigkeiten zwischen Himmel und Hölle, Jesus und Luzifer, mit Musterbeispielen für Prozeßformeln, sowie die Problematik der rechtlichen Stellung ungetaufter Kinder, – zwei Themenbereiche, die sowohl auf die bevorstehende Promotion als auch auf die spätere Faustdichtung von Einfluß sein sollten. Es folgen Titel und Zitate aus dem Codex Justinianus und dem ius Canonicum mit einer Konkordanz römischer und christlicher Grundsätze. Es tauchen Namen und Werksangaben bedeutender Rechtslehrer auf, wie Benedict Carpzow (1595–1666), Samuel Stryks (1640–1710), Christian Thomasius (1635–1728) und August Leysers (1683–1752), deren angegebene und wohl auch studierte Werke er der gut ausgestatteten Hausbibliothek des Vaters entnehmen konnte. Wie schon in der Knabenzeit war es auch jetzt wieder der Vater, der die Lust oder zumindest den Fleiß zur Juristerei schürte und ungeduldig darauf drängte, daß die juristischen Verdienste des Sohnes endlich gekrönt würden.

Im Rückblick auf seine damals verdrängten poetischen Neigungen schreibt Goethe in „Dichtung und Wahrheit“:

„Ich fügte mich daher ohne Widerstreben, nachdem ich so manchen guten Vorsatz vereitelt, so manche redliche Hoffnung verschwinden sehn, in die Absicht meines Vaters, mich nach Straßburg zu schicken, wo man mir ein heiteres lustiges Leben versprach, indessen ich meine Studien weiter fortsetzen und am Ende promovieren sollte. Im Frühjahr fühlte ich meine Gesundheit, noch mehr aber meinen jugendlichen Mut wieder hergestellt, und sehnte mich abermals aus meinem väterlichen Hause ...“

Vorweg eine chronologische Übersicht: Goethes Aufenthalt in Straßburg erstreckte sich über drei Semester von April 1770 bis August 1771. Im ersten Sommersemester bereitete er sich auf die juristische Universitätsprüfung vor, die für die Promotion vorgeschrieben war; er bestand sie im September 1770 mit belobigtem Erfolg. Nun begann und vertiefte sich die Bekanntschaft mit dem damals in Straßburg eintreffenden Prediger und holsteinischen Prinzenbegleiter Johann Gottlieb Herder (1744–1803), die Goethe „das bedeutendste Ereignis“ mit den „wichtigsten Folgen“ für ihn nannte. Jetzt wurde der Rechtskandidat von neuem zur Ausbildung seiner Dichternatur entflammt, die ab Oktober 1770 durch die jugendliche Liebesbeziehung zu Friederike Brion in Sesenheim bei Straßburg lyrischen Auftrieb erhielt und seine „Sturm- und Drangzeit“ eröffnete. Im Juni 1771 reichte er seine buchstäblich „stürmische“ Dissertation zur Erlangung des Doktorgrades ein, die jedoch abgelehnt wurde. Zwei Monate später wurde er nach einem – ebenfalls stürmischen – Streitgespräch über 56 Rechtsthesen von der juristischen Fakultät mit dem damals fast gleichrangigen akademischen Grad eines „Lizentiaten der Rechte" ausgezeichnet. Anschließend kehrte der Lizentiat Mitte August nach Frankfurt zurück, wo er sogleich seine Zulassung zur Advokatur beantragte.[72]

Studiosus mit „Munterkeit im Überfluß"

Anfang April 1770 im neuen Studienort eingetroffen, heißt es im ersten Studentenbrief Goethes aus Straßburg:

> „Ich bin wieder Studiosus und habe nun, Gott sei Dank, so viel Gesundheit, als ich brauche, und Munterkeit im Überfluß."[73]

Am 18. April 1770 trug er sich in das Aufnahmeregister der Universität ein und wurde nach der Neuwahl des Rektors und des Dekans am 22. April bei der juristischen Fakultät immatrikuliert. Damit ging ein hartnäckiger Wunsch des Vaters in Erfüllung, der dort vor 30 Jahren – im ersten Halbjahr 1741 – ebenfalls immatrikuliert und von der galanten Jurisprudenz französischen Einschlags sehr angetan war. Auch lebte das Gedenken an Johann Wolfgangs Urgroßvater mütterlicherseits wieder auf, den erfolgreichen Juristen Dr. jur. Johann Wolfgang Textor (1638–1701), der Jura in Jena und Straßburg studiert, in Straßburg den Doktorgrad erlangt hatte, zum Rechtsprofessor an den Universitäten Altdorf (bei Nürnberg) und Heidelberg berufen worden und zuletzt Konsulent und Erster Syndikus der Reichsstadt Frankfurt geworden war.

Seither hatten auffällig viele Frankfurter Bürgersöhne und Edelleute die Hochschule im Elsaß besucht. Dabei übte das dortige Ineinandergreifen der deutschen und der französischen Kultur ihre Anziehungskraft aus. Wie Goethe in seinen Erinnerungen schreibt, war ihm die französische Sprache „von Jugend auf lieb" und „wie eine zweite Muttersprache zu eigen geworden. Nun wünschte ich mich derselben mit größerer Leichtigkeit zu bedienen, und zog deswegen Straßburg zum abermaligen Aufenthalt anderen hohen Schulen vor." Freilich, als er nach der Begegnung mit dem deutschen Sprachmeister Herder die Bedeutung der angeborenen Volkssprache für den erwachenden Dichter erkannte und sich bewußt wurde, daß er in der Fremdsprache poetisch nie zu Hause sein würde, hat er sich der gelehrten Hof- und Diplomatensprache „eher ab- als zugewendet."

Hinsichtlich des Juristenfaches, das in der kosmopolitischen Atmosphäre der Stadt junge Leute aus ganz Europa – wie Cobenzl, Metternich und Montgelas – vor allem auf die Diplomatie vorbereitete, fand er sich mit den örtlichen Gepflogenheiten recht und schlecht ab; für das erste Straßburger Semester bekommen wir den Gesamteindruck eines wacheren, strebsamen Jurastudenten. Der Universitätsbetrieb war damals leicht überschaubar. Bei einer Studentenzahl von 400 bis 600 gab es 14 Lehrstühle. Der Jurisprudenz waren drei Ordinarien zugeteilt, die nach der kontinentalen Überlieferung schwerpunktmäßig Römisches Recht, dazu Kanonisches Recht und Staatsrecht in Verbindung mit Rechtsgeschichte lasen. Die Hochschule war wie Goethes Familie und Heimatstadt Frankfurt protestantisch orientiert und in der Rechtswissenschaft darauf angelegt, die Studenten zum „doctor iuris utriusque", also zum Doktor des weltlichen und des kirchlichen Rechts, auszubilden. Vorausgesetzt wurde die Belegung gewisser Pflichtvorlesungen. Eine bestimmte Semesterzahl war nicht vorgeschrieben, doch waren damals bis zum Erwerb des Doktorgrades durchschnittlich sechs bis acht Jahre üblich. Unser zwanzigjähriger Rechtsstudent hatte erst drei Studienjahre mit sechs Semestern in Leipzig hinter sich; er war allem Anschein nach gewillt, die vorgenannte Durchschnittszahl deutlich zu unterbieten.

Nach einigen kritischen Äußerungen über den neuen „sehr mittelmäßigen" Studienort berichtete er drei Wochen darauf:

„Inzwischen ist doch für mich etwas dabei zu lernen, und ich bin sehr zufrieden hier zu sein . . . Was ich studiere? Zuvörderst die Distinktionen und Subtilitäten, wodurch man Recht und Unrecht einander ziemlich ähnlich gemacht hat." In seiner wieder erwachten Munterkeit bespöttelte er hiermit die begrifflichen Unterscheidungen und Spitzfindigkeiten der Juristerei und fügte hinzu: „Das heißt, ich studiere auf einen Docktor beyder Rechten." Auch in seinem späteren Schema zur Lebensbeschreibung findet sich hinter dem Stichwort „Straßburg" der Eintrag: „Zweck die Promotion." Dazu war ein Vorexamen notwendig, das er möglichst rasch hinter sich bringen wollte.

Goethe beim Repetitor

Mit Empfehlungsschreiben versehen, fand der Ankömmling in Straßburg Aufnahme in einer „sehr angenehmen und unterhaltenden" Tischgesellschaft, die nach damaliger Sitte eine kleine Schar von Studenten aller Fakultäten zu laufendem Gedanken- und Erfahrungsaustausch vereinigte. Ihr Präsident war „Doktor Salzmann", ein sechzigjähriger Aktuarius, der seinen Schützlingen mit Rat und Tat zur Seite stand. Was sich nun ereignete, soll uns der Autor von Dichtung und Wahrheit selber erzählen:

„Mit diesem Manne beredete ich meinen Vorsatz, mich hier in Straßburg der Rechtswissenschaft ferner zu befleißigen, um baldmöglichst promovieren zu können. Da er von allem genau unterrichtet war, so befragte ich ihn über die Collegia, die ich zu hören hätte, und was er allenfalls von der Sache denke? Darauf erwiderte er mir, daß es sich in Straßburg nicht etwa wie auf deutschen Akademien verhalte, wo man wohl Juristen im weiten und gelehrten Sinne zu bilden suche. Hier sei alles, im Verhältnis gegen Frankreich gemäß, eigentlich auf das Praktische gerichtet und nach dem Sinne der Franzosen eingeleitet, welche gern bei dem Gegebenen verharren. Gewisse allgemeine Grundsätze, gewisse Vorkenntnisse suche man einem jeden beizubringen, man fasse sich so kurz wie möglich und überliefere nur das Notwendigste. Er machte mich darauf mit einem Manne bekannt, zu dem man, als Repetenten, ein großes Vertrauen hegte; welches dieser sich auch bei mir sehr bald zu erwerben wußte."

„Repetent“, das war die damalige, heute veraltete Bezeichnung für „Repetitor“, der Studierende durch Wiederholung des Lehrstoffes auf das Examen vorbereitet. Noch heute ist der akademisch gebildete Repetitor für viele Jurastudenten der begehrte „Einpauker“, der den für das Examen notwendigen Wissensstoff durch einprägsame Wiederholungen mit den Studierenden einübt. Es darf nicht vergessen werden, daß vor der Universitätsreform des beginnenden 19. Jahrhunderts die Übungsstunden beim Repetenten neben dem privaten Hausunterricht die ausschließliche Form der akademischen Examensvorbereitung war.

„Ich fing an mit ihm zur Einleitung über Gegenstände der Rechtswissenschaft zu sprechen, und er wunderte sich nicht wenig über mein Schwadronieren . . .“ In seiner rückschauenden Lebensbeschreibung räumt Goethe ein, daß er bei der Darstellung seiner Leipziger Rechtsstudien zu wenig Gelegenheit genommen hatte, seine damals gewonnenen Rechtseinsichten aufzuzeigen.

„Mein Repetent, nachdem er mit meinem Umhervagieren im Diskurse einige Zeit Geduld gehabt, machte mir zuletzt begreiflich, daß ich vor allen Dingen meine nächste Absicht im Auge behalten müsse, die nämlich, mich examinieren zu lassen, zu promovieren und alsdann allenfalls in die Praxis überzugehen. ‚Um bei den ersten stehen zu bleiben‘, sagte er, ‚so wird die Sache keineswegs im Weiten gesucht. Es wird nicht nachgefragt, wie und wo ein Gesetz entsprungen, was die innere oder äußere Veranlassung dazu gegeben, man untersucht nicht, wie es sich durch Zeit und Gewohnheit abgeändert, sowenig als inwiefern es sich durch falsche Auslegung oder verkehrten Gerichtsbrauch vielleicht gar umgewendet. In solchen Forschungen bringen gelehrte Männer ganz eigens ihr Leben zu; wir aber fragen nach dem, was gegenwärtig besteht, dies prägen wir unserem Gedächtnis fest ein, daß es uns stets gegenwärtig sei, wenn wir uns dessen zu Nutz und Schutz unsrer Klienten bedienen wollen. So statten wir unsere jungen Leute fürs nächste Leben aus, und das Weitere findet sich nach Verhältnis ihrer Talente und ihrer Tätigkeit.‘

Er übergab mir hierauf seine Hefte, welche in Fragen und Antworten geschrieben waren und woraus ich mich sogleich ziemlich konnte examinieren lassen, weil Hoppes kleiner juristischer Katechismus (mit dem Goethe schon als Knabe vom Vater privat unterrichtet worden war) mir noch vollkommen im Gedächtnis stand; das Übrige supplierte ich mit einigem Fleiße und qualifizierte mich wider meinen Willen, auf die leichteste Art zum Kandidaten."

„Die Jurisprudenz fängt an mir sehr zu gefallen"

Die Qualifikation zum candidatus juris scheint – entgegen der späteren Verklärung in „Dichtung und Wahrheit" – doch nicht immer „auf die leichteste Art" vor sich gegangen zu sein. Sie forderte auch im damaligen Straßburg eine aktive Hingabe an die Rechtsgelehrsamkeit, wie sie von den Professoren in den Pflichtvorlesungen dargeboten wurde. Jedenfalls sind Goethes Studentenbriefe der ersten Straßburger Monate von einem Geist der Arbeitsbejahung getragen, der offensichtlich mit seinem religiösen Ringen zusammenhing:

„Große Freuden werden nur mit großer Mühe erworben." – „Der Himmelsarzt hat das Feuer des Lebens in meinem Körper wieder gestärkt, und Mut und Freude sind wieder da." – „Lassen Sie uns unser Tagewerk verrichten." – „Übrigens ist mein Körper just so gesund, um eine mäßige und nötige Arbeit zu tragen." – Und an die fromme Seelenfreundin Katharina von Klettenberg, die ihn während der Frankfurter Genesungszeit betreut hatte, schreibt er am 26. August 1770, kurz vor dem Ersten Examen: „So betet mit mir, für mich, daß alles werde, wie's werden soll. Die Jurisprudenz fängt an mir sehr zu gefallen. So ist's doch mit allem wie mit dem Merseburger Biere, das erstemal schauert man, und hat man's eine Woche getrunken, so kann man's nicht mehr lassen."

Hatte Goethe bei der früheren Schilderung der Leipziger Krankheitszeit vermerkt, „das schwere Merseburger Bier verdüsterte mein Gehirn", so wird jetzt das berühmte Getränk aus der Brauereistadt Merseburg bei Halle zum heiteren Vergleich herangezogen. Der Brief deutet im gleichzeitigen Vergleich mit anderen frommen Bekanntschaften seine neue Weltansicht an: „daß wir auf diese Welt gesetzt sind besonders um ihr nützlich zu sein, daß wir uns dazu fähig machen können, wozu denn auch die Religion etwas hilft; und daß der Brauchbarste der Beste ist".

Sich im Beruf wie im Leben nützlich zu machen, war eine Devise, die dem Studenten einen Einsatz abforderte, ihn aber auch nach Vorbildern verlangte. Vergeblich suchen wir in Goethes biographischer Reflexion nach Persönlichkeitsskizzen der Lehrer des positiven Rechts. Es waren dies nach den Universitätsakten die Juristen Kugler, Reißeisen, Silberrad und Treitlinger; der Autor von Dichtung und Wahrheit hat nach rund vierzig Jahren ihre Namen längst vergessen. Vom Dekan der juristischen Fakultät erfahren wir – es war Professor Ehrlein – kurz ohne Namensnennung, daß er „ein lebhafter gescheiter Mann" war. Hingegen ist der Examenskandidat voll des Lobes über den herausragenden Staatsrechtslehrer und Historiker Johann Daniel Schöpflin (1694–1771), den schon Goethes Vater in Straßburg gehört hatte; dieser verstand es offenbar, den Rechtsstoff ganz nach Goethes Geschmack aus dem Geist der Geschichte heraus zu erklären und so die abstrakten Begriffe mit Leben zu füllen:

» Auch ohne nähere Berührung hatte derselbe bedeutend auf mich eingewirkt: denn vorzügliche mitlebende Männer sind den größeren Sternen zu vergleichen, nach denen, solange sie nur über dem Horizont stehen, unser Auge sich wendet, und sich gestärkt und gebildet fühlt, wenn es ihm vergönnt ist, solche Vollkommenheiten in sich aufzunehmen. Die freigebige Natur hatte Schöpflinen ein vorteilhaftes Äußere verliehn, schlanke Gestalt, freundliche Augen, redseligen Mund, eine durchaus angenehme Gegenwart. Auch Geistesgaben erteilte sie ihrem Liebling nicht kärglich, und sein Glück war, ohne daß er sich mühsam angestrengt hätte, die Folge angeborner und ruhig ausgebildeter Verdienste. Er gehörte zu den glücklichen Menschen, welche Vergangenheit und Gegenwart zu vereinigen geneigt sind, die dem Lebensinteresse das historische Wissen anzuknüpfen verstehn."

Die mehrseitige Laudatio klingt in einer Abneigung gegen das abstrakt gelehrte Zivilrecht aus, womit der Gelobte Goethes besondere Zuneigung gewann: „Schöpflin, der sich in der höheren Sphäre des Staatsrechts zeitlebens bewegt hatte und den großen Einfluß wohl kannte, welchen solche und verwandte Studien bei Höfen und in Kabinetten einem fähigen Kopfe zu verschaffen geeignet sind, fühlte eine unüberwindliche ja ungerechte Abneigung gegen den Zustand des Zivilisten, und hatte die gleiche Gesinnung den Seinigen eingeflößt." Daß diese Abneigung „ungerecht" war, empfand Goethe erst im nachhinein bei der Niederschrift von Dichtung und Wahrheit. Während des Studiums kostete ihn die Beschäftigung mit der meist spröde dargebotenen und durch langweilige Wiederholungen verleidete Rechtsmaterie viel Geduld; denn er hatte, wie er gestand, „für nichts Positives einen Sinn, sondern wollte alles wo nicht verständig, doch historisch erklärt haben".

Auch heute noch ist es, wie man weiß, nicht selten die Ausstrahlungskraft einer überzeugenden Gelehrtenpersönlichkeit, die suchende Studenten an ein sonst nicht unbedingt geliebtes Fachgebiet fesselt. Goethe war mit seinen 20 und 21 Jahren in Straßburg auf dem Weg, im selbstkritischen Vergleich mit anderen Menschen bewußt seine Eigenpersönlichkeit zu entwickeln und dabei die seiner Natur gemäßen Fähigkeiten herauszufinden. Die jugendlichen Wünsche erschienen ihm als „Vorgefühle der Fähigkeiten", als „Vorboten desjenigen, was wir zu leisten im Stande sein werden." Er empfand den Wunsch, „nach vielen Seiten wirksam zu werden", und erlangte „das schöne Gefühl, daß die Menschen zusammen erst der wahre Mensch ist, und daß der einzelne nur froh und glücklich sein kann, wenn er den Mut hat, sich im Ganzen zu fühlen".

Das waren Sehnsüchte, die für den Jurajünger im momentanen Studienbetrieb am ehesten mit dem Staatsrecht und der Rechtsgeschichte in Verbindung zu bringen waren, wo die Fähigkeiten und die Tätigkeiten der Menschen für das Gemeinwohl im Mittelpunkt standen.

Juristisches Vorexamen „cum laude" bestanden

Knapp vier Wochen nach seinem munter erklärten Gefallen an der Jurisprudenz trug sich Goethe am 22. September 1770 bei der Juristischen Fakultät der Universität Straßburg in die Matricula Candidatorum für das Juraexamen der nächsten Tage ein.[74] Das bedeutete, daß er bis zum Ende seines ersten Straßburger Semesters – mit Leipzig war es das siebte Semester – den Nachweis über die Belegung der juristischen Pflichtvorlesungen erbracht hatte, sich selber für das Examen reif genug hielt und von der Fakultät als aussichtsreicher Bewerber akzeptiert wurde. Nach den Prüfungsordnungen des 18. Jahrhunderts war es üblich, daß der Kandidat gleich mit der Anmeldung eine schriftliche wissenschaftliche Abhandlung vorlegte.[75] Nach Genton hätte Goethe zu Beginn des zweiten Straßburger Semesters eine „dissertatio praeliminaris" als Vorarbeit einreichen müssen; „anscheinend ist er davon befreit worden, vielleicht, weil er sich doch als ein glänzender Student zeigte".[76] Nach Goethes eigener Erinnerung qualifizierte er sich „auf die leichteste Art zum Kandidaten".

Das damalige Juraexamen darf nicht verwechselt werden mit einem Staatsexamen heutiger Art, das zum Eintritt in den staatlichen Vorbereitungsdienst befähigt. Es gab in Straßburg noch kein spezielles Referendarexamen und auch kein Zweites Staatsexamen mit der Befähigung zum Richteramt. Es handelte sich vielmehr um die damals übliche Vorprüfung für die Promotion, die dann den eigentlichen Abschluß des Studiums bildete. Für Goethes vorgesehene Advokatenlaufbahn oder für ein etwaiges Magistratsamt in der Reichsstadt Frankfurt genügte die Promotion; das von Goethes Vater zusätzlich erwartete Rechtspraktikum am Reichskammergericht Wetzlar war freiwillig, sollte die erworbenen Studienkenntnisse lediglich vertiefen und den Gesichtskreis für die Rechtspraxis erweitern.

Das jetzt für den Kandidaten anstehende Juraexamen setzte sich aus zwei Prüfungsabschnitten zusammen: dem examen prius (Erstprüfung) und dem examen posterius (Nachprüfung, auch examen rigorosum genannt).

Das mündlich abgehaltene examen prius fand am 25. September 1770 statt. Dabei wurde von den Examinatoren der Juristischen Fakultät das gegenwärtige Fachwissen nach den Auswahlkriterien der Professoren abgefragt. Über das Ergebnis findet sich in den Fakultätsakten der Eintrag, daß Herr Goethe das Erste Examen mit der Auszeichnung „cum laude" bestanden hat und ihm für das Rigorosum folgende Textstellen zur Erörterung aufgegeben wurden: „L. Solita ult. cod. de remiss. pignor. – C. Series 26. X de testib. et attestat." Hiernach hatte sich Goethe in der Vorprüfung „mit Lob" bewährt und mußte sich kurzfristig auf zwei lateinische Prüfungstexte vorbereiten.

Das strengere examen posterior – das Rigorosum – wurde auf den übernächsten Tag, den 27. September 1770, angesetzt. Dazu mußte er über die beiden ausgegebenen Prüfungstexte eine wissenschaftliche Exegese liefern und auf die kritischen Zwischen- und Ergänzungsfragen der Prüfer Rede und Antwort stehen. Der erste Text war dem Codex Justinianus entnommen und betraf das römische Pfandrecht; der zweite Text entstammte den Dekretalen Papst Gregors IX. und bezog sich auf das kanonische Prozeßrecht.[77] Hiernach wurde Goethe sowohl im weltlichen als auch im kirchlichen Recht geprüft. Obwohl die Straßburger Universität protestantisch ausgerichtet war, hatte sie an der Lehre und Promotion im katholischen Recht festgehalten, weil dessen Kenntnis im „Heiligen Römischen Reich deutscher Nation" weithin notwendig oder zumindest nützlich war; das überkommene Kirchenrecht war insbesondere für Magistratsanstellungen unentbehrlich, um – wie in der Reichsstadt Frankfurt – den häufigen konfessionellen Auseinandersetzungen rechtskundig begegnen zu können. Über das Rigorosum vermelden die lateinischen Prüfungsakten (hier in Übersetzung):

„Herr Goethe hat im Zweiten Examen die vorgelegten Analysen mannhaft vertreten und so die Erlaubnis erwirkt, eine förmliche Dissertation ohne Vorsitzenden anzufertigen."

Mit der eingeräumten Erlaubnis war gemeint, daß unser Bewerber eine Doktorarbeit ohne die sonst übliche Leitung durch einen der Fakultätsprofessoren erstellen und das Thema frei wählen konnte. Das war nach den damaligen Promotionspraktiken eine Vergünstigung, die als eine weitere Auszeichnung für den cand. iur. Goethe zu bewerten ist.

Der belobigte Rechtskandidat auf der Suche nach seiner Bestimmung

Die unmittelbare Reaktion Goethes auf sein vorzüglich bestandenes Juraexamen geht aus zwei Briefen der nächsten Tage hervor.[78]

„Nun habe ich meine Rolle in der Kapitelstube auch ausgespielt; hierbei kommen Ihre Manuskripte, die mir artige Dienste geleistet haben."

Mit der Kapitelstube war der Examenssaal im Universitätsgebäude, dem Straßburger Thomanum gemeint, und mit den zurückgereichten Manuskripten die ausgewerteten Kollegheфte eines Vorprüflings. Wer hat nicht, oder hätte nicht gern, vor seinem Examen zu ähnlichen Hilfsmitteln gegriffen?

„Bei mir ist alles ut supra", schreibt er munter weiter, fügt jedoch halb sehnsuchtsvoll und halb klagend hinzu: „Alle Jungen in der Stadt verfertigen Drachen, und ich possle par compagnie an meiner Disputation."

Die compagnie war seine Tischgesellschaft, mit der er über die noch ausstehende Dissertation für den Doktorgrad bzw. über das Streitgespräch für ein etwaiges Lizentiat der Rechte herumdiskutierte.

In einem anderen Brief meinte er belehrend und nachdenklich:

„Die Akademischen Jahre . . . sollten von rechtswegen Ihren ganzen Geist beschäftigen. Es ist diejenige Zeit, deren guten oder schlimmen Gebrauch man sein ganzes Leben nachempfindet."

In unserem Kandidaten rührte sich der „ganze" Geist, der aus der Enge des Fachwissens hinausdrängte und sich um den bestmöglichen Gebrauch für die weitere Lebensgestaltung bemühen wollte.

Jetzt im 22. Lebensjahr an der Schwelle vom Jüngling zum Manne stehend, war Goethe im Herbst 1770 in der entscheidenden Übergangsphase zu seiner eigentlichen Bestimmung angelangt. Er hatte sich nach insgsamt sieben Jurasemestern ausweislich des Examens zuletzt überdurchschnittlich bewährt und somit wissensmäßig ein beachtliches Niveau in der von ihm oft geschmähten und manchmal gelobten Juristerei erreicht. Sollte er am Ende doch das Juristenfach in die Mitte seiner beruflichen Lebensgestaltung stellen?

Wer sich die Mühe macht, alle zugänglichen Briefe, Gesprächstexte, Fakultätsnotizen und Tagebuchaufzeichnungen der Straßburger Zeit zu prüfen und mit den nachträglichen autobiographischen Erinnerungen Goethes zu vergleichen, wird zur Unterscheidung zwischen der ursprünglichen „Wahrheit" und der vierzig Jahre späteren „Dichtung" angeregt. Beide Sichtweisen führen in die tiefgreifende Bewegung von Geist und Herz des Dichterjuristen hinein, erfordern aber für die Beurteilung des juristischen Geschehens eine differenzierte Betrachtung.

Zunächst einmal muß zwischen dem Studium und der Promotionsvorbereitung unterschieden werden, was sowohl in „Dichtung und Wahrheit" als auch im Schrifttum vermischt oder verwischt wird. Während seines Straßburger Aufenthaltes war Goethe nur im Sommersemester von Ende April bis September 1770 Jurastudent im eigentlichen Sinne; nach erfolgreicher Ablegung des Juraexamens war er von Ende September 1770 bis zu seiner

Rückkehr nach Frankfurt im August 1771 – also fast ein Jahr lang und damit die längere Zeit – Promovend und nicht mehr zu juristischen Vorlesungen verpflichtet. Wer setzt sich auch heutzutage als Doktorand in den Hörsaal, wenn dies für die Dissertation nicht notwendig ist? Deshalb wäre es irreführend, für diese Zeit von einem „nachlässigen Studenten" zu sprechen; er war vielmehr unabhängiger Doktorand geworden, der die so noch nie gekannte Freiheit für seine Selbstbestimmung nutzen und erleben wollte. Goethe blieb zwar mit der Vorbereitung und Ausarbeitung der juristischen Dissertation beschäftigt; aber bei seiner Begabung leistete er es sich, daran vorerst nur zu „posseln". Diese Verniedlichung der noch anstehenden Aufgabe zu einer possierlichen Angelegenheit war natürlich dem Jargon des jugendlichen Freundeskreises angepaßt. Vorrangig schien für ihn zunächst die Beschäftigung des „ganzen" Geistes zu sein, der nach einer fächerübergreifenden Universalbildung verlangte.

So ist es zu verstehen, daß sich Goethe während der letzten beiden Straßburger Semester in anderen Wissenschaften umsah. Durch Tischgenossen angeregt, von denen die meisten Medizinstudenten waren, wandte er sich vor allen ihrer Fakultät zu. „Die Medizin beschäftigt den ganzen Menschen, weil sie sich mit dem ganzen Menschen beschäftigt", begründet Goethe diese „Zerstückelung" der Studien, die seinem umfassenden Wissensdurst entsprach. Er besuchte die Anatomie, das Klinikum sowie die Lektionen der Entbindungskunst, und zwar „in der doppelten Absicht, alle Zustände kennen zu lernen und mich von aller Apprehension gegen widerwärtige Dinge zu befreien. Ich habe es auch wirklich darin soweit gebracht, daß nichts dergleichen mich jemals aus der Fassung setzen konnte." Auf ähnliche Weise hat er durch wiederholte Gipfelbesteigung des Straßburger Münsters sein ängstliches Schwindelgefühl und durch enge Begleitung der Trommlergruppe beim abendlichen Zapfenstreich seine Schallempfindlichkeit überwunden. Die Wissensvermehrung sollte zugleich seine Standfestigkeit im Alltagsleben stärken helfen.

Aber nicht allein gegen sinnliche Eindrücke, sondern auch gegen „Anfechtungen der Einbildungskraft“ suchte sich der Heranreifende zu stählen. „Die ahnungs- und schauervollen Eindrücke der Finsternis der Kirchhöfe, einsamer Orte, nächtlicher Kirchen und Kapellen und was damit verwandt sein mag, wußte ich mir ebenfalls gleichgültig zu machen.“ Mit den „Anfechtungen“ war ein besonders wunder Punkt seiner Natur und Bestimmungssuche angesprochen. Mit der wachsenden persönlichen „Aufklärung“ wurde er von Glaubenszweifeln hin und her bewegt. Um damit fertig zu werden, befaßte er sich bewußt und besonders eingehend mit den Werksausgaben sog. „Ketzer“. Zu einschlägigen Gesprächen fand er sich mit seinem liebsten und gleichaltrigen Tischgenossen der Theologischen Fakultät, Franz Christian Lerse (1749–1800) zusammen, mit dem er sich auch kirchenrechtlich und somit zugleich fachjuristisch auseinandersetzen konnte; die Zusammenarbeit wurde so eng, daß Lerse von der juristischen Fakultät dann als Opponent in Goethes Lizentiatenprüfung zugelassen wurde. Goethes Weiterbeschäftigung mit der Theologie und seine Vertrautheit mit der Bibel mochten ihm auch in Straßburg – wie vorher schon in Leipzig – gelegentlich den Anschein eines Theologiestudenten gegeben haben; in dieser Scheinrolle hat er sich Anfang Oktober 1770, also kurz nach dem Juraexamen, scherzhafterweise in das Pfarrhaus zu Sesenheim eingeführt, wo er die Pfarrerstochter Friederike kennenlernte.

Um diese Zeit beginnender „Selbstgefälligkeit, Bespiegelungslust, Eitelkeit, Stolz und Hochmut“ wurde Goethe durch die angedeutete Begegnung mit Herder einer harten Selbstprüfung ausgesetzt: „Denn das bedeutendste Ereignis, was die wichtigsten Folgen für mich haben sollte, war die Bekanntschaft und die daran sich anknüpfende nähere Verbindung mit Herder“, der fünf Jahre älter war und als polternder Widerspruchsgeist den Jüngeren zurechtwies. Von der Theologie und Erziehungspraxis herkommend und literarisch geübt, wartete Herder mit einer Fülle von Ideen zur deutschen Sprache, zu Geschichte, Religion, Philosophie und Kunst auf und zog den Herumsuchenden unwiderstehlich an. Hatte sich Goethe in letzter Zeit aus der literarischen Welt eher zurückgezogen, wurde er nun „auf einmal durch Herder mit allem neuen Streben und mit allen Richtungen" dieser Welt bekannt. Wir müssen hierzu auf die ausführliche Schilderung in Dichtung und Wahrheit verweisen, wobei zu berücksichtigen ist, daß der Verfasser bei der erst 1813/14 erfolgten Niederschrift des einschlägigen Elften Buches längst seine Bestimmung als Dichter gefunden hatte und eben von der Warte des gefeierten Dichters, nicht des Juristen aus schrieb; deshalb finden wir – wie in der ganzen Autobiographie – sein dichterisches Interesse in den Vordergrund und die Juristerei in den Hintergrund gestellt. Kurz gefaßt besagte das neue Streben: weg von der abstrakt-begrifflichen Verstandesaufklärung eines Voltaire, zurück zur Natur mit ihrem ursprünglichen Gefühlsreichtum in Anlehnung an Rousseau und Hamann, hinein in die geist- und gefühlvolle Dichtkunst Shakespeares. Aufgewühlt von einem neuen Lebensgefühl und einer neuen Lebenserfahrung kehrte die frühere Ahnung seiner dichterischen Bestimmung machtvoll in ihm zurück.

Es war die junge Sturm- und Drangbewegung, die den Rechtspromovenden leidenschaftlich und bald mitgestaltend erfaßte. Das bedeutete nicht, daß er die eingeschlagene Juristenlaufbahn abbrechen wollte; hat doch Herder dem Recht eine erhebliche Bedeutung für die Gesamtkultur und gerade auch für Sprache und Dichtung beigemessen.[79] Aber – nach unserem Eindruck – wurde es Goethe jetzt deutlicher bewußt, daß das Rechtsfach für ihn als Teilgebiet eines größeren Wirkungsfeldes in Betracht kam; er wollte in der Juristerei nur noch insoweit tätig werden, als dies mit seiner fühlenden Natur, mit seiner individuellen Entwicklung, mit seiner in der Schöpfung angelegten Persönlichkeitsbestimmung vereinbar schien. Wie die Sturm- und Drangbewegung bei ihrer Verherrlichung des „Originalgenies" auch als Genieperiode bezeichnet wird, wird in dieser Übergangsphase auch das Erwachen der genialen Fähigkeiten des Straßburger Doktoranwärters erblickt.

Der Drang zur Dichtung und die Last der Promotion

Der stürmisch erwachte Drang des jungen Goethe zur Selbstverwirklichung und schließlich zur schöpferischen Mitgestaltung der deutschen Literatur wurde durch die Last der anstehenden juristischen Doktorarbeit gehemmt.

In der Juristischen Fakultät der Universität Straßburg gab es zwei Möglichkeiten der Promotion: Zum einen die Vorlage einer „Dissertation", also einer schriftlichen wissenschaftlichen Abhandlung zur Erlangung des eigentlichen Doktorgrades; zum anderen die Teilnahme an einer „Disputation", also eines wissenschaftlichen Streitgesprächs zur Erlangung der Lizentiatenwürde. Das Lizentiat war ein im Mittelalter für den unteren Klerus entstandener akademischer Grad, der von der Theologie auch auf die Jurisprudenz ausgedehnt wurde. Noch bis 1945 verliehen die meisten evangelisch-theologischen Fakultäten in Deutschland den Lizentiaten-Grad im ordentlichen Promotionsverfahren. Für die Rechtswissenschaft in einigen Kantonen der Schweiz schließt der Lizentiaten-Grad noch heute die Studien unterhalb des Doktorgrades ab.

Goethe hatte bislang immer davon gesprochen, daß er den „Doktor" machen wollte; erst nach dem Scheitern dieses Vorhabens erklärte er – in Übereinstimmung mit seinen Straßburger Tischgenossen – beide Grade für gleichwertig. Sein Vater hatte stets auf den klangvolleren Doktortitel und eine ordentlich gedruckte Doktorarbeit gedrängt. In Goethes mütterlicher Ahnenreihe hatten sich, wie oben erwähnt, zwei Juristen befunden, die nach der Lizentiatenwürde auch noch den Doktortitel erwarben, was für eine angestrebte Steigerung des fachwissenschaftlichen Ansehens spricht. Jedenfalls war die Doktorwürde mannigfach privilegiert und führte mehr und mehr zur gesellschaftlichen und rechtlichen Gleichstellung mit dem bevorrechtigten Adel; beim Reichskammergericht z. B. waren die Richterstellen zur Hälfte dem Adel und zur anderen Hälfte den Doktoren aus dem

Bürgerstand vorbehalten. Für das sozial höhere Ansehen der Doktoren spricht auch, daß Goethe, wie wir noch sehen werden, während der ersten und der letzten Jahre seiner Laufbahn in Weimar sowohl amtlicherseits als auch im Freundeskreis mit „Doktor" tituliert worden ist. Im dortigen Hof- und Adreßkalender ist er noch bis 1783, im Staatshandbuch wieder ab 1827 mit dem juristischen Dokortitel eingetragen, während er selbst, soweit ersichtlich, diese Bezeichnung nicht übernommen hat.

In Dichtung und Wahrheit lesen wir nach Goethes Begegnung mit Herder:

„Da ich eigentlich nach Straßburg gegangen war, um zu promovieren, so gehörte es freilich unter die Unregelmäßigkeiten meines Lebens, daß ich ein solches Hauptgeschäft als eine Nebensache betrachtete." Nach Beschreibung seines ersten Besuches bei Friederike in Sesenheim sagt er: „Als ich in der Stadt wieder an meine Geschäfte kam, fühlte ich die Beschwerlichkeit derselben mehr als sonst . . ." Man kann seine Stimmung aus den Worten nachempfinden: „Unter diesen Umgebungen trat unversehens die Lust zu dichten, die ich lange nicht gefühlt hatte, wieder hervor."

Die Erweiterung seines Weltbildes unter dem Einfluß Herders und die wachsende Zuneigung zur drei Jahre jüngeren Tochter des Pfarrers Brion im benachbarten Sesenheim beherrschten jetzt offensichtlich seinen Drang zur Selbsterkenntnis und Selbsterfahrung. Seine Studien kamen ihm dabei „wunderlich" vor. Aber er fühlte sich an die „Nebensache", eben die Ausarbeitung einer Dissertation, schon zu fest gebunden: „Denn von Frankfurt abreisend hatte ich meinem Vater versprochen und mir selbst fest vorgesetzt, eine solche zu schreiben." Doch trieb er das „Juristische" nur mit „soviel Fleiß als nötig war, um die Promotion mit einigen Ehren zu absolvieren".

Im Abstand von rund 40 Jahren hat Goethe seine Gedanken zur „Dissertation" mit denen einer „Disputation" vermengt (oder ein Schreiber hat sich beim Diktat verhört), nachträgliche Einsichten in die Jurisprudenz eingeflochten und seinen fachlichen Kenntnisstand der Promotionszeit ohne Autoritätsverlust, ja mit einem Anflug selbstgefälliger Ironie, leicht untertreiben können. Doch lassen wir den Dichterjuristen selber sprechen; die nachfolgende Erwähnung des „braven Leyser" betrifft einen Rechtslehrer aus Wittenberg, der Meditationen zum Römischen Recht und Vorlesungen zum Kanonischen Recht veröffentlicht hatte:

„Es ist der Fehler derjenigen, die manches, ja viel vermögen, daß sie sich alles zutrauen, und die Jugend muß sogar in diesem Falle sein, damit nur etwas aus ihr werde. Eine Übersicht der Rechtswissenschaft und ihres ganzen Fachwerks hatte ich mir so ziemlich verschafft, einzelne rechtliche Gegenstände interessierten mich hinlänglich, und ich glaubte, da ich mir den braven Leyser zum Vorbild genommen hatte, mit meinem kleinen Menschenverstand ziemlich durchzukommen. Es zeigten sich große Bewegungen in der Jurisprudenz: es sollte mehr nach Billigkeit geurteilt werden; alle Gewohnheitsrechte sah man täglich gefährdet, und besonders dem Kriminalwesen stand eine große Veränderung bevor. Was mich selbst betraf, so fühlte ich wohl, daß mir zur Ausfüllung jener Rechtstopik, die ich mir gemacht hatte, unendlich vieles fehle; das eigentliche Wissen ging mir ab, und keine innere Richtung drängte mich zu diesen Gegenständen. Auch mangelte der Anstoß von außen, ja mich hatte eine ganz andere Fakultät mit fortgerissen. Überhaupt, wenn ich Interesse finden sollte, so mußte ich einer Sache irgend etwas abgewinnen, ich mußte etwas an ihr gewahr werden, das mir fruchtbar schien und Aussichten gab. So hatte ich mir einige Materien wohl gemerkt, auch sogar darauf gesammelt, und nahm auch meine Kollektaneen vor, überlegte das, was ich behaupten, das Schema, wonach ich die einzelnen Elemente ordnen wollte, nochmals und arbeitete so eine Zeitlang; allein ich war klug genug, bald zu sehen, daß ich nicht fortkommen könne und daß, um eine besondere Materie abzuhandeln, auch ein besonderer und langanhaltender Fleiß erforderlich sei, ja daß man nicht einmal ein solches Besondere mit Glück vollführen werde, wenn man nicht im ganzen wo nicht Meister, doch wenigstens Altgeselle sei.

Die Freunde, denen ich meine Verlegenheit mitteilte, fanden mich lächerlich, weil man über Theses ebensogut, ja noch besser als über einen Traktat disputieren könne; in Straßburg sei das gar nicht ungewöhnlich. Ich ließ mich zu einem solchen Ausweg sehr geneigt finden; allein mein Vater, dem ich deshalb schrieb, verlangte ein ordentliches Werk, das ich, wie er meinte, sehr wohl ausfertigen könnte, wenn ich nur wollte und mir die gehörige Zeit dazu nähme. Ich war nun genötigt, mich auf irgendein Allgemeines zu werfen und etwas zu wählen, was mir geläufig wäre.“

Wahl eines Doktorthemas aus dem Staatskirchenrecht

Wir erinnern uns an Goethes Vorexamen, in welchem er eine wissenschaftliche Exegese sowohl zum weltlichen als auch zum kirchlichen Recht hatte liefern müssen. Obwohl die Universität Straßburg protestantisch ausgerichtet war, waren die Vorlesungen zum Römischen Recht immer mit Vorlesungen zum Kirchenrecht verbunden, weil beide Rechtsgebiete damals in der Praxis eng ineinandergriffen. Zur Goethezeit hatte der Dekan der Juristischen Fakultät Prof. J. F. Ehrlen einen kombinierten Lehrstuhl für die Institutionen mit den allgemeinen Prinzipien des Römischen Rechts und für Kanonisches Recht mit den Normen der kirchlichen Struktur und Organisation.[80] Die lehrmäßige Verbindung beider Rechtsmaterien entsprach einer langen Tradition und bestimmte auch die von Goethe bevorzugten Vorlesungen zur Rechts- und Staatsgeschichte, die untrennbar mit der Kirchengeschichte verflochten war.

Wie wir sahen, war nach Goethes Befreiung von juristischen Pflichtvorlesungen seit dem erfolgreichen Vorexamen die Juristerei für ihn wieder zur „Nebensache“ geworden; nach der aufwühlenden Begegnung mit Herder und Friederike war sie völlig in den Hintergrund getreten. So befand sich unser Doktorand jetzt fachlich in einer Notlage. Er sah sich, wie er sagte, dazu „genötigt“, für die Dissertation irgendein „Allgemeines“ zu wählen, das ihm „geläufig“ wäre. Im nachhinein erzählt er hierzu:

„Die Kirchengeschichte war mir fast noch bekannter als die Weltgeschichte, und mich hatte von jeher der Konflikt, in welchem sich die Kirche, der öffentlich anerkannte Gottesdienst, nach zwei Seiten hin befindet und immer befinden wird, höchlich interessiert. Denn einmal liegt sie in ewigem Streit mit dem Staat, über den sie sich erheben, und sodann mit den einzelnen, die sie alle zu sich versammeln will. Der Staat von seiner Seite will ihr die Oberherrschaft nicht zugestehn, und die einzelnen widersetzen sich ihrem Zwangsrechte. Der Staat will alles zu öffentlichen, allgemeinen Zwecken, der einzelne zu häuslichen, herzlichen, gemütlichen. Ich war von Kindheit auf Zeuge solcher Bewegungen gewesen, wo die Geistlichkeit es bald mit ihren Obern, bald mit der Gemeinde verdarb. Ich hatte mir daher in meinem jugendlichen Sinne festgesetzt, daß der Staat, der Gesetzgeber, das Recht habe, einen Kultus zu bestimmen, nach welchem die Geistlichkeit lehren und sich benehmen solle, die Laien hingegen sich äußerlich und öffentlich genau zu richten hätten; übrigens sollte die Frage nicht sein, was jeder bei sich denke, fühle oder sinne. Dadurch glaubte ich alle Kollisionen auf einmal gehoben zu haben. Ich wählte deshalb zu meiner Disputation [gemeint war die Dissertation] die erste Hälfte dieses Themas: daß der Gesetzgeber nicht allein berechtigt, sondern verpflichtet sei, einen gewissen Kultus festzusetzen, von welchem weder die Geistlichkeit noch die Laien sich lossagen dürften. Ich führte dieses Thema teils historisch, teils räsonierend aus, indem ich zeigte, daß alle öffentlichen Religionen durch Heerführer, Könige und mächtige Männer eingeführt worden, ja daß dieses sogar der Fall mit der christlichen sei. Das Beispiel des Protestantismus lag ja ganz nahe.“

Mit dieser Thematik begab sich der 22jährige Doktorand auf das Kampffeld des frühneuzeitlichen Staatskirchenrechts, das seit der lutherischen Reformation das Verhältnis zwischen weltlicher und geistlicher Gewalt in den deutschen Territorien und

Städten neu zu bestimmen suchte. Das war ein langwieriger geschichtlicher Prozeß, der im 18. Jahrhundert unter dem Einfluß der Aufklärung einem Höhepunkt zutrieb. So betraf Goethes Themenwahl ein damals hochaktuelles und brisantes Rechtsgebiet, auf dem Juristen und Theologen heftig aneinandergerieten. Unter den Rechtslehrern war es vor allem der Doktor beider Rechte Christian Thomasius (1655–1728), der als „Vater der deutschen Aufklärung" gegen die herkömmliche und weithin noch vorherrschende religiöse Orthodoxie Stellung bezogen hatte; mit ihm hat sich Goethe ausweislich seiner gelegentlichen Tagebuchnotizen gerade im Jahr des Straßburger Rechtsstudiums beschäftigt.[81]

Nach Thomasius, der wie Goethe pietistische Erfahrungen hinter sich hatte, waren gottesdienstliche Zeremonien weder naturrechtlich noch urchristlich geboten. Der namhafte Hallenser Rechtsprofessor hatte aus dem neuzeitlichen Souveränitätsbegriff die Zuständigkeit des Landesherrn für jede Art äußerer Regelung des Kultus gefolgert und insoweit die Gesetzgebungshoheit der staatlichen Gewalt vertreten. Was die innere Haltung des einzelnen in Glaubensfragen betraf, hatte Thomasius eine staatsrechtliche Garantie für Gewissensfreiheit und Toleranz verlangt, um vor allem dem Unwesen der Ketzer- und Hexenverfolgungen Einhalt zu gebieten. Bekanntlich hatte sich unter Fortwirkung mittelalterlicher Wahnvorstellungen die „Hexerei" unter Einschluß der „Ketzerei" als „crimen magiae" zu einem Verbrechenstatbestand entwickelt, der als „delictum mixti fori" (Straftat gemischter Zuständigkeit) sowohl dem kirchlichen als auch dem staatlichen Recht unterlag und nun mit Hilfe der „Staatsräson" neu geregelt werden sollte. Der junge Goethe hatte sich vor Beginn des Straßburger Studiums bereits intensiv mit einem kirchenkritischen Werk des evangelischen Theologen und Kirchenmannes Gottfried Arnold (1666–1714) auseinandergesetzt.[82] In Dichtung und Wahrheit hielt er fest:

> „Einen großen Einfluß erfuhr ich dabei von einem wichtigen Buche, das mir in die Hände geriet, es war Arnolds Kirchen- und Ketzergeschichte. Dieser Mann ist nicht ein bloß reflek-

tierender Historiker, sondern zugleich fromm und fühlend. Seine Gesinnungen stimmten sehr mit den meinigen, und was mich an seinem Werk besonders ergötzte, war, daß ich von manchen Ketzern, die man mir bisher als toll oder gottlos vorgestellt hat, einen vorteilhaftern Begriff erhielt."

Man muß wissen, daß noch in Goethes Jugendzeit kirchlich-staatliche Hexenprozesse durchgeführt wurden, so 1749 in Würzburg und 1751 in Endingen am Oberrhein; ja noch einige Jahre nach Goethes Promotion haben Hexenverfolgungen 1775 in Kempten, 1782 in Glarus/Schweiz und 1793 in Posen stattgefunden. In Goethes Vaterstadt Frankfurt a. M. war zwar nie ein Hexenbrand zugelassen worden, doch hatte ein starres Luthertum zu einer einseitig konfessionellen Stadtregierung mit Diskriminierungen Andersgläubiger geführt. So konnten Katholiken und auch Reformierte (der Lehren Zwinglis und Calvins) weder in den Stadtrat kommen, noch ein Magistratsamt erlangen; ebensowenig erhielten sie eine Zulassung zur Advokatur, zur Arztpraxis oder zur Zunftmeisterschaft. Umgekehrt wurde in katholischen Gebieten verfahren.

Unter solchen Eindrücken stand der Doktorand bei der Vorbereitung seiner Dissertation, die den Titel erhielt: „De legislatoribus", also „Über die Gesetzgeber". Schon Goethes Großvater Johann Wolfgang Textor hatte bei seiner Promotion die These verfochten, daß die oberste Ordnungsgewalt dem Staat und nicht der Kirche gebühre.

Wie würde jetzt, im Jahre 1771, die protestantische Universität Straßburg das Thema des jungen Johann Wolfgang Goethe beurteilen?

Goethes Dissertation als gefährlich abgelehnt

Vor der Reinschrift seiner Dissertation kamen dem Doktoranden offenbar selber noch Bedenken, ob sein kühnes Unterfangen von der theologisch beeinflußten Jurafakultät in Straßburg angenommen würde. In Erinnerung an Prosaarbeiten, die sein Leipziger Universitätsfreund und Mentor E. W. Behrisch getadelt hatte, sowie unter dem Eindruck jüngst erfahrener Kritik durch seinen Erwecker Herder überkamen den jungen Stürmer und Dränger auch Minderwertigkeitskomplexe, die in Dichtung und Wahrheit für seine Abneigung gegenüber der Doktorarbeit mit herhalten mußten. Es ist hinterher viel über Inhalt und Scheitern von Goethes Doktorarbeit gerätselt und geschrieben worden. Weil das zurückgewiesene Manuskript von der Fakultät nicht aufbewahrt wurde und später verlorenging, ist eine abschließende Beurteilung schwierig. Wir wollen uns hier an Goethes eigene Schilderung halten und anschließend einschlägige Brieftexte von Zeitgenossen bringen.

„Ich ging bei dieser Arbeit um so kühner zu Werke, als ich sie eigentlich nur meinen Vater zu befriedigen schrieb und nichts sehnlicher wünschte und hoffte, als daß sie die Zensur nicht passieren möchte. Ich hatte noch von Behrisch her eine unüberwindliche Abneigung, etwas von mir gedruckt zu sehn, und mein Umgang mit Herdern hatte mir meine Unzulänglichkeit nur allzu deutlich aufgedeckt, ja ein gewisses Mißtrauen gegen mich selbst war dadurch völlig zur Reife gekommen.

Da ich diese Arbeit fast ganz aus mir selbst schöpfte und das Latein geläufig sprach und schrieb, so verfloß mir die Zeit, die ich auf die Abhandlung verwendete, sehr angenehm. Die Sache hatte wenigstens einen Grund; die Darstellung war, rednerisch genommen, nicht übel, das Ganze hatte eine ziemliche Rundung. Sobald ich damit zu Rande war, ging ich sie mit einem guten Lateiner durch, der, ob er gleich meinen Stil im ganzen nicht verbessern konnte, doch alle auffallenden Mängel mit leichter Hand vertilgte, so daß etwas zustande kam, das sich aufzeigen ließ. Eine reinliche Abschrift wurde meinem Vater sogleich zugeschickt, welcher zwar nicht billigte, daß keiner von den früher vorgenommenen Gegenständen ausgeführt worden sei, jedoch mit der Kühnheit des Unternehmens als ein völlig prostestantisch Gesinnter wohl zufrieden war. Mein Seltsames wurde geduldet, meine Anstren-

gung gelobt, und er versprach sich von der Bekanntmachung dieses Werkchens eine vorzügliche Wirkung.
Ich überreichte nun meine Hefte der Fakultät, und diese betrug sich glücklicherweise so klug als artig. Der Dekan, ein lebhafter, gescheiter Mann, fing mit vielen Lobeserhebungen meiner Arbeit an, ging dann zum Bedenklichen derselben über, welches er nach und nach in ein Gefährliches zu verwandeln wußte und damit schloß, daß es nicht rätlich sein möchte, diese Arbeit als akademische Dissertation bekanntzumachen. Der Aspirant habe sich der Fakultät als einen denkenden jungen Mann gezeigt, von dem sie das Beste hoffen dürfe; sie wolle mich gern, um die Sache nicht aufzuhalten, über Theses disputieren lassen. Ich könne ja in der Folge meine Abhandlung, wie sie vorliege, oder weiter ausgearbeitet, lateinisch oder in einer anderen Sprache herausgeben; dies würde mir, als einem Privatmann und Protestanten, überall leicht werden, und ich hätte mich des Beifalls um desto reiner und allgemeiner alsdann zu erfreuen. Kaum verbarg ich dem guten Mann, welchen Stein mir sein Zureden vom Herzen wälzte; bei jedem neuen Argument, das er vorbrachte, um mich durch seine Weigerung nicht zu betrüben oder zu erzürnen, ward es mir immer leichter im Gemüt, und ihm zuletzt auch, als ich ganz unerwartet seinen Gründen nichts entgegensetzte, sie vielmehr höchst einleuchtend fand und versprach, mich in allem nach seinem Rat und seiner Anleitung zu benehmen ...
Mein Vater war indessen sehr unzufrieden, daß dieses Werkchen nicht als Disputation [gemeint war Dissertation] ordentlich gedruckt worden war, weil er gehofft hatte, ich sollte bei meinem Einzug in Frankfurt Ehre damit einlegen. Er wollte es daher besonders herausgegeben wissen; ich stellte ihm aber vor, daß die Materie, die nur skizziert sei, künftig weiter ausgeführt werden müßte. Er hob zu diesem Zweck das Manuskript sorgfältig auf, und ich habe es nach mehreren Jahren noch unter seinen Papieren gesehn."

Wie gesagt, das Manuskript ist leider verschollen. Nach der knappen Schilderung Goethes betraf das Thema im wesentlichen das Recht des Gesetzgebers, den Kultus zu bestimmen, was auf eine Stärkung der staatlichen Autorität im Interesse des religiösen Friedens abzielte. Zur Aufhellung von Einzelheiten des Inhalts hat die Goethe-Forschung auf einige Abhandlungen Goethes der nächsten Folgezeit verwiesen; sie waren jedoch nicht juristisch, sondern theologisch ausgerichtet.[83] Als unmittelbarer Hintergrund wird auf die geistlich-weltliche Konfliktlage in Goethes Vaterstadt Frankfurt verwiesen: Weil sich das örtliche Kirchenministerium im streng lutherischen Geist des zurückliegenden 17. Jahrhunderts kulturellen Neuerungen widersetzte, waren Bürgermeister und Ratsmitglieder zum Leidwesen der aufgeschlossenen Bürgerkreise in ihren Entscheidungen erheblich eingeengt. Diese Gegnerschaft von Konvent und Rathaus war dem jungen Goethe um so mehr bekannt, als sein Großvater von 1747–1770, also bis in die Straßburger Studienzeit, das Amt des Stadtschultheißen innegehabt hatte.

Der Inhalt von Goethes Doktorarbeit hat jedenfalls Aufsehen erregt, wie einigen überlieferten Briefen Dritter entnommen werden kann:

Am zeitnächsten ist ein Schreiben des Straßburger Jurastudenten J. U. Metzger, der im Hause des Theologieprofessors und Predigers Elias Stöber wohnte und unter dessen Einfluß am 7. August 1771 unmittelbar nach erfolgter Ablehnung der Dissertation etwas naiv berichtet:

> „Es gibt hier einen Studenten namens Goethe aus Frankfurt am Main, der, wie man sagt, sehr gebildet ist, nachdem er in Göttingen und in Leipzig gewesen war. Dieser junge Mann, aufgeblasen von seiner Gelehrsamkeit und hauptsächlich von einigen Spitzfindigkeiten des Herrn Voltaire, machte sich an eine herausfordernde Arbeit, die den Titel haben sollte ‚Jesus autor et Judex sacrorum', worin er unter anderem behauptete, daß Jesus Christus nicht der Gründer unserer Religion war, sondern daß einige andere Weise sie unter seinem Namen gemacht hatten; daß die christliche Religion nichts anderes war als eine heilsame Politik etc. ...“[84]

Diese Zeilen mit dem falsch zitierten Titel deuten bereits an, daß die Zurückweisung von Goethes Dissertation nicht auf juristischen, sondern auf theologischen Gründen beruhte. Das geht noch deutlicher aus den nachstehenden Briefauszügen hervor, die von dem Logisherrn des vorerwähnten Jurastudenten, dem Straßburger Theologieprofessor und Prediger Stöber, vom Sommer des darauffolgenden Jahres 1772 stammen:

„Der Herr Goethe hat eine Rolle hier gespielt, die ihn als einen überwitzigen Halbgelehrten und als einen wahnsinnigen Religionsverächter nicht eben nur verdächtig, sondern ziemlich bekannt gemacht. Er muß, wie man fast durchgängig von ihm glaubt, in seinem Obergebäude einen Sparren zu viel oder zu wenig haben. Um davon augenscheinlich überzeugt zu werden, darf man nur seine vorgehabte Inaugural-Dissertation de Legislatoribus lesen, welche selbst die Juristische Fakultät ex capite religionis et prudentiae unterdrückt hat; weil sie hier nicht hätte können abgedruckt werden anders als daß die Professores sich hätten müssen gefallen lassen, mit Urteil und Recht abgesetzt zu werden . . .
Was ich Ihnen, wertester Freund, von des Herrn Goethe seiner vorgehabten Inaugural-Dissertation gemeldet, das habe ich aus dem Munde des H. Prof. Reißeissen vernommen, welcher damals Decanus Facultatis gewesen. Und, so viel ich mich zu erinnern weiß, hat er mir gesagt, daß dem Kandidaten seine ungereimte Arbeit zurückgegeben worden. Sie dürfte wohl bei keiner guten Polizei zum Druck erlaubt oder gelassen werden, wie wohl der Herr Autor damit gedroht.“[85]

Nach Goethes Tod erschien in Leipzig 1838 ein Bericht über „Literarische Zustände und Zeitgenossen“ mit folgendem Hinweis:

„In Straßburg sollte Goethe Doctor juris werden. Dazu schrieb er eine Dissertation, worin er bewies, daß die zehn Gebote nicht eigentlich die Bundesgesetze der Israeliten wären, sondern daß nach Deuteronomium zehn Zeremonien eigentlich die zehn Gebote vertreten hätten. Sie passierte die Zensur des Dekans nicht, und nun schrieb Goethe eine, die noch viel ketzerischer war.“[86]

Die Erinnerung an Goethes Promotionsjahr 1771 war hier schon sehr verblaßt. Der Hinweis auf eine „noch viel ketzerische" Dissertation konnte sich inhaltlich nicht auf die anschließende Niederschrift der Disputations-Thesen für die Lizentiatenwürde beziehen; wahrscheinlich war Goethes kleine Druckschrift über „Zwo wichtige biblische Fragen" gemeint, die 1773 erschienen und vom Autor an Freund Kestner als „ganz abenteuerlich novum" angekündigt worden ist.[87]

Alles in allem deutet die Zurückweisung der kühnen, ja provozierenden Doktorarbeit Goethes auf ein orthodoxes Denken der Straßburger Universität hin, wobei sich die Juristische Fakultät mit der Theologischen nicht überwerfen wollte und – anscheinend auch aus lokalen Umständen – nicht konnte.[88]

Promotion zum Lizentiaten beider Rechte

An der Universität Straßburg gab es, wie oben ausgeführt, im 18. Jahrhundert zwei Möglichkeiten der Promotion: entweder die Erhebung zum Doktor auf Grund einer anerkannten schriftlichen Dissertation (nebst mündlicher Prüfung), oder die Verleihung der Würde eines Lizentiaten auf Grund einer erfolgreichen mündlichen Disputation. Nach Ablehnung der „gefährlich" erschienenen Doktorarbeit Goethes durch die Juristische Fakultät beschritt der Promovend im Sommer 1771 den zweiten Weg, den ihm seine Tischgenossen von Anfang an als den unbeschwerlicheren empfohlen hatten. Wie Goethe dabei zu Werke ging, beschreibt er in Dichtung und Wahrheit kurz so:

> „Ich setzte mich nun wieder mit meinem Repetenten zusammen. Theses wurden ausgewählt und gedruckt, und die Disputation ging, unter Opposition meiner Tischgenossen, mit großer Lustigkeit, ja Leichtfertigkeit vorüber; da mir denn meine alte Übung, im Corpus juris aufzuschlagen gar sehr zustatten kam, und ich für einen wohlunterrichteten Menschen gelten konnte. Ein guter herkömmlicher Schmaus beschloß die Feierlichkeit."

Goethes Vater in Frankfurt war über das vorausgegangene Scheitern der Doktorarbeit schon deswegen unzufrieden gewesen, weil er sie als besondere Druckschrift hatte herausgeben wollen. Nun konnte ihm der Sohn wenigstens die gedruckten Thesen der Disputation vorlegen; sie kennzeichneten den Sohn als Streiter „pro licentia in utroque jure", also für das Lizentiat in beiden Rechten, nämlich im römischen und kanonischen Recht, das miteinander zum ius commune, dem gemeinen Recht, fortentwickelt worden war.

In dem lateinisch geführten Steitgespräch vor den Professoren der Juristischen Fakultät trat als Hauptopponent der Straßburger Theologiestudent Lerse auf, der den Vorgang später, im Jahre 1798, nacherzählte. Darüber ist im Nachlaß des Dresdener Hofrates Karl August Böttiger vom Jahre 1838 folgendes zu lesen:

> „Lerse war sein (Goethes) Respondent und stellte sich zum Schein gewaltig orthodox. Er trieb Goethe so in die Enge, daß dieser deutsch anfing: ‚Ich glaube, Bruder, du willst an mir zum Hektor werden!' Wie Lerse merkte, daß dem Dekan der Spaß zu arg wurde, schloß dieser mit einem fein gedrechselten Kompliment, und die Sache hatte damit ihr Bewenden."[89]

Nach der gelungenen Disputation erhielt Goethe anscheinend von der Fakultät durch den Universitätspedell die Einladung zu einer neuen Doktorpromotion zugestellt. Dazu ist ein Brief Goethes aus Frankfurt an seinen Straßburger Tischpräsidenten Salzmann vom Dezember 1771 mit folgendem Wortlaut erhalten:

> „Der Pedell hat schon Antwort: Nein! der Brief kam etwas zur ungelegenen Zeit, und auch das Cärimoniel weggerechnet ist mirs vergangen Doktor zu sein. Ich hab so satt am Lizentieren, so satt an aller Praxis, daß ich höchstens nur des Scheins wegen meine Schuldigkeit tue, und in Teutschland haben beide Gradus gleichen Wert."[90]

Die hier vermerkte „ungelegene Zeit" bezog sich auf Goethes augenblickliche Überlastung mit der ersten Fassung des „Götz"

(Geschichte Gottfriedens von Berlichingen dramatisiert) und seine eifrige Mitarbeit an den „Frankfurter gelehrten Anzeigen". In dieser Situation standen für ihn verständlicherweise sein dichterisches und literarisches Schaffen weit über dem Wert einer juristischen Doktorwürde.

Anders als bei der verschollenen Dissertation liegt uns der Inhalt der Streitsätze wortgetreu vor. Es handelt sich um 56 lateinisch verfaßte Thesen mit dem Titel „Positiones juris", die von der Straßburger Universitätsdruckerei für das Streitgespräch im voraus gedruckt wurden. In den Akten der Juristischen Fakultät findet sich unter dem Datum vom 6. August 1771 der Eintrag:

> „Diss. Inauguralem ‚positiones Juris' exhibentem cum applausu defendit Dns Joh. Wolfgang Goethe, Moenofrancofurtanus, cui mox datur testimonium licentiae."[91]

Hiernach ist die Disputation wie eine Inaugural-Dissertation gefeiert worden, nachdem die Thesen von Goethe „mit Beifall" verteidigt worden waren und ihm daraufhin das Zeugnis der Lizentiatenwürde erteilt war.

Wir geben hier den lateinischen Wortlaut der 56 Thesen mit einer deutschen Übersetzung aus der ersten umfassenden Untersuchung von Schubart-Fikentscher wieder.[92]

Goethes „Positiones juris" im lateinischen Wortlaut

Positiones juris

quas auspice Deo inclyti jureconsultorum ordinis consensu pro licentia summos in utroque jure honores rite consequendi in alma Argentinensi die VI. augusti MDCCLXXI h. l. q. c. publice defendet Joannes Wolfgang Goethe Moeno-Francofurtensis. Argentorati ex officina Johannis Henrici Heitzii, Universit. Typographi.

I. *Jus nature est, quod natura omnia animalia docuit.*
II. *Consuetudo abrogat et emendat legem scriptam.*
III. *Idonea cautio fit tam per pignora, quam per fidejussores.*

IV. *Pactum contractibus bonae fidei adjectum parit actionem; sed stricti juris contractibus appositum actionem non producit.*

V. *Prodigus non ipso jure, sed Magistratus sententia bonorum administratione interdicitur, et post interdictionem promittendo, ne quidem naturaliter obligatur.*

VI. *Illiterati et juris imperiti judices esse non possunt.*

VII. *Transactio super re certa vel judicata fieri non potest.*

VIII. *Servitute, imposita, ne luminibus, officiatur, tam de futuris, quam de praesentibus luminibus cautum censetur.*

IX. *Testator non potest usufructuario remittere cautionem fructuariam earum rerum, quae usu consumuntur, in praejudicium haeredis.*

X. *Publiciana actio cum rei vindicatione in eodem libello conjungi potest.*

XI. *In stricti juris actionibus fructus non veniunt nisi a tempore litis contestatae.*

XII. *Subscriptio instrumenti non continuo obligat scribentem.*

XIII. *Res hostium legari potest.*

XIV. *Creditor pignus naturaliter possidet.*

XV. *Urbanum praedium distinguit a rustico, non locus, sed materia.*

XVI. *Remedium L. 2. Cod. de Rescind. Vendit. non habet locum in transactione.*

XVII. *Sola praestatio usurarum longo tempore facta non inducit obligationem usurarum in futurum.*

XVIII. *Societas solvitur morte, heresque socii in societate non succedit.*

XIX. *Pro vino vel frumento mutuato reddi non potest pecunia, invito creditore.*

XX. *Reus non tenetur actori edere instrumenta vel rationes ad intentionem ejus fundandam; sed actor reo ad probandam exceptionem instrumenta edere tenetur.*

XXI. *Favorabiliores rei potius quam actores habentur.*

XXII. *Furti tenetur cujus ope vel consilio tantum furtum factum est.*

XXIII. *Qui legat certam fructuum quantitatem, si non nascatur tantum, quantum legavit, haeres ad praestationem totius tenetur.*

XXIV. *Testamentum, quo posthumus praeteritus vivo testatore decedit, valet.*

XXV. *Fructus et usurae legatorum a tempore morae debentur.*

XXVI. *Liberi et liberti non restituuntur in integrum contra parentes et patronos.*

XXVII. *Redditio chirographi facta a creditore debitori, inducit remissionem debiti, pignoris vero restitutio non idem.*

XXVIII. *Ususfructus non dominii pars sed servitus est.*

XXIX. *Quando nihil pactum est de distrahendo pignore, creditor nihilominus post unam denunciationem pignus vendere potest.*

XXX. *Suspectus tutor ob latam culpam remotus non fit infamis.*

XXXI. *Dominium sine possessione acquiri non potest.*

XXXII. *Actionis verbo non continetur exceptio.*

XXXIII. *Privilegia realia transeunt ad haeredes, non personalia.*

XXXIV. *Major annis XVII. potest esse procurator ad litem.*

XXXV. *In contractibus nominatis non datur condictio ob rem dati.*

XXXVI. *Unica interpellatio constituit debitorem in mora.*

XXXVII. *Venditor etsi fundum simpliciter vendat, tamen eum liberum a servitute praestare tenetur.*

XXXVIII. *In contractibus jus accrescendi non habet locum.*

XXXIX. *Etiam ob latam culpam juratur in litem, et lata culpa sub dolo continetur in civilibus caussis.*

XL. *Nec urbanae, nec rusticae servitutes oppignorari possunt.*

XLI. *Studium Juris longe praestantissimum est.*

XLII. *De omnibus, quae palam fiunt, judicat Jurisconsultus, de occultis Ecclesia.*

XLIII. *Omnis legislatio ad Principem pertinet.*

XLIV. *Ut et legum interpretatio.*

XLV. *Consuetudo legi non derogat.*

XLVI. *Salus rei publicae suprema lex esto.*

XLVII. *Non usus sed utilitas gentium jus gentium constituit.*

XLVIII. *Judici sola applicatio legum ad casus competit.*

XLIX. *Legum corpus nunquam colligendum.*

L. *Tabulae potius conscribendae, breves verbis, amplae argumento.*

LI. *Interpretationes a Principe factae separatim colligendae, neque cum tabulis fundamentalibus confundendae.*

LII. *Sed qualibet generatione, vel novo quodam Regnante ad summum imperim evecto, abrogandae, atque novae interpretationes a Principe petendae videntur.*

LIII. *Poenae capitales non abrogandae.*

LIV. *Lex Saxonica, quae non nisi confessum et convictum condemnari vult, lex aequissima, effectu crudelissima evadit.*

LV. *An foemina partum recenter editum trucidans, capite plectanda sit? quaestio est inter Doctores controversa.*

LVI. *Servitus Juris naturalis est.*

Die „Positiones juris" in deutscher Übersetzung

Rechtliche Streitsätze

die, unter dem Schutz Gottes mit Zustimmung der Juristenfakultät, um als Lizentiat die höchsten Ehren in beiden Rechten vorschriftsmäßig zu erlangen, auf der Straßburger Universität am 6. August 1771 öffentlich verteidigen wird Johannes Wolfgang Goethe aus Frankfurt am Main. In Straßburg aus der Werkstatt des Johannes Heinrich Heitz, Universitätsdrucker.

1. *Naturrecht ist das, was die Natur alle Lebewesen gelehrt hat.*
2. *Gewohnheitsrecht hebt auf und bessert das geschriebene Gesetz.*
3. *Eine angemessene Sicherung kommt ebenso durch Pfänder wie durch Bürgen zustande.*
4. *Eine Abrede, die zu Verträgen guten Glaubens (formfreien) hinzugefügt wird, erzeugt Klagerecht; ist sie aber zu Verträgen strengen Rechts (formgebundenen) hinzugefügt, so führt sie kein Klagerecht herbei.*
5. *Dem Verschwender wird nicht von rechtswegen, sondern durch Beschluß der Behörde die Verwaltung seiner Güter untersagt; und*

wenn er nach der Untersagung etwas verspricht, wird er nicht einmal nach natürlichem Recht gebunden.

6. *Ungelehrte und des Rechtes unerfahrene Leute können nicht Richter sein.*
7. *Einen Vergleich über eine bestimmte oder rechtskräftig entschiedene Sache kann es nicht geben (nicht abgeschlossen werden).*
8. *Wird eine Dienstbarkeit auferlegt (des Inhalts), daß die Fenster nicht beeinträchtigt werden dürfen, so gilt dies als gesichert ebenso für die künftigen wie für die gegenwärtigen Fenster.*
9. *Der Erblasser kann dem Nutznießer die Sicherheitsleistung für den Fruchtgenuß an verbrauchbaren Sachen nicht zum Nachteil des Erben erlassen.*
10. *Die Publicianische Klage kann mit der Eigentumsklage in derselben Klagschrift verbunden werden.*
11. *Bei den Klagen strengen Rechts ergeben sich (Ansprüche auf) Nutzungen nur von der Zeit vor dem Prozeßbeginn (= Streitbefestigung, Rechtshängigkeit).*
12. *Die Unterschrift einer Urkunde bindet den Schreibenden nicht fortlaufend darüber hinaus.*
13. *Eigentum der Feinde kann vermacht werden.*
14. *Der Gläubiger hat das Pfand nach Naturrecht inne.*
15. *Das städtische Grundstück unterscheidet vom ländlichen nicht der Ort, sondern die Beschaffenheit (wirtschaftliche Zweck).*
16. *Das Hilfsmittel des Codex Justinianus 4, 44, 2.8. in bezug auf Rückgängigmachung des Verkaufs greift nicht Platz beim Vergleich.*
17. *Allein die Leistung von Zinsen lange Zeit hindurch führt nicht die Pflicht herbei, Zinsen (auch) in Zukunft zu leisten.*
18. *Die Gesellschaft wird durch den Tod aufgelöst, und der Erbe des Gesellschafters folgt in der (= die) Gesellschaft nicht nach.*
19. *Für geliehenen Wein oder Getreide kann nicht wider Willen des Gläubigers Geld erstattet werden.*
20. *Der Beklagte ist nicht verpflichtet, dem Kläger Urkunden oder Rechnungen herauszugeben, damit er seinen Klageanspruch begründen könne; aber der Kläger ist verpflichtet, dem Beklagten, damit er seine Einrede beweisen könne, Urkunden herauszugeben.*

21. *Die Beklagten stehen günstiger (im Prozeß) als die Kläger.*
22. *Für Diebstahl haftet (auch) der, durch dessen Hilfe oder Rat allein es zum Diebstahl gekommen ist.*
23. *Vermacht jemand eine bestimmte Menge von Früchten, entsteht aber nicht so viel, wie er vermacht hat, so ist der Erbe zur Leistung des Ganzen verpflichtet.*
24. *Ein Testament, wodurch ein Nachgeborener übergangen worden ist und (noch) bei Lebzeiten des Erblassers stirbt, hat Gültigkeit.*
25. *Früchte und Zinsen von Vermächtnissen werden vom Zeitpunkt des Verzuges an geschuldet.*
26. *Kinder und Freigelassene werden nicht in den vorigen Stand wieder eingesetzt gegenüber Eltern und Schutzherren.*
27. *Die Rückgabe des Handscheines vom Gläubiger an den Schuldner bewirkt den Schulderlaß, aber die Rückgabe des Pfandes bewirkt nicht dasselbe.*
28. *Der Nießbrauch ist nicht ein Teil des Eigentums, sondern eine Dienstbarkeit.*
29. *Wenn über die Veräußerung des Pfandes nichts vereinbart ist, kann der Gläubiger trotzdem nach einer Ankündigung (gegenüber dem Schuldner) das Pfand verkaufen.*
30. *Ein Vormund, der wegen grober Fahrlässigkeit verdächtig und abgesetzt worden ist, wird (dadurch) nicht ehrlos.*
31. *Eigentum kann nicht ohne Besitz erworben werden.*
32. *Unter dem Wort Klage (= Klageformel) ist die Einrede nicht einbegriffen.*
33. *Vorrechte an Sachen gehen auf die Erben über, nicht (aber) persönliche.*
34. *Wer älter als 17 Jahre ist, kann Prozeßvertreter sein.*
35. *In benannten Verträgen wird keine Bereicherungsklage wegen einer Leistung gegeben.*
36. *(Schon) eine einmalige Aufforderung setzt den Schuldner in Verzug.*
37. *Auch wenn ein Verkäufer ein Grundstück einfach (= ohne nähere Angaben) verkauft, ist er verpflichtet, es frei von Dienstbarkeiten zu leisten.*
38. *In Verträgen hat das Anwachsungsrecht keinen Raum.*

39. *Auch wegen grober Fahrlässigkeit wird im Rechtsstreit (betr. d. Kondemnationssumme) geschworen, und grobe Fahrlässigkeit wird in Civilsachen unter Böswilligkeit (Vorsatz) einbegriffen.*
40. *Weder städtische noch ländliche Dienstbarkeiten können verpfändet werden.*
41. *Das Studium des Rechtes steht weitaus an erster Stelle.*
42. *Über alles, was offenkundig geschieht, richtet der (weltliche) Richter, über die verborgenen Dinge die Kirche.*
43. *Jede Gesetzgebung gebührt dem Fürsten;*
44. *wie auch die Auslegung der Gesetze.*
45. *Gewohnheitsrecht hebt das Gesetz nicht auf.*
46. *Das Wohl des Staates soll das oberste Gesetz sein.*
47. *Nicht Herkommen, sondern Nutzen eines jeden Volkes hat das Recht der Völker gegründet.*
48. *Dem Richter steht nur die Anwendung der Gesetze auf die Fälle zu.*
49. *Ein (alles umfassendes) Gesetzbuch ist niemals zusammen zu stellen;*
50. *eher sind Tafeln (Einzelgesetze) zu verfassen, kurz im Wortlaut, weitreichend an Beweiskraft.*
51. *Die Auslegungen, die vom Fürsten gegeben werden, sind gesondert zu sammeln und nicht mit den grundlegenden (Gesetzes) Tafeln zu vereinigen;*
52. *aber sie sind in jeder Generation, oder wenn ein neuer Regent zur höchsten Gewalt kommt, abzuschaffen und neue Auslegungen vom Fürsten zu erbitten.*
53. *Die Todesstrafen sind nicht abzuschaffen.*
54. *Das Sächsische Gesetz, das nur den Geständigen und den Überführten verurteilt sehen will, ist ein höchst billiges Gesetz, wird aber in der Wirkung höchst grausam.*
55. *Ob eine Frau, die ein soeben geborenes Kind umbringt, der Todesstrafe zu unterwerfen sei, ist eine Streitfrage unter den Doktoren.*
56. *Die Sklaverei gehört dem Naturrecht an.*

Die Bedeutung der Streitsätze im Lichte ihrer Zeit

Bei den Positiones juris für das Streitgespräch zur Erlangung der Lizentiatenwürde ist vorweg zu berücksichtigen, daß der Promovend bei ihrer Auswahl und Formulierung gerade erst an der Schwelle vom 22. zum 23. Lebensjahr stand, hier also nicht der „reife" Goethe zu uns spricht. Anders als bei einer Dissertation war für die Disputation keine Systematik erforderlich; im Gegenteil konnte ein solches Durcheinander von Rechtsthesen die geistige Beweglichkeit und Schlagfertigkeit des Verteidigers beweisen. Überdies waren die damaligen Lehrbücher und Vorlesungen zum gemeinen deutschen Recht ohnehin systemlos, da sie an das Sammelsurium der Pandekten mit den verstreuten Rechtssätzen von rund 40 römischen Juristen anknüpften. Die Thesen dürfen auch nicht, wie es im Schrifttum oft oberflächlich geschehen ist, als „Gemeinplätze" abgetan werden; sie waren als Ausgangspunkte für *Diskussionen* nach beliebiger Richtung gedacht; je schlichter der Ansatz, desto heftiger konnte die Auseinandersetzung im Auditorium werden. Auch ging es unserem jungen Stürmer und Dränger um eine möglichst rasche und glatte Absolvierung des abschließenden Promotionstermins, weshalb er sich mit Hilfe seines Repetitors den bekannten Interessengebieten der Prüfungsprofessoren anpaßte; deshalb ist auch nicht gesagt, daß jede These der persönlichen Rechtsanschauung des Verteidigers entsprach.

Der heutige Betrachter muß vor allem den Entwicklungsstand des buntgemischten gemeinen Rechts (mit römischen, kanonischen, reichs-, landes- und stadtrechtlichen Vorschriften) und der nachmittelalterlichen Rechtswissenschaft vor mehr als 200 Jahren bedenken. Die Streitsätze geben ein anschauliches Bild von der vielschichtigen Rechtskultur der Zeit vor den Umwälzungen der französischen Revolution.

Eine genauere Analyse aller 56 Rechtsthesen bedürfte eingehender Untersuchungen anhand der zeitgenössischen Quellen, die für den heutigen Juristen nur noch von rechtsgeschichtlicher

Bedeutung sind. Für unseren biographischen Abriß mag ein kurzer Überblick über Grundgedanken der behandelten Rechtsgebiete genügen; für Interessenten sei auf die Anmerkungen mit den bisher vorliegenden Forschungsarbeiten verwiesen, die noch keineswegs abgeschlossen sind.[93]

Die 56 Thesen betreffen alle Bereiche der damaligen Straßburger Rechtslehre. Sie entstammen vorwiegend dem weltlichen Recht mit Schwerpunkt Römisches Recht, konnten aber auch vom kanonischen Recht her untermauert werden. Den Hauptteil bilden zivilrechtliche Fragen nach dem usus modernus pandenctarum, dem gemeinen Recht, so zum Schuldrecht (Thesen 4, 7, 12, 16–19, 27, 35–37); zum Sachenrecht (3, 8, 14, 15, 27–29, 40); zum Personen- und Familienrecht (5, 26, 30, 34, 56); zum Erbrecht (9, 13, 23–25, 33). Einige Thesen beziehen sich auf das Prozeßrecht (10, 11, 20, 21, 32, 34, 39, 42). Dem Strafrecht und Strafverfahren sind weitere Thesen gewidmet (22, 53–55). All diese Streitsätze, die mehr auf die juristische Praxis zugeschnitten sind, sind verflochten mit Thesen zur allgemeinen Rechtslehre: so zur Rechtsphilosophie (1, 47, 54); zur Rechtsbildung und Rechtskraft (2, 54); zu staatsrechtlichen Fragen der Gesetzgebung (43, 44, 46, 49–52); zum Richtertum (6, 48) und zum Rechtsstudium (41).

Wir beschränken uns hier auf einige Ausführungen zu den Thesen der allgemeinen Rechtslehre, die weniger zeitgebunden sind und am besten den geistigen Nährboden für Goethes juristischen Entwicklungsstand im Jahre 1771 erkennen lassen; sie dürfen nicht als endgültige Meinung Goethes verstanden werden, von dem das Wort stammt:

> „Ein jeder, nur zehn Jahre früher oder später geboren, dürfte, was seine eigene Bildung und die Wirkung nach außen betrifft, ein ganz anderer geworden sein.“

Die Thesen zur allgemeinen Rechtslehre beginnen mit dem Naturrecht, das zugleich den Anfang und das Ende aller Streitsätze bildet (Thesen 1 und 56). Diese Einrahmung deutet das große Gewicht der Materie in der damaligen Aufklärungszeit an. Die banal anmutende Begriffsbestimmung des Naturrechts geht auf den großen Juristen Ulpian in den Institutionen und Digesten Justinians zurück, wonach die Einteilung des Römischen Rechts in ius naturale, ius gentium und ius civile erfolgte. Für das Streitgespräch kam es wohl darauf an, daß der Promovend sich von diesem römischen Rechtssatz aus mit der aufkommenden Doktrin vom Naturrecht als Vernunftrecht auseinandersetzte. Dabei konnte er sich auf die Vorlesungen seines Leipziger Juraprofessors K. F. Hommel stützen, der kritisch die Naturrechtslehren von Grotius, Hobbes, Thomasius und Wolff behandelt und ein abstraktes göttliches Naturrecht abgelehnt hatte.

Mit der Schlußthese 56, daß die Sklaverei dem Naturrecht angehöre, wurde die heftig umstrittene Frage nach dem Ursprung der Unfreiheit aufgegriffen; wurden doch Sklaven nach Römischem Recht, Leibeigne und Eigenleute nach Feudalrecht nicht als Personen, sondern als Sachen bzw. als nur minder Rechtsfähige angesehen; nach kanonischem Recht konnte die Sklaverei dem ius gentium, dem damals noch altertümlichen Völkerrecht, zugeordnet werden, das nicht auf das Herkommen, sondern auf den Nutzen der Rechtsform abstellte (dazu These 47).

Die verstreuten Thesen zur Rechtsbildung und Auslegung beginnen mit dem Gewohnheitsrecht (These 2), das als ursprünglicheres, allumfassendes Recht dem damals erst unvollkommen und noch nicht lange bewährten kodifizierten Gesetzesrecht vorgehen soll; nach Goethes eigener Erfahrung sah man „alle Gewohnheitsrechte täglich gefährdet". Diesem Standpunkt de lege lata steht schroff der Satz vom Vorrang des Gesetzes (These 45) entgegen, der sich wohl auf die zu erwartende Fortentwicklung des problematischen gemeinen Rechts de lege ferenda bezieht. Wahrscheinlich wollte der Promovend zwei unvereinbar erscheinende Stellen aus den Digesten und dem Codex Justinians zur Debatte stellen, die sowohl die weltliche als auch die kirchliche Rechtslehre durchzogen und ein beliebter Prüfungsstoff waren.

Aus den allgemeinen Fragen des Öffentlichen Rechts greift Goethe Grundsätze heraus, die tiefgreifende Wandlungen auf dem

Weg vom souveränen Alleinherrscher zum aufgeklärten Gesetzesstaat einleiteten (Thesen 43–52). Vorweg schiebt er einen konsequenten Gedanken aus seiner abgewiesenen Dissertation ein, daß nämlich alles öffentliche Geschehen der weltlichen Gerichtsbarkeit unterliegt, während die Kirche auf das Innenleben beschränkt ist (These 42). Die Maxime aus dem neuzeitlichen Souveränitätsbegriff, daß jede Gesetzgebung dem Fürsten zusteht (These 43), muß nach dem Vernunftrecht mit dem Staatswohl in Einklang stehen (These 46). Hier knüpft Goethe an Ciceros Schrift „De legibus" an, worin wörtlich freilich nicht das Staatswohl, sondern das Volkswohl angesprochen war. Dieser umkämpfte Rechtsstoff war in das säkulare Staatsverständnis des Absolutismus eingebunden, woraus sich Streitfragen über Ursprung, Sinn und Zweck der Gesetzgebungsmacht bis zu der sich anbahnenden Selbstbindung des Fürsten an das Gesetz erörtern ließen. Dabei konnte Goethe seine im Tagebuch festgehaltene Beschäftigung mit namhaften Denkern und Rechtslehrern, insbesondere mit Montesquieu, ausspielen; was das Völkerrecht (These 47) und vor allem die Trennung der gesetzgebenden und rechtsprechenden Gewalt anbelangt (These 48), lehnt er sich eng an den französischen Staatsphilosophen an, der in seinem Hauptwerk „L'esprit des lois" aus dem Jahre 1748 der Staatsrechtslehre weit vorausgeeilt war.

Was die Gesetzesauslegung betrifft, so steht sie im absoluten Staat jener Zeit dem Fürsten allein zu (These 44). Dabei ist nach der zeitgenössischen Rechtslehre, entsprechend dem römischrechtlichen referendum ad principem, an die authentische Interpretation gedacht, die zur Ergänzung des Gesetzes führen und im Gnadenweg an eine Gesetzeskommission übertragen werden kann. Wie auch Montesquieu noch meinte, ist der Richter nur der „Mund", welcher bei der Rechtsanwendung „die Worte des Gesetzgebers nachspricht" (zu These 48); doch müssen die Richter auch für diesen Zweck gelehrte und rechtserfahrene Leute sein (These 6).

Erstaunen mag hiernach die Forderung erregen, daß ein allumfassendes Gesetzbuch (wie es in Preußen für das Allgemeine

Landrecht geplant war) abzulehnen sei (These 49). Doch war auch dies eine damals weithin vertretene Ansicht, die später bekanntlich von Savigny wieder aufgegriffen und für seine Zeit klassisch begründet wurde („Vom Beruf unserer Zeit für Gesetzgebung und Rechtswissenschaft", 1814). Statt einer erschöpfenden Kodifikation sind Einzelgesetze zu verfassen, mit der ewig idealen Zielsetzung: kurz im Wortlaut und bündig im Inhalt (These 50).

Und wieder scheinen Gedanken des Römischen Rechts durch, wenn die Trennung fürstlicher Interpretationen von den Gesetzestexten betont wird (These 51); bestand doch ein ähnliches Verhältnis zwischen dem Zwölftafelgesetz und den Ergänzungen durch die Prätorianischen Edikte im republikanischen Rom. Die tabulae-Gesetze enthalten Dauerrecht, während die interpretationes grundsätzlich auf die Regierungszeit des Herrschers oder einer Generation beschränkt sind. Dementsprechend sind die fürstlichen Auslegungen, in Anpassung an die sich wandelnden Bedürfnisse, immer wieder zu erneuern (These 52), wodurch ein sinnvoller Ausgleich zwischen unveränderlichem Grundlagengesetz und veränderten Verhältnissen ermöglicht wird. So kann im Sinne einer weitverbreiteten Praxis und Rechtslehre jeder Regierung und jeder Generation das ihr angemessene Recht gesichert werden.

Am Ausgang der Disputation werden noch drei allgemein interessierende Streitsätze zum Strafrecht behandelt. Der Satz, daß Todesstrafen nicht abzuschaffen seien (These 53), entsprach der traditionellen und herrschenden Meinung, wie sie auch von Montesquieu und Rousseau vertreten wurde. Goethe mag sich dabei an eine im Schrifttum geäußerte Begründung mit der Gefahr der Wiederkehr der Privatrache gehalten haben, die er später so formulierte:

„Wenn sich die Sozietät des Rechts begibt, die Todesstrafe zu verfügen, so tritt Selbsthilfe unmittelbar wieder hervor, die Blutrache klopft an die Tür." Doch beschäftigte ihn das zeitlos aktuelle Problem weiter: „Wenn man den Tod abschaffen

> könnte, dagegen hätten wir nichts; die Todesstrafe abzuschaffen wird schwer halten. Geschieht es, so rufen wir sie gelegentlich wieder zurück."[94]

Der Streitsatz zum „Sächsischen Gesetz" mit dem angemessenen Beweisrecht und der grausamen Durchführung (These 54) wird als eine Kritik der Folter nach dem geltenden kaiserlichen und französischen Kriminalrecht gedeutet. Die Reformbewegung der Aufklärung hatte bis dahin nur in Schweden (ab 1734) und Preußen (seit 1740, 1754) zur Beseitigung der Tortur geführt. Anderswo wurde noch an den gewaltsamen Beweismethoden des Inquisitionsprozesses festgehalten, bis 1776 – fünf Jahre nach Goethes Promotion – der Einbruch in Österreich und dann in weiteren Staaten gelang. Als letzter deutscher Staat hat Baden erst 1831 – ein Jahr vor Goethes Tod – die Folter aus dem Strafverfahren verbannt.

Als ein bedeutender Streitpunkt unter den Doktoren der Zeit wird von Goethe schließlich die Kindestötung angesprochen, und zwar – einzig an dieser Stelle – in unentschiedener Frageform (These 55). Auch hierzu lag ein reichhaltiges Schrifttum vor, in dem sich die Juristen weniger über die Zulässigkeit als über die verschiedenen Arten der Todesstrafe ausgelassen haben; denn die noch geltende peinliche Gerichtsordnung Karls V. hatte in Art. 131 die Todesstrafe reichsgesetzlich festgeschrieben, was auch in der überwiegenden Zahl der Territorien und Städte rechtens war. So konnte in der Disputation etwa darüber gestritten werden, ob die Todesstrafe durch Enthaupten, Hängen, Rädern, Verbrennen, lebendig Begraben oder – in Anlehnung an römischrechtliche Praktiken – durch Ertränken im Sack zu vollziehen sei. Erst 1761 wurde noch gesetzlich bestimmt, daß bei fehlendem Wasser das Säcken durch Rädern zu ersetzen sei, während in Preußen seit 1740 allein die Schwertstrafe anzuwenden war. Goethe hatte schon als Knabe 1758 in Frankfurt der Enthauptung einer „Kindsmörderin" beigewohnt und kurz nach seiner Promotion 1771/72 in seiner Heimatstadt den Prozeß und die Hinrichtung der Susanne Margerethe Brandt erlebt, wodurch er zur Gretchen-Tragödie des Faust angeregt werden sollte. Obgleich er der Humanisierungswelle im Strafrecht angehörte, hat er sich noch 12 Jahre später in einem Jenaer Kindsmordfall von 1783 als Mitberater für die Beibehaltung der Todesstrafe ausgesprochen. Sein diesbezügliches Votum schloß sich zwei Gutachtern an, die sich – juristisch einwandfrei – auf die übereinstimmenden Kriminalgesetze und das oberste Entscheidungsrecht des absoluten Landesherrn stützten, wonach die Todesstrafe „zu Abschreckung vor dergleichen überhand nehmenden Verbrechen nötig und nützlich sei", daß jedoch nach sorgfältiger Untersuchung des Einzelfalles „bei sich ergebenden Gründen zur Milderung des Schicksals der dadurch betroffenen Personen das landesherrliche Begnadigungsrecht eintreten könne und auch mehrmals wirklich eingetreten (sei)".[95]

Es wäre verfehlt, in den Thesen des Jurajüngers eine eigenschöpferische Rechtslehre suchen zu wollen. Goethe hielt sich, wie andere Prüflinge, an bekannte Rechtsgrundsätze und Lehrmeinungen, die er in lateinischer Sprache durch Quellenangaben zu belegen und gegen Einwände zu verteidigen hatte. Wenn im Auditorium, nach seiner Lebensbeschreibung, auch „große Lustigkeit" aufkam, so mag der Höhepunkt bei der überzogenen Glorifizierung des Rechtsstudiums (These 41) erreicht worden sein. Jedenfalls hat unser Thesenverfechter, ausweislich der Fakultätsakten, seine Aufgabe „cum applausu" erfüllt.

Verzicht auf die akademische Laufbahn

Der promovierte Lizentiat Johann Wolfgang Goethe stand nun vor seiner Berufswahl. Wir erinnern uns, daß ihm schon als Knabe aus dem Kreis juristischer Hausfreunde das Berufsziel eines „Rechtsgelehrten" nahegelegt worden war, und daß unter seinen Ahnen mütterlicherseits ein Johann Wolfgang Textor es bis zum Juraprofessor und Rektor der Universität Heidelberg gebracht hatte. Die spektakuläre, von der Fakultät zurückgewiesene Doktorarbeit hatte den Lizentiaten nicht nur bekanntgemacht, sondern ihm in unorthodoxen Kreisen auch Sympathien eingebracht, die ihm berufliche Aussichten an aufgeklärten Fürstenhöfen eröffneten. So wurde er von dem badischen Prinzenerzieher F. D. Ring für eine Hofmeisterstelle beim Grafen Löwenstein-Wertheim vorgeschlagen.[96] Doch traten Ereignisse ein, die Überlegungen zur akademischen Laufbahn in den Vordergrund rückten.

„Meine Promotion war am 6ten August 1771 geschehen; den Tag darauf starb Schöpflin im fünfundsiebzigsten Jahre", erinnert sich Goethe in Dichtung und Wahrheit. Schöpflin war der von Goethe lobend hervorgehobene Staatsrechtslehrer, den er zugleich als Geschichtsforscher, Kunstsammler und Begründer des Museums elsässischer Altertümer verehrte. Dieser war in seinem fortgeschrittenen Alter zuletzt von zwei Dozenten namens Koch und Oberlin vertreten worden, die mit Aktuar Salzmann, dem Präsidenten von Goethes Tischgesellschaft, befreundet waren. Beide hatten zu Goethe ein näheres Verhältnis gefunden; „wenn es ihrem Willen und Wunsche nach gegangen wäre, so hätte ich ihnen das Glück meines Lebens verdanken müssen. Damit verhielt es sich aber folgendermaßen", berichtete der Dichterjurist:

„Schöpflin, der sich in der höheren Sphäre des Staatsrechts zeitlebens bewegt hatte und den großen Einfluß wohl kannte, welchen solche und verwandte Studien bei Höfen und in Kabinetten einem fähigen Kopfe zu verschaffen geeignet sind, fühlte eine unüberwindliche ja ungerechte Abneigung gegen den Zustand des Zivilisten, und hatte die gleiche Gesinnung den Seinigen eingeflößt. Obengenannte beide Männer, Freunde von Salzmann, hatten auf eine liebreiche Weise von mir Kenntnis genommen. Das leidenschaftliche Ergreifen äußerer Gegenstände, die Darstellungsart, womit ich die Vorzüge derselben herauszuheben und ihnen ein besonderes Interesse zu verleihen wußte, schätzten sie höher als ich selbst. Meine geringe, ich kann wohl sagen, notdürftige Beschäftigung mit dem Zivilrechte war ihnen nicht unbemerkt geblieben; sie kannten mich

> genug, um zu wissen, wie leicht ich bestimmbar sei; aus meiner Lust zum akademischen Leben hatte ich auch kein Geheimnis gemacht, und sie dachten mich daher für Geschichte, Staatsrecht, Redekunst, erst nur im Vorübergehen, dann aber entschiedener, zu erwerben. Straßburg selbst bot Vorteile genug. Eine Aussicht auf die deutsche Kanzlei in Versailles, der Vorgang von Schöpflin, dessen Verdienst mir freilich unerreichbar schien, sollte zwar nicht zur Nachahmung, doch zur Nacheiferung reizen und vielleicht dadurch ein ähnliches Talent zur Ausbildung gelangen, welches sowohl den, der sich dessen rühmen durfte, ersprießlich, als andern, die es für sich zu gebrauchen dächten, nützlich sein könnte. Diese meine Gönner, und Salzmann mit ihnen, legten auf mein Gedächtnis und auf meine Fähigkeit, den Sinn der Sprachen zu fassen, einen großen Wert, und suchten hauptsächlich dadurch ihre Absichten und Vorschläge zu motivieren."

Hiernach hat Goethe durchaus „Lust zum akademischen Leben" gezeigt und sich auch mit dem reizvollen Gedanken beschäftigt, vielleicht einmal die deutsche Kanzlei in Versailles zu leiten, die den Staatsmännern Frankreichs die ständige genaue Unterrichtung über die Vorgänge in Deutschland bot.

„Wie nun aus allem diesem nichts geworden, und wie es gekommen, daß ich wieder von der französischen Seite auf die deutsche herübergetreten", das hat Goethe im Schlußkapitel seiner Straßburger Studienbeschreibung ausführlich mitgeteilt. Im wesentlichen war es eine Entscheidung gegen die geistigen Strömungen des ancien régime Frankreichs und für die literarische Sturm- und Drangbewegung in Deutschland. Den letztendlichen Ausschlag hat nicht die Juristerei mit den Möglichkeiten der französischen Gelehrten- und Diplomatensprache gegeben, sondern der Drang zur Dichtung, der nur in der Muttersprache zu stillen war; denn

> „Wer in einer fremden Sprache schreibt oder dichtet, ist wie einer, der in einem fremden Hause wohnt."[97]

Im letzten Brief aus Straßburg schreibt Goethe am 8. August 1771:

> „Ich bin nun endlich mit dem Promotionswesen zu Ende und gehe morgen von hier . . . Der Aufenthalt hier war mir sehr angenehm, und Nutzen hab ich auch davon mehr als man glaubt."[98]

IV.

Rechtsanwalt in Frankfurt a.M. mit Rechtspraktikum in Wetzlar

(1771–1775)

„Ich hatte nun promoviert, der erste Schritt zu dem fernen bürgerlichen, stufenweisen Lebensgang war getan.“[99]

Hiermit kündigt Goethe im Dritten Teil von Dichtung und Wahrheit einen neuen Lebensabschnitt an, dessen „bürgerlicher“ Gang mit dem Advokatenberuf beginnt. Die Betonung des „stufenweisen“ Lebensganges ist kennzeichnend für Goethes Naturbeobachtung, die ihm den Vergleich seiner persönlichen Entwicklungsphasen mit der morphologischen der Pflanzen nahelegte: Hatte er als Kind nur wenig Keimblätter entwickelt, dann als Knabe – und juristischer Vorschüler im Elternhaus – schon mannigfaltigere Zweige getrieben, so sollte er jetzt als heranreifender junger Mann – zunächst im Advokatenstand – „ähren- und rispenweis zur Blüte hineilen“.[100] Auf der neuen Lebensstufe schien sich anfänglich die Begabung des Juristen zu entfalten; doch sollte zunehmend und bald dominierend die Natur des Dichters zur Blüte hineilen.

Wir müssen auch in dieser Periode Goethes jugendliches Alter berücksichtigen. Die Advokatur erstreckte sich von Anfang September 1771 bis Ende Oktober 1775 und umfaßte sein 22. bis 26. Lebensjahr. Sein Bildungs- und Erlebnisdrang war noch lange nicht gestillt. Um die Rechtspraxis auch von höherer Warte aus kennenzulernen, unterbrach er die vierjährige Advokatentätigkeit von Ende Mai bis Mitte September 1772 durch einen Aufenthalt als Rechtspraktikant beim Reichskammergericht in Wetzlar. Anders als in Preußen, wo seit der Justizreform von 1748 die Referendarausbildung bereits gesetzlich geregelt war, gab es in der Reichsstadt Frankfurt a. M. noch keine Bestimmungen für einen juristischen Vorbereitungsdienst. Das Rechtspraktikum war freiwillig und zeitlich ungebunden, ohne daß ein weiteres Examen folgte.

Auch kannte man im Berufsleben noch keine geregelten Urlaubszeiten. Goethe unternahm während der Advokatur gelegentlich mehrtägige Wanderungen zu Freunden nach Darmstadt, 1774 eine mehrwöchige Reise an die Lahn und den Niederrhein und im vierten Advokatenjahr eine zweimonatige Reise in die Schweiz, jeweils mit lehrreichen Begegnungen und wertvollen Anregungen für Beruf und Poesie. Zuletzt wäre er noch nach Italien gereist, hätte ihn nicht Anfang November 1775 die Einladung nach Weimar erreicht, eine Einladung, die zur Herausforderung nicht nur des Dichters, sondern auch des Juristen führen sollte.

Mit 22 Jahren Zulassung als Advokat

Es war genau an seinem 22. Geburtstag, daß Goethe, kurz nach der Heimkehr aus Straßburg, am 28. August 1771 in Frankfurt um die Zulassung zur Advokatur nachsuchte. Seine Bittschrift richtete sich an das reichsstädtische Schöffengericht, das unter dem Vorsitz des Schultheissen eine eigenständige Justizbehörde mit Sitz im Römer, dem Rathaus, war. Die Eingabe ist ein köstliches Zeugnis des barocken Geschäftsstiles, den der jugendliche Bewerber nach allen Regeln der zeitgenössischen Kunst ausschmückte:[101]

Angelegentlichstes Memoriale
mit gehorsamst geziemender Bitte
Mein
Johann Wolfgang Goethe
Beyder Rechte Licentiaten
pro benevole conferenda advocandi licentia.
Mit beyliegender Inaugural Disputation.

Wohl und Hochedelgebohrne
Vest und Hochgelahrte Hoch und Wohlfürsichtige
Insonders Hochgebietende und Hochgeehrteste Herren
Gerichts Schultheiss und Schöffen.

Ew. Wohl auch Hochedelgebohrne Gestreng und Herrlichkeit habe die Ehre mit einer erstmaligen ganz gehorsamsten Bitte geziemend anzugehen, deren Gewährung, mir Hochderoselben angewohnte Gütigkeit in der schmeichelhafftesten Hoffnung voraussehen lässet.

Da mich nähmlich, nach vollbrachten mehreren akademischen Jahren, die ich mit möglichstem Fleiss der Rechtsgelehrsamkeit gewiedmet, eine ansehnliche Juristen Fakultät zu Strasburg, nach beyliegender Disputation, des Gradus eines Licentiati Juris gewürdigt; so kann mir nunmehro nichts angelegner und erwünschter seyn, als die bisher erworbene Kenntnisse und Wissenschafften meinem Vaterlande brauchbaar zu machen, und zwar vorerst als Anwald meinen Mitbürgern in ihren rechtlichen Angelegenheiten anhanden zu gehen, um mich dadurch zu denen wichtigern Geschäfften vorzubereiten, die, eine Hochgebietenden und verehrungswürdigen Obrigkeit mir dereinst hochgewillet aufzutragen, gefällig seyn könnte.

Weilen nun aber niemand ohne besondere vorhergehende grosgünstige Erlaubniss, obgesagten Beschäfftigungen sich unterziehen darf; Als ergehet an Ew^re Hochadel. Gestreng und Herrlich-

keit mein gehorsamst geziemendes, Bitten, dass Hochdieselben mich in den numerum dahiesiger Advocatorum ordinariorum an und aufzunehmen hochgefälligst geruhen wollen.

Welche solchergestalt mir erwiesene hohe Gewogenheit, in dem lebhafftesten Angedencken bey mir bleiben, und zur unaufhörlichen Erinnerung dienen wird, wie sehr es eine meiner fürnehmsten Pflichten seye, Zeitlebens zu verharren

Ew. Wohl auch Hochedelgebohrnen
Gestreng und Herrlichkeit
treugehorsamster
Johann Wolfgang Goethe

Eingangs stellt sich hier Goethe als Beider Rechte Lizentiat vor, mit einem akademischen Grad also, den er in Straßburg für weltliches und kirchliches Recht erlangt hatte. Der Hinweis auf die Inaugural-Disputation betrifft die 56 Promotionsthesen, die er in dem feierlichen Streitgespräch zum Abschluß seines dortigen Rechtsstudiums erfolgreich verteidigt hatte. Diplomatisch erscheint uns sein Bekenntnis, daß er die Rechtsstudien mit „möglichstem" – nicht mit größtem – Fleiß betrieben habe. Selbstbewußt – oder auf Drängen seines Vaters – deutet er an, daß er die Anwaltstätigkeit als Vorbereitung auf noch wichtigere Geschäfte betrachte; dabei mögen ihm die Advokaten des mütterlichen Textorstammes vor Augen geschwebt haben, unter denen sein Ururgroßvater zum Syndicus primarius und sein Großvater über das Schöffen- und Bürgermeisteramt bis zum Stadt- und Gerichtsschultheiß, dem angesehensten und höchstbesoldeten Amt der Reichsstadt, aufgestiegen waren.

Schon drei Tage später, am 31. August 1771, wurde auf der Bittschrift die Entscheidung vermerkt:

„Es wird dem Imploranten in diesem Ansuchen willfahret."

Und wieder drei Tage darauf fand bereits seine Vereidigung als Advokat, verbunden mit dem Bürgereid, statt.[102]

Der Einstieg in die juristische Praxis stand unter günstigen Sternen. Die herkömmlichen Verbindungen der Familie zum Schöffengericht waren stadtbekannt und ließen den Neuling mit einem guten Zulauf rechnen. Eine Reihe von Rechtssachen wurde ihm sogleich von seinem Oheim, dem Advokaten Johann Jost Textor abgetreten, der nach dem am 6. Februar 1771 erfolgten Tod des Großvaters als Schöffe in den Rat der Stadt gewählt worden war. Weitere Unterstützung und Zuweisungen erfuhr er aus dem Kreis einflußreicher Hausfreunde, unter denen in Dichtung und Wahrheit die Advokatenbrüder Schlosser „oben an" stehen. Den älteren, Hieronymus, rühmt er als einen „gründlichen und eleganten Rechtsgelehrten", mit dem er sich öfters über den einzuleitenden Lebens- und Geschäftsgang beriet. An den jüngeren Bruder Georg, der zwei Jahre darauf Goethes Schwester Cornelia heiratete, lobt er die „Weltkenntnis", das fortgeschrittene „praktische Geschick" und die gleichbleibende „Rechtschaffenheit"; mit ihm ergab sich eine enge anwaltliche Zusammenarbeit. Eine besondere Stütze war Goethes Vater, dessen „rechtlicher Ordnungsgeist" ein gewisses Regulativ gegenüber der „vielfachen Exzentrität" des jugendlichen Anwalts bildete.

Die Advokatur – „ein heiteres Feld"

Als Goethe im Oktober 1809 das Erste Schema zu Dichtung und Wahrheit konzipierte, hat er seine Advokatentätigkeit überhaupt nicht erwähnt; die Stichworte sind – der Intention seiner Lebensbeschreibung entsprechend – vornehmlich auf seine literarischen Interessen gerichtet, für die vier Advokatenjahre besonders auf Götz von Berlichingen und Werthers Leiden. Offenbar hatte er überhaupt keine Unterlagen aus der längst vergangenen Anwaltspraxis mehr zur Hand und auch nicht bedacht, daß einschlägige Prozeßakten im Gerichtsarchiv verwahrt sein könnten. Dennoch lebte 1813 beim flüssigen Diktat der haftengebliebenen Eindrücke eine Erinnerung auf, die von einem Hauch der Berufsfreude durchweht ist:

„Indem ich nun alles, was von Talent, Liebhaberei oder sonst irgendeiner Neigung in mir leben mochte, auszubilden, zu nähren und zu unterhalten suchte, verwendete ich eine gute Zeit des Tages, nach dem Wunsch meines Vaters, auf die Advokatur, zu deren Ausübung ich zufälligerweise die beste Gelegenheit fand. Nach dem Tode des Großvaters war mein Oheim Textor in den Rat gekommen, und übergab mir die kleineren Sachen, denen ich gewachsen war; welches die Gebrüder Schlosser auch taten. Ich machte mich mit den Akten bekannt, mein Vater las sie ebenfalls mit vielem Vergnügen, da er sich durch Veranlassung des Sohns, wieder in einer Tätigkeit sah, die er lange entbehrt hatte. Wir besprachen uns darüber, und mit großer Leichtigkeit machte ich alsdann die nötigen Aufsätze. Wir hatten einen trefflichen Kopisten zur Hand, auf den man sich zugleich wegen aller Kanzleiförmlichkeiten verlassen konnte: und so war mir dieses Geschäft eine um so angenehmere Unterhaltung, als es mich dem Vater näher brachte, der mit meinem Benehmen in diesem Punkte völlig zufrieden, allem übrigen was ich trieb, gerne nachsah, in der sehnlichen Erwartung, daß ich nun bald auch schriftstellerischen Ruhm einernten würde.

Weil nun in jeder Zeitepoche alles zusammenhängt, indem die herrschenden Meinungen und Gesinnungen sich auf die vielfachste Weise verzweigen, so befolgte man in der Rechtslehre nunmehr auch nach und nach alle diejenigen Maximen, nach welchen man Religion und Moral behandelte. Unter den Sachwaltern als den jüngern, sodann unter den Richtern als den ältern, verbreitete sich der Humanismus, und alles wetteiferte, auch in den rechtlichen Verhältnissen höchst menschlich zu sein. Gefängnisse wurden gebessert, Verbrechen entschuldigt, Strafen gelindert, die Legitimationen erleichtert, Scheidungen und Mißheiraten befördert, und einer unserer vorzüglichen Sachwalter erwarb sich den höchsten Ruhm, als er einem Scharfrichtersohne den Eingang in das Kollegium der Ärzte zu erfechten wußte. Vergebens widersetzten sich Gilden und Körperschaften; ein Damm nach dem andern ward durchbrochen. Die Duldsamkeit der Religionsparteien gegeneinander ward nicht bloß gelehrt, sondern ausgeübt, und mit einem noch größern Einflusse ward die bürgerliche Verfassung bedroht, als man Duldsamkeit gegen die Juden, mit Verstand, Scharfsinn und Kraft, der gutmütigen Zeit anzuempfehlen bemüht war. Diese neuen Gegenstände rechtlicher Behandlung, welche außerhalb des Gesetzes und des Herkommens lagen und nur an billige Beurteilung, an gemütliche Teilnahme Anspruch machten, forderten zugleich einen natürlicheren und lebhafteren Stil. Hier war uns, den Jüngsten, ein heiteres Feld eröffnet, in welchem wir uns mit Lust herumtummelten, und ich erinnere mich noch gar wohl, daß ein Reichshofratsagent mir, in einem solchen Falle, ein sehr artiges Belobigungsschreiben zusendete."

In diesem Rückblick aus über 40jährigem Abstand hat der Autobiograph bereits einem juristischen Zeitgeist gehuldigt, der weithin erst im 19. Jahrhundert in die Rechtspraxis eindrang. Daß er damit die Tendenz seiner eigenen anwaltlichen Bemühungen richtig traf, beweisen die inzwischen wieder aufgefundenen Prozeßakten aus seiner Advokatenzeit.

Entdeckung von Goethes Prozeßakten

Erst 100 Jahre nach Goethes Anwaltstätigkeit ist im Frankfurter Stadtarchiv eine Anzahl von Prozeßakten mit Schriftsätzen aus Goethes Kanzlei aufgefunden worden.[103] Sie betreffen 28 Zivilprozesse, die unter dem Namen unseres jugendlichen Juristen geführt worden sind. Seine Eingaben sind überwiegend vom Schreiber des Elternhauses nach Diktat in Reinschrift aufgesetzt und dann vom jungen Goethe handschriftlich unterzeichnet worden, in der Regel mit „Concepit JW Goethe Licentiat." Zumeist verwendet er die Abkürzungen Cpt Lc oder Lt, gelegentlich auch „b. R. L." (= beider Rechte Licentiat), manchmal mit dem Zusatz „substituirter Anwaldt". Während Klienten ihn auch mit „Doktor" anredeten, vermied er diesen nicht erworbenen Grad in seinen Eingaben; wenn in inserierten Zahlungsaufforderungen an säumige Schuldner sein Name ausnahmsweise mit dem Doktortitel erscheint, dürfte dieser wohl in seiner Abwesenheit durch den Kanzleischreiber hinzugefügt worden sein.

Bei den aufgefundenen Prozeßakten handelt es sich nur um solche Vorgängen, die an das Schöffengericht gegangen und bis zum Jahre 1874 noch nicht eingestampft waren. Es fehlen alle internen Aufzeichnungen und die außergerichtlichen Rechtssachen. Somit ist über Goethes Anwaltsleistungen kein abschließendes Urteil möglich. Die zuverlässigste Forschungsgrundlage ist bis heute die Dokumentation des Aktenentdeckers Kriegk, an dessen Wahrnehmungen alle weiteren Veröffentlichungen zu Goethes Advokatur anknüpfen. Kriegk hat aus den vom Gericht bereits ausgeschiedenen Akten als erster die umfangreichen, nicht immer leicht lesbaren Originalhandschriften eingehend studiert, für die Übertragung in Druckschrift aufbereitet, die oft verquickten Sachverhalte inhaltlich überprüft und Unstimmigkeiten zu klären versucht. Sein zusammenfassendes Ergebnis lautet:

„Man nimmt namentlich mit Interesse wahr, daß der junge Dichter als Advokat einesteils mit Klarheit, mit Präzision und mit einer gewissen Sicherheit des Urteils schrieb, und anderenteils sich lieber auf die Prinzipien von Recht und Gerechtigkeit, als auf die Vorschriften des positiven Rechtes stützte, sowie daß er beim Apostrophieren des Richters auch die Macht der rein menschlichen Verhältnisse geltend zu machen suchte. Ferner lassen diese Arbeiten das Wesen Goethes noch darin erkennen, daß sie zeigen, wie gern er an den gesunden Verstand und das natürliche Gefühl appellierte. Den Dichter aber verraten dieselben dadurch als ihren Verfasser, daß der Stil nicht selten einen Schwung erhalten hat und zuweilen auch etwas dramatisch geworden ist. Ein stark hervorleuchtender Zug dieser Schriften besteht darin, daß Goethe seine Gegner nicht schonend zu behandeln pflegte und namentlich sehr geneigt war, ihnen die Absicht des Verschleifens und Verwirrens der Streitsach zuzuschreiben.
Übrigens kommen im Stil oft Mängel und Inkonsequenzen der Orthographie und Interpunktion vor. Diese sind ohne

> Zweifel lediglich dem Abschreiber schuld zu geben. Korrekturen von der Hand des Verfassers finden sich sehr selten; Goethe legte offenbar auf solche Äußerlichkeiten keinen Wert. "

Unter den Äußerlichkeiten fallen uns heute jedoch die durchgehend verwendeten schwülstigen Anreden und Ergebenheitsfloskeln auf. Sie gehörten zum barocken Kurialstil, dem sich der ansonsten sprachschöpferische Dichterjurist mit Elan anpaßte. Hätte er als Anfänger und als Lehrling erfahrener Juristen die eingebürgerten Formalitäten außer Acht lassen können? Es dünkt uns, daß ihm gerade auch durch die formelhaften Schmuckelemente der Zugang zu dem von ihm gepriesenen „heiteren Feld" der damaligen Advokatur und zur farbigen Ausgestaltung der Schriftsätze erleichtert wurde, innerlich wohl belustigt und vielleicht spöttelnd über das menschliche Zusammenspiel von hingebender Schmeichelei gegenüber dem Gericht und empfangendem Wohlwollen. Das hierbei anklingende Pathos ist dann auch in mancherlei Wendungen des Anwalts eingeflossen.

Inhaltlich beziehen sich die 28 erhalten gebliebenen Gerichtsakten auf die verschiedensten Lebensbereiche, wie Familie, Haus, Handel, Handwerk, Fabrikation und öffentliche Einrichtungen. Goethes Mandanten sind Gläubiger, Schuldner, Gesellschafter, Eigentümer, Nutznießer, Erben und eine Dorfgemeinde. Als Prozeßgegner erscheinen sowohl Privatpersonen mit ihren Prokuratoren und Advokaten als auch die Stadtverwaltung mit ihrem advocatus fisci. Die Streitsachen greifen vorwiegend in das Bürgerliche Recht und das Handelsrecht ein, teilweise auch in das Verwaltungsrecht. Als Rechtsgrundlage dient das damalige „Gemeine Recht", mit rezipiertem Römischem Recht, wobei das reichsstädtische Prozeßrecht Vorrang hatte; dieses basierte noch auf der Frankfurter Gesetzesreformation nach dem Stand vom Jahre 1578.

Verfahrensmäßig ergab sich daraus ein äußerst schwerfälliger Rechtsgang, der keine mündliche Verhandlung kannte, sondern nur in Schriftform betrieben werden konnte. So bestand Goethes

Tätigkeit gegenüber dem Gericht in der Abfassung und Einreichung von Schriftsätzen, welche die Parteibehauptungen mit den anwaltlichen Schlußfolgerungen darlegten, worauf die Gegenseite binnen einer bestimmten und auf Antrag oft verlängerten Präklusionsfrist sich ebenfalls schriftlich zu äußern hatte. Diese Prozedur wiederholte sich so lange, bis das 14köpfige Schöffenkollegium die Sachaufklärung und Beweisführung für beendet ansah und in die abschließende Rechtsberatung eintrat. Bei schwierigeren Rechtsfragen wurden die Akten vielfach an die Juristische Fakultät einer deutschen Universität zur Entscheidung versandt und deren Spruch nach nochmaliger Schöffenberatung als Urteil des Gerichts verkündet. Wenn das Schöffengericht die Entscheidung selber gefällt hatte, konnte die Aktenversendung als Rechtsmittel zwecks Revision beantragt werden; erst das Vorliegen dreier übereinstimmender Entscheidungen schnitt weitere Rechtsmittel ab.

Im Zeichen des barocken Kurialstils

Nachdem sich der 22jährige Anwaltsneuling zunächst in einfachere Rechtssachen eingearbeitet und mit den übernommenen Akten bekannt gemacht hatte, trat er schon 6 Wochen nach dem Advokateneid die juristische Feuerprobe beim Schöffengericht an. Er stieg in dem Zivilstreit Heckel gegen Heckel, eines Glasermeisters gegen seinen Sohn, als Prozeßvertreter des Sohnes ein. Dabei ging es um die Auflösung eines Gesellschaftsvertrages, der mit einem Erbvertrag verbunden war. Der Vater hatte den Sohn als Teilhaber einer kleinen Fabrik – des sog. Porzellanhofes – eingesetzt, ihm für den Fall seines Ablebens die Fabrik zugesichert und für die beiden Schwestern Abfindungen festgesetzt. Diese Vereinbarung gereute nun den Vater, der die Herausgabe der Vertragsurkunde verlangte. Der Sohn machte jedoch geltend, bei seiner Verlobung sei ihm die alsbaldige Übereignung des Betriebes gegen Unterhaltszahlungen an den Vater versprochen worden. Bei dieser Sachlage standen nicht – wie auch in anderen Goethe-Prozessen – Fragen der Rechtsanwendung und Rechtsauslegung im Vordergrund, sondern Beweisfragen zur Klärung der tatsächlichen Verhältnisse. Schon deshalb ist es kein Wunder, daß der juristische Gehalt in Goethes Prozeßschriften mager ausfiel. Überdies sind die juristisch interessanten, aber heute nur noch rechtshistorisch bedeutsamen Streitfragen des positiven Gemeinen Rechts, wie schon erwähnt, der Beurteilung durch die Juristischen Fakultäten, z. B. in Erlangen, Tübingen, Rinteln (später Marburg) oder Halle, übertragen worden.

Lassen wir zunächst Goethes ersten Schriftsatz vom 16. Oktober 1771 in vollem Wortlaut auf uns wirken:

> „Wohl- und Hochedelgebohrne, Gestrenge, Vest und Hochgelahrte, Wohlfürsichtige und Wohlweise, sonders Großgünstige, Hochgeehrteste und Hochgebietende Herren Stadt Schultheiß und Schöffen! Da ich durch ein den 30. September ergangenes und den 4. October mir publicirtes venerirliches Resolutum des jüngern Herrn Bürgermeisters Wohlgeb. angewiesen worden, in Ansehung eines solennen Zeugen-Verhörs, in Sachen gegen meinen Vater Joh. Georg Heckel, innerhalb 14 Tagen das Behörige bey Euw^ren^ Wohl- und Hochedelgebohrnen, Gestrengen und Herrlichkeiten vorzukehren, und mir nunmehro Beweiß zu führen obliegt, daß besagter mein Vatter den 1. April a. c. als am Tage meiner öffentlichen Eheverlöbniß freywillig declarirt habe, wie er mir gleich nach meiner Copulation alles in allem, daß Haus und sämmtliche Nahrung und Gewerbe gantz allein übergeben und sein Leben bey mir in Ruhe zubringen wolle; so überreiche zu dessen schuldigst gehorsamster Befolgung in der Anlage sub Lit. A. bis I. incl. eine Abschrifft des verhandelten Protocolli sowohl, als auch sub. Lit. K. kurtzgefaßte nöthige Beweiß-Articul, mit der dringendsten Bitte, Hochdieselbe geruhen Großgünstig, die eben daselbst benennte Zeugen, servato juris ordine, Hochgeneigtest darüber abhören zu lassen. Der ich mit gebührender Ehrfurcht allstets harre Euer Wohl- und Hochedelgebohrnen, Gestrengen und Herrlichkeiten unterthänig

gehorsamster Joh. Friedr. Heckel. Concepit J. W. Goethe Licentiat."

Das ganze Anliegen dieses Anwaltspapiers ist in einen einzigen Schlangensatz hineingelegt, eingerahmt von den langatmigen Gruß- und Diensterbietungsformeln des barocken Kurialstils. Die Juristen pflegten von diesem stilus curiae judiciali der alten Hofgerichtsbarkeit zu sagen: „Nosse Stilum Curiae valet plus quam tota scientia juris," also: den Hofstil zu kennen gilt oft mehr als das ganze Wissen vom Recht. Auch der Advokatenanfänger hat, wie wir sehen, dieser Ironie gehörig Tribut gezollt.

Wer dieses zöpfige Kanzleizeremoniell länger ertragen kann oder sich weidlich daran ergötzen will, möge sich den Abdruck der mehrere hundert großformatigen Folioseiten von Goethes Prozeßakten zu Gemüte führen. Der vollständige Wortlaut mit allen umständlichen Kurialien (Höflichkeitsbezeugungen) ist beim genannten Entdecker Kriegk allerdings nicht überall oder nur gekürzt angegeben und kann nur den Originalarchivalien entnommen werden.[104]

Wortwörtlich möchten wir hier noch die Einleitung des nächsten Goethe-Schriftsatzes aus dem Porzellanhof-Prozeß zum besten geben; es ist lediglich ein Auszug aus einer umfangreichen Erwiderung auf eine neue Klagschrift des Vaters Heckel, von unserem Lizentiaten abgefaßt und – wie damals üblich – in der Ich-form des „untertänig gehorsamsten" Mandanten sprechend:

„Wohl- und Hochedelgebohrne, Gestrenge, Vest und Hochgelahrte, Wohlfürsichtige und Hochweise, sonders Großgünstig Hochgeehrtest und Hochgebietende Herren Stadt Schultheiß und Schöffen! Wenn großsprecherischer Eigendünckel das Urtheil eines weisen Richters bestimmen, und die gehässigste Grobheit eine wohlbegründete Wahrheit umstoßen könnte, so würde durch die letzte gegen mich eingereichte Schrifft meine Sache unwiederbringlich vernichtet worden seyn. Es ist schwer zu glauben, daß Partheyen sich öffter unterstehen sollten, Ew. Wohl- und Hochedelgebohrnen Gestreng und Herrlichkeit solches Papier vorzulegen, das unverschämteste

Unwahrheit, aufgebrachtester Haß, ausgelassenste Schmähsucht um die Wette zur abscheulichsten Mißgeburth gebildet haben. Mein aufgehetzter Vatter läßt sich nun leider! so weit herunter, daß er in bemeldter Schrifft kein eintziges Factum richtig erzählt, sondern jedes nach einem gewissen willkürlichen, zu Beweisen voraus erwählten Satz zugeschnitten wird. Die lieblosesten Schilderungen meines Charakters und meiner Handlungen müssen dienen, den Beweis zu stärcken, der denn endlich in solchen unziemlichen Ausdrücken geführt wird, daß der Ton der gantzen Schrifft dem Ton eines zancksüchtigen aufgebrachten Weibs gleicht, deren erhitztes Gehirn, unfähig mit Vernunfft und Gründen zu streitten, sich in Schimpffworten erschöpft und, weil sich ihr kein so großer Reichthum darbietet, als sie zur Fortsetzung ihres Grimms braucht, sich in Schimpffworten wiederhohlt und wiederhohlt, dem Theilnehmer zum empfindlichsten Verdruß und denen Zuschauern anfangs zum Gelächter und bald zum Ekel. So deutlich auch das alles aus dem blosen Durchlesen gedachten Exhibiti einem einsichtsvollen Herrn Richter in die Augen fallen muß, so klar es ist, daß er dieselbe nur zur Verwirrung und Verzögerung einer unwiedersprechlichen, dem Ende unaufhaltsam sich nahenden Sache quer hereingeschoben, will doch der Rechtsgang eine Beantwortung von meiner Seite verlangen.

Zu Befolgung also eines hochvenerirlichen Schöffen Decreti d. d. 27. Dec. a. p. und nicht in der Intention, mich auf einige Weise einzulassen und seinem Vorbringen nur den geringsten Schein zuzugestehen, lege ich hiermit Ew. Wohl- und Hochedelgebohrnen Gestreng und Herrlichkeit diese Gegenschrifft vor, die seine summarische erzwungene Klage ein vor allemahl abfertigen, durch das einfachste Mittel, durch eine wahre Geschichts Erzählung nemlich, Rechtmäßigkeit der bisherigen Handlungen sowohl als auch der verhandelten Sache darthun und das Ganze Hochdero gerechtesten Decision mit dem ergebensten Zutrauen submittiren wird . . . “

Die Fortsetzung dieses Schriftsatzes würde hier über 10 Seiten erfordern. Gewiß sind auch heutzutage so lange Prozeßeingaben keine Seltenheit. Man darf jedoch fragen, ob die damaligen ausschweifenden Ehrfurchtsfloskeln nicht nur ideelle, sondern auch handfeste materielle Zwecke verfolgten. Das Anwaltshonorar wurde nämlich, anders als heute, nicht nach dem Streitwert, sondern nach der Seitenzahl bemessen und die oft mehrzeiligen Kurialien nicht selten in vergrößerten und breitgezogenen Buchstaben ausgeführt.

Freilich waren die zopfigen Formeln nicht Goethes Erfindungen, sondern der üblichen Kanzleisprache entnommen und vom Schreiber wohl „auswendig" vorgezeichnet. In Goethes Schriftsätzen sind die versteiften Schwülstigkeiten dank der urwüchsigen Sprachkraft seiner Sachdarstellungen in den Hintergrund getreten.

Der Junganwalt im Sturm und Drang

Von den schnörkelhaften Einrahmungen und Zwischenreden abgesehen, wehte durch Goethes Advokatenschriften jedoch ein frischer Wind. Dafür lassen sich leicht Gründe anführen: Zunächst war es das jugendliche Alter, das ihn nach der raschen Erhebung in den angesehenen Berufsstand der Advokaten natürlicherweise beflügelte und zu mutigen Taten antrieb. Dazu kamen die Nachwehen des soeben erst beendeten Studentenlebens mit seinen zwanglosen Umgangsformen im aufgeweckten Freundeskreis. Am stärksten aber hat offenbar das neue Lebensgefühl und Erfahrungsbewußtsein der Sturm- und Drangbewegung auf ihn eingewirkt und sein Sprach- und Rechtsgefühl geprägt. Bekanntlich gehörte es zum Wesen dieser literarischen Bewegung, dem abstrahierenden Verstande der Aufklärungsapostel die schöpferische Kraft des Gefühls und der Phantasie entgegenzustellen, einer Kraft, die das Ursprüngliche, Natur- und Sinnenhafte in offener Leidenschaftlichkeit zur Geltung bringen sollte. Genau das war es, was den Junganwalt auf seiner jetzigen Lebensstufe überwältigt hat und da und dort in seine Schriftsätze eingeflossen ist.

Wir greifen hier beispielhaft einige Formulierungen des 22/23jährigen Anwalts heraus, die einzeln betrachtet von jugendlichem Übermut und von studentischer Ausgelassenheit erfüllt zu sein scheinen, im Kontext mit den eindringlichen Sachdarstellungen aber als typische Zeugnisse für die explosiven Gefühlsentladungen seiner Sturm- und Drangperiode einzustufen sind:[105]

„Der Mantel der Unwahrheit ist überall durchlöchert; je mehr man auf einer Seite ihn zur Bedeckung ausspannt, desto mehr läßt er auf der andern unverhofft alle Blöße sehen ..."

„So wahr aber die Sache ist, worauf sich die Beschuldigung gründet, so falsch ist diese selbst ... Wie konnte oder sollte ich bei so bewandten Umständen das Feuer schüren, woran ich gebraten wurde? ..."

„Ist nun der mit so vielem Jauchzen gefundene Grund nichts als ein zugefrorenes Wasser, so muß das darauf gerichtete Gebäude durch das geringste Frühlingslüftchen in ein baldiges Grab versinken. Ein Glück für den Werkmeister, er hat sich eben keine Ehrensäule gestiftet ..."

„Der gute Prokurator muß bei seiner Ehrlichkeit viel leiden ... Wäre er ein Advokat gewesen, würde er meinem Vater mit weisem Rat an Handen gegangen sein ... Mit dem Prokurator mag umgegangen werden, wie's will, das ist nicht meine Sache, und wenn besagte Schrift nicht ein Haar mehr vorbringt, als der Prokurator schon getan hat, wenn ihre beglaubigte tiefe ‚Rechtsgelehrsamkeit' großsprechende, flache, kompendiarische Schulweisheit ist, wenn statt dem praktischen Geist, der in ihr herrschen sollte, die gemeinsten Grundsätze einer unverdauten Prozeßlehre hier und da aufgeflickt erscheinen, und sie dabei andern Unwissenheit und Dummheit vorwerfen will, so ist mit einem Nasenrümpfen genug abgefertigt. Wenn sie aber in ihrem Dünkel die geheiligte Person eines Richters angreift, einen ehrwürdigen Ältesten unserer Stadt unaufrichtiger Absichten, einen erfahrnen Herrn Bürgermeister Unwissenheit, Unachtsamkeit, schlechte Aufsicht auf sein Amt beschuldigt (vid. § 4 gegen das Ende):

so ruft das laut nach exemplarischer Bestrafung, deren Ausbleiben jeder mutwilligen Bosheit die Vorsteher des Volks aussetzt. Brauch ich weiter zu gehen? Ergibt es sich nicht von selbst, daß der, der sich gegen den Richter solcher Unanständigkeiten erfrecht, gegen die Partei unbändig sein müsse? . . . "

„Um nun zuletzt auch nicht von Ferne gegenseitiges Scriptum nachzuahmen, das in übertriebenen Deklamationen locos communes" (Gemeinplätze) „anhäuft, mit leeren Exklamationen den Mond anbellt, will ich die himmelschreiende Ungerechtigkeit meines Vaters nicht weitläufig anklagen, der einem einzigen Sohn die einzige Art, sein Brot zu verdienen, aus den Händen reißen und wer weiß welchem Fremden zuwerfen will . . . "

„Der Zorn meines Vaters ist jetzt zu Schaum und Geifer gestiegen; er wiederholt sich und wiederholt wie in dem ersten Exhibito . . . Und so sind alle seine Beschuldigungen und all seine Gründe! Aber was will auch ein Mensch anfangen, der bezeugte Geschichte, Dokumente und Akten gegen sich hat; er muß en gros wegleugnen oder sich gefangen geben. Hätte er zum Exempel ein einziges Faktum meiner Geschichtserzählungen falsch befunden, wie geschwind würde er damit hervorgetriumphiert sein; so da er jede einzelne Tat stehen lassen muß, bricht er's weislich übern Knie ab, und schimpft auf das Ganze . . . Wie fein krümmt er sich zu halb leugnen, dann halb widerrufen . . . "

„Ich mag's nicht ausschreiben, so wenig man sich den Mund auch nur mit nachgesagten Lästerungen verunreinigen mag. Hier wendet er sich wurmartig, weil ihm die gerechteste Ahndung über dem Kopf hängt; gegen einen harmlosen, unbewährten Sohn wird er immer wütender . . . "

„Eben das Register von Schimpfwörtern, was die vorige Schrift charakterisiert, paradiert auch in dieser, nur mit ein paar neuen, gewichtigen gekrönt, über die man sonst mit Leuten, die völlig bei Sinnen sind, nur seines guten Namens wegen Injurien-Prozesse anfangen muß. Impertinenz und Nichtswürdigkeit klingen überall in der Schrift vor; doch wer kann's ihm übel nehmen, diese Ideen sind einmal dem Gegenteil so homogen, so innig mit seinem Wesen vereinigt, sind in seinem Ausdruck so Hilfswörter geworden, daß er, wenn er auch wollte, ohne dieselbe keinen Gedanken denken, keine Beiwörter finden, keinem Period Schwung und Rotundität geben kann ..."

Wie Goethe in den Sachfragen aus seinem natürlichen, temperamentvollen Sachgefühl schöpft, so versucht er sich in den Rechtsfragen von seinem natürlichen Rechtsgefühl leiten zu lassen. So zieht er gegen die juristischen Ausführungen des Gegenanwalts nicht mit rechtswissenschaftlichen Abstraktionen, sondern mit gefühlsmäßigen Empfindungen zu Felde:

„Nachdem sich die verhüllte tiefe Rechtsgelehrsamkeit" (des Gegners) „lange Zeit in Geburtsschmerzen gekrümmt, springen ein paar lächerliche Mäuse von Kompendien-Definitionen hervor und zeugen von ihrer Mutter. Sie mögen laufen ... So bleibt es eine praktisch begründete Wahrheit, daß die Handlungen der Menschen sich nicht nach steifen Definitionen und Distinktionen fügen, daher das Richteramt, die Beurteilung so manigfaltiger Sachen nach einfachen Gesetzen, so schwer ist, nur dem erfahrnen Alter zu bekleiden geziemt und deswegen, so ehrwürdig es ist, so sicher vor allem naseweisen Überwitz sein sollte ..."

„Und nun eine Spolien-Klage! Wie abenteuerlich dieses Remidium juris, von dem man einmal gehört, es sei favorabler als das Petitorium, hereingeschleppt wird, schlägt jedem so in die Augen, daß ich gleich unverständig handelte, wenn ich einem einsichtsvollen Herrn Richter die sonnenklare Unzulässigkeit dieses Einfalls erst weitläufig dartun wollte. So liegt denn auch die Nichtigkeit des Restitutionsgesuchs am Tag. Aus welchem Grunde soll es stattfinden? Wegen der Unwissenheit des Prokurators, wegen unrechtmäßigem Verfahren in erster Instanz. Es ist oben schon gezeigt, daß der Prokurator eigentlich nur in der Schikane nicht genug bewandert gewesen; und daß kein einzig neues Argument außer dem erzwungenen Spolio in belobter Schrift vorgetragen worden, ist aus ihrer Zusammenhaltung mit dem bei den Akten befindlichen Protokoll gar leicht zu ersehen. Woher also nur der geringste Schein einer justae causae der Prätorischen Klausel? Der Rabe schilt die Dohle schwarz, und ich kann die Entscheidung getrost einer hochrichterlichen Einsicht überlassen ... "

„Der, da er doch einige philosophische Terminologie auswendig gelernt, das einfache Bekannte, aber so wahre Sprüchlein nicht geachtet oder vergessen hat: individuorum non dantur definitiones; der nie eine Definition gemacht, noch überdacht hat, was dazu gehöre, denn von Genus und Species ist bald was gepfiffen, und dann doch überall Definitionen und Distinktionen, deren Wert auch darnach zu berechnen ist, daß sein Blick mit alledem überall nur Finsternis und Verwirrung entdeckt: Was ist von so einem Gegner zu hoffen? Ihn überzeugen? Mein Glück ist, daß es hier nicht darauf ankommt. Blindgebornen zum Gesichte zu verhelfen, gehören übermenschliche Kräfte, und Rasende in Schranken zu halten, ist eine Polizeisache ... "

„Es gelanget nur schließlich an Ew. Wohl- und Hochedelgebornen Gestreng und Herrlichkeit mein so billig als gerechtes Bitten: Hochdieselben geruhen, meinen Vater vors erste mit der nur zur Verzögerung hereingeschobenen Spolien-Klage und nichtigem Restitutionsgesuch zurückzuweisen, dann, bei in dem Vorbescheid mir auferlegtem, nunmehro rechtlich geführten Beweis, großgünstig in der Sache weiter fortzufahren, mich in meinem Eigentum gerechtest zu bestätigen, meinen Vater zur Erstattung der Prozeßkosten anzuhalten und das künftige Verhältnis zwischen mir und demselben ein für allemal Hochrichterlich zu bestimmen, und dadurch einer höchst zerrütteten Familie die Ruhe, das Mittel der Erholung, wiederzugeben. Als worüber ich mit schuldigster Ehrfurcht verharre Ew. Wohl- und Hochedelgebornen Gestreng und Herrlichkeit untertänig gehorsamster Joh. Friedr. Heckel. Cpt. JW Goethe Licentiat. "

Gerichtsverweis für die stürmischen Plädoyers

Goethe hatte in seiner Straßburger Studienzeit französische Advokaten als Strafverteidiger angehört und war von den mündlichen Vorträgen begeistert. Nachdem das Frankfurter Stadtrecht im Zivilprozeß keine mündliche Verhandlung zuließ, verlegte er den rhetorischen Schwung in seine Schriftsätze. Von dieser Prozeßbelebung wurde in dem mehrmonatigen Rechtsstreit um den zitierten Porzellanhof auch der Gegenanwalt mitgerissen, zumal es sein nur zwei Jahre älterer Jugendfreund F. Maximilian Moors war. Nach Goethes Lebensbeschreibung war auch dieser Jungjurist in das „heitere Feld" der Advokatur einbezogen, „in welchem wir uns mit Lust herumtummelten . . . Die französischen Plädoyers dienten uns zu Mustern und zur Anregung. Und somit waren wir auf dem Wege, bessere Redner als Juristen zu werden."

Diese Aussage deutet an, daß ihm auf seiner damaligen Entwicklungsstufe von 22 Jahren die sprachliche Entfaltung wichtiger schien als die Aus- und Fortbildung in der Rechtsanwendung.

Auf dieses juristische Fehlverhalten ist der Advokat tadelnd von seinem anwaltlichen Lehrmeister und Gönner Dr. jur. Georg Schlosser, dem zehn Jahre älteren Hausfreund und nachmaligem Schwager, aufmerksam gemacht worden:

> „Ich hatte ihm erzählt, daß ich meiner Partei eine mit vieler Energie zu ihren Gunsten abgefaßte Streitschrift vorgelesen, worüber sie mir große Zufriedenheit bezeigt. Hierauf erwiderte er (Schlosser) mir: ‚Du hast dich in diesem Fall mehr als Schriftsteller, denn als Advokat bewiesen. Man muß niemals fragen, wie eine solche Schrift dem Klienten, sondern wie sie dem Richter gefallen könne.' "

Diesen freundschaftlichen Rat hat unser Junganwalt insofern befolgt, als er den darin enthaltenen Tadel dann in einem weiteren Prozeß (in einer Hausbau- und Feuerschutzsache) gewandt auf den Gegenanwalt abwälzte:

„Die Weitläufigkeiten meines Herrn Gegners nehmen täglich überhand, und je schwerer es ihm wird, einen gehörigen Beweis zu führen, desto mehr sucht er die Schwäche seiner Gründe unter einem Schwall von Worten zu verbergen . . . Die rhetorische Deklamation, womit Herr Gegner schließt, will nun auch nichts bedeuten . . . Ich sehe nicht, warum der große Brand von Troja und Jerusalem einen Bürger hindern sollte, ein Haus zu bauen.“[106]

Die „Plädoyers“ der beiden jugendlichen Zivilanwälte hatten leidenschaftliche Formen mit überspitzten Behauptungen und Beschuldigungen angenommen, die sich in Schriftform noch heftiger ausnahmen als in einem mündlichen Vortrag. Hatte doch Goethe den Gegner zuletzt einen „Rasenden“ gescholten, der polizeilich in Schranken gehalten werden müßte. Der erste Prozeßabschnitt fiel durch Gerichtsspruch vom 22. April 1772 zwar zugunsten von Goethes Mandanten aus; doch am Schluß des Urteilsspruches erhielten beide Advokaten den Verweis:

„Den beyderseitigen Advocatis causae werde die gebrauchte unanständige, nur zur Verbitterung der ohnehin aufgebrachten Gemüter ausschlaggende Schreibart ernstlich verwiesen.“[107]

Während der obsiegende Stürmer und Dränger zu dieser Rüge schwieg, sah sich der Parteivertreter des Prozeßverlierers zu der Äußerung veranlaßt: er sei gar nicht gewohnt, in der vom Gericht verurteilten Sprachweise zu reden, aber der Gegenadvokat (Goethe) habe zuerst diesen Ton angeschlagen und dadurch sowohl den ausgesprochenen Tadel verdient, als auch seinen Gegner genötigt, sich Satisfaktion zu nehmen.

Wie Goethes spätere Anwaltsschriftsätze erkennen lassen, hat der Gerichtsverweis seinen Schwung gedämpft. Freilich bricht sich seine Leidenschaftlichkeit immer wieder einmal auf rhetorische Weise Bahn, oder ein farbiges Sprachbild oder ein schlagender Witz belebt die wohlgefügten Sätze. „Aber im ganzen lenkt der junge Anwalt entschieden ein, er bemüht sich, den trocknen Ton zu finden, und seine späteren Leistungen mögen sich in der

Tat wenig von einem beliebigen Aktenstück der Zeit unterscheiden," heißt es in einer literaturwissenschaftlichen Würdigung mit dem Resümee:

> „Ich glaube nicht, daß jemals ein ähnliches Dokument bei Gericht eingereicht worden ist wie jenes erste, worin der Dichter so glänzend durch den Advokaten hindurchbricht. Aber Goethe sollte und wollte doch ein regulärer Geschäftsmann sein, und es ist ihm nach und nach gelungen, jene Gewöhnlichkeit ad hoc zu erringen, welche andere Sterbliche von Hause mitbringen."[108]

Was den jungen Goethe neben der kühnen juristischen Rhetorik damals über die „Gewöhnlichkeit" eines Durchschnittsadvokaten hinaushob, war vor allem der gleichzeitige Aufbruch zum vielversprechenden Dramatiker.

Der Advokat als Dramatiker des Götz

Goethes erste Anwaltseingabe in dem so stürmisch verlaufenen Vater/Sohn-Prozeß ist vom Oktober 1771 und der genannte Gerichtsverweis vom April 1772 datiert. Dazwischen liegen zwei Briefe an seinen vormaligen Straßburger Tischpräsidenten vom November und Dezember 1771 mit den Stimmungsbildern:

> „Ich dramatisiere die Geschichte eines der edelsten Deutschen, rette das Andenken eines braven Mannes, und die viele Arbeit, die mich's kostet, macht mir einen wahren Zeitvertreib, den ich hier so nötig habe . . .
> Sehr einfach wie Sie sehen ist meine Beschäftigung, da meine Praxis noch wohl in Nebenstunden bestritten werden kann . . . Mein nisus (Schwung) vorwärts ist so stark, daß ich selten mich zwingen kann, Atem zu holen und rückwärts zu sehen . . .
> Ich hab so satt am Lizentieren, so satt an aller Praxis, daß ich höchstens nur des Scheins wegen meine Schuldigkeit tue . . ."[109]

Hier erfahren wir erneut den Widerspruch zwischen der momentanen Stimmungslage des Briefschreibers und der späteren, ausgereiften Lebensbeschreibung, in der dem Dichter die Advokatur als ein „heiteres Feld" vor Augen schwebt.

Unser Briefschreiber wurde eben jetzt, während den ersten Bewährungsproben in der Anwaltspraxis, von den Geburtswehen seiner dramatischen „Geschichte Gottfriedens von Berlichingen mit der eisernen Hand" – dem Urgötz – erfaßt. Der Anstoß dazu dürfte von dem juristischen „Grundriß der Staatsveränderungen des Teutschen Reichs" des namhaften Rechtsgelehrten J. S. Pütter (1725–1807) ausgegangen sein. Darin fand Goethe einen Hinweis auf die Vita des wackeren Ritters, dessen „eiserne Hand" nach Goethes Empfinden die elementare Kraft selbst eines verstümmelten Kämpfers für Recht und Freiheit verkörperte. Auch Justus Mösers Abhandlung „Über das Faustrecht" hat den Advokaten inspiriert. Freilich, die Wahl des Titelhelden mit einer zwar ehrlichen und biederen Natur, die aber mehr vom Instinkt als vom Verstand geleitet wurde, war nicht gerade geeignet, Goethes Rechtsbewußtsein aus- und fortzubilden. Dennoch ist dieser erste Dramatisierungsversuch des jungen Advokaten ein lehrreiches Beispiel für sein sturm- und drangvolles Ringen um einen zuverlässigen Rechtsstandpunkt.[110]

Ganz im Gefühl der literarischen Bewegung, bricht sich Goethes Begeisterung für den aufrechten Ritter in den Worten Bahn:

„Es ist eine Wollust, einen großen Mann zu sehn."

In dieser Wonne stilisiert er den Titelhelden zu einer überpositiven Rechtsinstanz hoch, der „denen, die von ungerechten Fürsten bedrängt werden, mehr als Heiliger ist".

Für den heutigen Leser ist das dramatische Erstlingswerk nicht immer leicht verständlich, weil die Handlungen in den rechtsgeschichtlichen Kontext der Bauernkriegsjahre um 1524/25 eingebettet sind. Das kaiserliche Reichsrecht mit den Landfriedensgesetzen stand im Konfikt mit dem ritterlichen Fehderecht. Wo das noch schwache und von der römisch-rechtlichen Rezeption verwirrte Reichsrecht nicht helfen konnte, setzte Götz auf das Recht der Selbsthilfe, so wie es ihm das Rechtsgefühl eingab.

Hier deuten sich schon leise Wechselwirkungen zwischen dem Schreibtischdramatiker und dem unbekümmerten Junganwalt an, der auf juristische Argumente zugunsten seines aufwallenden Rechtsgefühls verzichten zu können meinte. Hin- und hergerissen, stellt er uns denn aus seinem Erfahrungsbereich zwei unterschiedliche Verfechter des Rechts vor Augen:

Im Ersten Aufzug lernen wir „Olearius, beider Rechte Doktor" kennen, der seinen väterlichen Namen „Ohlmann" auf Anraten „würdiger Rechtslehrer" latinisierte. Während Götz kurz zuvor gegen die zunehmenden „Verordnungen über Verordnungen" des Reiches gewettert und vom entscheidenden „Licht" des Rechtes gesprochen hatte, preist der Doktorjurist das Corpus iuris Justinians samt den nachgeschobenen Kommentaren:

> „Man mögts wohl ein Buch aller Bücher heissen. Eine Sammlung aller Gesetze, bei jedem Fall der Urteilsspruch bereit, oder was ja noch abgängig oder dunkel wäre, ersetzen die Glossen, womit die gelehrtesten Männer das fürtreffliche Werk geschmückt haben."

Doch nicht ohne Ironie läßt der Dramatiker den übergelehrten Doktor iuris beim gemeinen Volk abblitzen:

> „Der Pöbel hätte mich fast gesteinigt, wie er hörte, ich sei ein Jurist."

Und als gleichzeitiger Advokat, der soeben vor dem Frankfurter Schöffengericht prozessiert, bricht der Dichter eine Lanze für die juristisch nicht verbildeten Schöffenrichter:

> „Der Schöppenstuhl, der im großen Ansehen weit umher steht, ist mit lauter Leuten besetzt, die der Römischen Rechte unkundig sind. Es gelangt niemand zur Würde eines Richters, als der durch Alter und Erfahrung eine genaue Kenntnis des innern und äußern Zustandes der Stadt, und eine starke Urteilskraft sich erworben hat, das Vergangene auf das Gegenwärtige anzuwenden. So sind die Schöffen lebendige Archive,

Chroniken, Gesetzbücher, alles in einem, und richten nach altem Herkommen und wenigen Statuten ihre Bürger und die Nachbarschaft.“

Hören wir hieraus den schmeichelnden Junganwalt sprechen, der um das Wohlwollen seiner Prozeßrichter wirbt, so lernen wir im Fünften Aufzug, dem dramatischen Höhepunkt zueilend, den anderen Vertreter des Rechts kennen. Es ist Lerse, den Götzens Gattin mit den Worten charakterisiert:

„Du bist ein liebevoller Advokat.“

Goethes eigener Berufstitel wird hier auf einen getreuen und standhaften Weggefährten des ritterlichen Kämpfers für Recht und Freiheit angewandt. Er trägt den Namen eines Straßburger Tischgenossen, der bei Goethes Promotion im Staatskirchenrecht als ein kundiger und hilfreicher, wenn auch herausfordernder Opponent aufgetreten war. Er hatte nicht der Juristischen, sondern der Theologischen Fakultät angehört und das eigentliche Recht aus dem Gewissen heraus zu erfassen versucht. Jetzt erscheint er als der verständige Anwalt eines Rechtes im Sinne des braven Rittermannes, welcher der unbändigen „Raserei“ von Fürsten und Bauern Einhalt tun werde. Hat nicht auch der Advokat Goethe ausdrücklich dafür plädiert, die „Raserei“ des Gegners in Schranken zu halten?

Lerse, dem nach der Gefangennahme seines Herrn „das Herz blutet“, ruft aus diesem Herzen mit seinem Rechtsgefühl die allerletzte Instanz an, die keiner abstrakten Rechtsbegründungen bedarf:

„Wenn du nicht das Gegengewicht hältst, Gott im Himmel, so sinkt unsere Schale unaufhaltsam in Abgrund.“

Die Schale deutet die Waage der Justitia an, die von Fürsten und Bauern ins Ungleichgewicht gebracht worden ist. Im Grunde dreht sich das ganze Stück um die Wiederherstellung der Gerechtigkeit, für die der Ritter keine Grundlage in den undurchsichtigen Rechtssätzen seiner Zeit sieht. Juristischen Abstraktionen abgeneigt, zieht er gefühlsbetonte Schlachtrufe nach „Freiheiten", „Rechten" und „Gerechtigkeiten" vor, ohne sie begrifflich zu umschreiben.

Das Rechtliche, das am damaligen Reichskammergericht mit seinen gelehrten Doctores iuris aus positiven Bestimmungen des römisch-deutschen Reichsrechts abgeleitet wurde, verliert sich im Götz in verschwommenen Gefühlsaufwallungen. Das Recht bewahren heißt für den braven Ritter ganz einfach „die Ruhe des Ganzen beschützen" und „seine Haut für die allgemeine Glückseligkeit" setzen. Kennzeichnend für das vage Gerechtigkeitsempfinden ist die schwärmerische Hoffnung gegen die „so unnatürliche Verblendung" der Großen im Lande zugunsten der „Erleuchtung":

> „Wenn sie das Übermaß von Wonne fühlen werden, in ihren Untertanen glücklich zu sein; wenn sie menschliche Herzen genug haben werden, um zu schmecken, welche Seligkeit es ist, ein großer Mann zu sein."

Hier schwimmt der Titelheld ebenso wie unser feuriger Junganwalt ganz und gar auf den Wellen der Sturm- und Drangbewegung. Im Gefühlsüberschwang wird das, was Recht sein soll, vernebelt. Der Dichterjurist versucht die Klemme rhetorisch zu überspielen, durch kühne und geistvolle Wortschläge sowohl im Drama als auch in den Anwaltsschriftsätzen; nur daß der Dramatiker in der Wortwahl noch weiter gegangen ist als der vereidigte Advokat. „Wo ich's Herz dazu hab, so fehlt mirs nicht am Maul", heißt es im Götz. Das nach Freiheit und Recht drängende Herz steigert sich im Maul schließlich bis zum bekannten „Götz-Gruß".[111]

Rechtspraktikant am Reichskammergericht

Am 22. April 1772 hatte Goethe, nach der Niederschrift seiner ersten Götzfassung, den erwähnten Verweis vom Frankfurter Schöffengericht erhalten. Vier Wochen darauf finden wir in der

Matrikel des Reichskammergerichts zu Wetzlar seinen handschriftlichen Eintrag:

> „Johann Wolfg. Goethe von Frfurt am Mayn d. 25. May 1772."[112]

Nachforschungen in den zeitgleichen Gerichtsakten haben keine sonstigen Spuren seiner „amtlichen" Tätigkeit am Reichskammergericht aufgedeckt. Auch seine wenigen Wetzlarer Briefe schweigen den Gerichtshof tot. Was wir aus Goethes eigener Feder in Dichtung und Wahrheit wissen, stammt aus der historischen Distanz von 42 Jahren. Am zeitnächsten liegt ein Bericht seines Wetzlarer Juristenfreundes J. Ch. Kestner aus dem Jahre 1772:

> „Im Frühjahr kam hier ein gewisser Goethe aus Frankfurt, seiner Hantierung nach Dr. Juris, 23 Jahr alt, einziger Sohn eines sehr reichen Vaters, um sich hier, dies war seines Vaters Absicht, in Praxi umzusehen, der seinigen nach aber, den Homer, Pindar p. zu studieren und was sein Genie, seine Denkungsart und sein Herz ihm weiter für Beschäftigungen eingeben würde. Gleich anfangs kündigten ihn die hiesigen schönen Geister als einen ihrer Mitbrüder, und als Mitarbeiter an der neuen Frankfurter gelehrten Zeitung, beiläufig auch als Philosophen in Publico an, und gaben sich Mühe, mit ihm in Verbindung zu stehen . . . Er hatte aus den schönen Wissenschaften sein Hauptwerk gemacht, oder vielmehr aus allen Wissenschaften, nur nicht den sogenannten Brotwissenschaften; er hassete die Juristerei und bedarf ihrer auch nicht . . ."[113]

Was Kestner als juristisch bewanderter Legationsrat zur Charakterisierung des acht Jahre jüngeren Rechtspraktikanten Goethe hinzufügt, stimmt mit dem bisher gewonnenen Bild des stürmischen Advokaten überein:

> „Er ist in allen seinen Affekten heftig, hat jedoch oft viel Gewalt über sich. Seine Denkungsart ist edel, von Vorurteilen soviel frei, handelt er, wie es ihm einfällt, ohne sich darum zu bekümmern, ob es andern gefällt, ob es Mode ist, ob es die

Lebensart erlaubt. Aller Zwang ist ihm verhaßt ... In principiis ist er noch nicht fest und strebt noch erst nach einem gewissen System ...“

Goethe gehörte zu den wenigen jungen Juristen – durchschnittlich 20 im Jahr –, die sich ein freiwilliges Praktikum am höchsten Reichsgericht zeitlich und finanziell leisten konnten. Es war in der Regel auf 3 Monate bemessen, während unser reichdotierter Bürgersohn an die 4 Monate blieb. Die Einweisung in den „Cameralprozeß“ erfolgte durch einen Gerichtsbeisitzer oder durch einen Parteivertreter, der als Prokurator oder als Advokat zugelassen war. Die ursprüngliche Arbeitsteilung zwischen dem Prokurator als einem Bevollmächtigten für die formellen Prozeßangelegenheiten und dem Advokaten als einem Berater im materiellen Recht und Schriftsatzverfasser war damals im Verfahren vor dem Reichskammergericht bereits überwunden. Durch Vermittlung seiner in Wetzlar lebenden Großtante bezog Goethe Quartier bei dem Prokurator J. G. Ludolf, wo auch sein Leipziger Studiengenosse, der spätere Justizrat J. H. Born wohnte. Der Hauswirt und aktive Prokurator hielt für junge Juristen ein Collegium prakticum ab; die Annahme liegt nahe, daß Goethe von ihm, soweit erforderlich, in die Reichsgerichtspraxis eingeführt wurde, auch wenn sich kein Schriftbeleg dafür finden läßt.[114]

Der vorgenannte Eindruck Kestners vom „Haß“ des in Frankfurt gerichtlich gerügten Junganwalts gegen die Juristerei wird verständlich, wenn wir die damalige Misere des zentralen Rechtspflegeorgans in Betracht ziehen. Hierzu hat der Autobiograph später für Dichtung und Wahrheit einen geschichtlichen Abriß verfaßt, der als „Glanzstück rechtsgeschichtlicher Darstellung“[115] gewürdigt worden ist, damit aber „zugleich eine unausrottbare deutsche communio opinio über den Unwert des Reichskammergerichts begründet hat“.[116]

Für die allgemeine Verfassungsgeschichte des Reiches hatte sich Goethe schon als Rechtsstudent lebhaft interessiert. Als frischgebackener Advokat war er durch sein Götzstudium mit den großen Landfriedensstreitigkeiten aus der Aufbauzeit des Gerichts konfrontiert worden. Und jetzt erlebte er seine Praktikumsstätte in einem so trostlosen Zustand, daß ihm die Einweisung in die Reichsgerichtspraxis kaum lohnend erschien:

„Was mir in Wetzlar begegnete, ist von keiner großen Bedeutung, aber es kann ein höheres Interesse einflößen, wenn man eine flüchtige Geschichte des Kammergerichts nicht verschmähen will, um sich den ungünstigen Augenblick zu vergegenwärtigen, in welchem ich daselbst anlangte."

Goethes Leitfaden durch die verworrene Rechtsgeschichte

Goethes umfangreicher Rückblick in die Geschichte des Reichskammergerichts weist ihn zwar nicht als Rechtshistoriker, aber als anregenden Rechtsschilderer aus.[117] Seine Betrachtungen unter Betonung der Schwachstellen des Spruchkörpers sind nach dem heutigen Forschungsstand korrekturbedürftig, jedoch immer noch aufschlußreich und erleichtern das Verständnis für seine eigenwillige „Praktikantenzeit". Wir geben hier einige Auszüge aus Dichtung und Wahrheit wieder:

„Die dunkleren Jahrhunderte der deutschen Geschichte hatten von jeher meine Wißbegierde und Einbildungskraft beschäftigt. Der Gedanke, den Götz von Berlichingen in seiner Zeitumgebung zu dramatisieren, war mir höchlich lieb und wert. Ich las die Hauptschriftsteller fleißig; dem Werke „De pace publica" von Datt widmete ich alle Aufmerksamkeit; ich hatte es emsig durchstudiert, und mir jene seltsamen Einzelheiten möglichst veranschaulicht. Diese zu sittlichen und poetischen Absichten hingerichteten Bemühungen konnte ich auch nach einer andern Seite brauchen, und da ich nunmehr Wetzlar besuchen sollte, war ich geschichtlich vorbereitet genug; denn das Kammergericht war doch auch in Gefolge des Landfriedens entstanden, und die Geschichte desselben konnte für einen bedeutenden Leitfaden durch die verworrenen deutschen Ereignisse gelten. Gibt doch die Beschaffenheit der Gerichte und der Heere die genaueste Einsicht in die Beschaffenheit irgend eines Reichs. Die Finanzen selbst, deren Einfluß man für so wichtig hält, kommen viel weniger in Betracht: denn wenn es dem Ganzen fehlt, so darf man dem Einzelnen nur abnehmen, was er mühsam zusammengescharrt und -gehalten hat, und so ist der Staat immer reich genug."

Da irrte Goethe, was die Finanzen betrifft, und im Folgetext widersprach er sich mehrmals. Gerade die Geschichte des Reichskammergerichts lehrt, daß eine geordnete Rechtspflege nur bei geordneten Finanzen möglich ist, die als materielle Existenzgrundlage Voraussetzung für ein gesundes Staatswesen sind; dem alten Reichsgefüge ist es mangels einer geordneten Finanzverwaltung eben nicht gelungen, durch Abgabenerhebungen „immer reich genug" zu sein.

Goethe lenkt die Gedanken zurück in die ständestaatliche, regionale und lokale Rechtszersplitterung des spätmittelalterlichen Reiches, mit den fortwährenden Störungen des Landfriedens, den „höchst verdrießlichen Plackereien", dem „aufgereizten ritterlichen Fehdegeist", den „aufgeregten Gerichtsbräuchen" und den „Schrecknissen des Femgerichts", und fährt dann fort:

„Diesen Unbilden einigermaßen zu steuern, ward vieles umsonst versucht, bis endlich die Stände ein Gericht aus eignen Mitteln dringend in Vorschlag brachten. Dieser, so wohl gemeint er auch sein mochte, deutete doch immer auf Erweiterung der ständischen Befugnisse, auf eine Beschränkung der kaiserlichen Macht. Unter Friedrich dem Dritten verzögert sich die Sache; sein Sohn Maximilian, von außen gedrängt, gibt nach. Er bestellt den Oberrichter, die Stände senden die Beisitzer. Es sollten ihrer vierundzwanzig sein, anfangs begnügte man sich mit zwölfen."

Damit ist jene Reformepoche des alten Reiches angesprochen, die auf dem Wormser Reichstag von 1495 im Interesse des „Ewigen Landfriedens" zur Errichtung des Reichskammergerichts führte. Gleichzeitig mit der Kammergerichtsordnung ist die

„Ordnung des gemeinen Pfennigs“ beschlossen worden, die der Kaiser als „Wurzel und Mitte“ der Reform bezeichnete; sie sollte mit der ersten allgemeinen Reichssteuer die nötigen Finanzmittel zur Sicherung des inneren und äußeren Reichsfriedens bereitstellen und – neben Gerichtsgebühren – die Unterhaltung des Reichskammergerichts überhaupt erst ermöglichen.[118] Der Termin für die Beiträge an das Gericht wurde als „Kammerziel“ bezeichnet, woraus sich eine Matrikularsteuer mit dem Namen „Kammerzieler“ entwickelte. Die säumigen Zahlungen und die zeitweiligen Verweigerungen des Gemeinen Pfennigs oder der Kammerzieler hemmten die Funktion des Gerichtes und führten vor allem dazu, daß die benötigten Stellen für die rechtsgelehrten Beisitzer (Assessoren) nicht ausreichend besetzt werden konnten. Und genau dieser finanzielle Mangel war es, den Goethe in seinem rechtshistorischen Leitfaden mehrmals anprangerte:

„Ein allgemeiner Fehler, dessen sich die Menschen bei ihren Unternehmungen schuldig machen, war auch der erste und ewige Grundmangel des Kammergerichts: zu einem großen Zwecke wurden unzulängliche Mittel angewendet. Die Zahl der Assessoren war zu klein; wie sollte von ihnen die schwere und weitläufige Aufgabe gelöst werden! Allein wer sollte auf eine hinlängliche Einrichtung drängen? Der Kaiser konnte eine Anstalt nicht begünstigen, die mehr wider als für ihn zu wirken schien; weit größere Ursache hatte er sein eignes Gericht, seinen eignen Hofrat auszubilden. Betrachtet man dagegen das Interesse der Stände, so konnte es ihnen eigentlich nur um Stillung des Bluts zu tun sein, ob die Wunde geheilt würde, lag ihnen nicht so nah; und nun noch gar ein neuer Kostenaufwand! Man mochte sich's nicht ganz deutlich gemacht haben, daß durch diese Anstalt jeder Fürst seine Dienerschaft vermehre, freilich zu einem entschiedenen Zwecke, aber wer gibt gern Geld fürs Notwendige? Jedermann wäre zufrieden, wenn er das Nützliche um Gottes willen haben könnte.

Anfangs sollten die Beisitzer von Sporteln leben, dann erfolgte eine mäßige Bewilligung der Stände; beides war kümmerlich . . . Bei den westfälischen Friedensunterhandlungen sahen die versammelten tüchtigen Männer wohl ein, was für ein Hebel erfordert werde, um jene sisyphische Last vom Platze zu bewegen. Nun sollten fünfzig Assessoren angestellt werden, diese Zahl ist aber nie erreicht worden: man begnügte sich abermals mit der Hälfte, weil der Aufwand zu groß schien: allein hätten die Interessenten sämtlich ihren Vorteil bei der Sache gesehn, so wäre das Ganze gar wohl zu leisten gewesen. Um fünfundzwanzig Beisitzer zu besolden, waren ungefähr einhunderttausend Gulden nötig; wie leicht hätte Deutschland das Doppelte herbeigeschafft. Der Vorschlag, das Kammergericht mit eingezogenen geistlichen Gütern auszustatten, konnte nicht durchgehen: denn wie sollten sich beide Religionsteile zu dieser Aufopferung verstehn? Die Katholiken wollten nicht noch mehr verlieren, und die Protestanten das Gewonnene jeder zu innern Zwecken verwenden. Die Spaltung des Reichs in zwei Religionsparteien hatte auch hier, in mehrerem Betracht, den schlimmsten Einfluß. Nun verminderte sich der Anteil der Stände an diesem ihrem Gericht immer mehr: die mächtigern suchten sich von dem Verbande loszulösen; Freibriefe, vor keinem obern Gerichtshofe belangt zu werden, wurden immer lebhafter gesucht; die größeren blieben mit den Zahlungen zurück, und die kleineren, die sich in der Matrikel ohnehin bevorteilt glaubten, säumten so lange sie konnten.

Wie schwer war es daher, den zahltägigen Bedarf zu den Besoldungen aufzubringen. Hieraus entsprang ein neues Geschäft, ein neuer Zeitverlust für das Kammergericht; früher hatten die jährlichen sogenannten Visitationen dafür gesorgt. Fürsten in Person, oder ihre Räte, begaben sich nur auf Wochen oder Monate an den Ort des Gerichts, untersuchten die Kassen, erforschten die Reste und übernahmen das Geschäft, sie beizutreiben. Zugleich, wenn etwas in dem Rechts- und Gerichtsgang stocken, irgend ein Mißbrauch einschleichen wollte, waren sie befugt, dem abzuhelfen. Gebrechen der Anstalt sollten sie entdecken und heben, aber persönliche Verbrechen der Glieder zu untersuchen und zu bestrafen, ward erst später ein Teil ihrer Pflicht. Weil aber Prozessierende den

Lebenshauch ihrer Hoffnungen immer noch einen Augenblick verlängern wollen, und deshalb immer höhere Instanzen suchen und hervorrufen, so wurden diese Visitatoren auch ein Revisionsgericht, vor dem man erst in bestimmten offenbaren Fällen Wiederherstellung, zuletzt aber in allen Aufschub und Verewigung des Zwists zu finden hoffte: wozu denn auch die Berufung an den Reichstag, und das Bestreben beider Religionsparteien, sich einander wo nicht aufzuwiegen, doch im Gleichgewichte zu erhalten, das ihrige beitrugen.

Denkt man sich aber was dieses Gericht ohne solche Hindernisse, ohne so störende und zerstörende Bedingungen hätte sein können, so kann man es sich nicht merkwürdig und wichtig genug ausbilden. Wäre es gleich anfangs mit einer hinreichenden Anzahl von Männern besetzt gewesen, hätte man diesen einen zulänglichen Unterhalt gesichert, unübersehbar wäre bei der Tüchtigkeit deutscher Männer der ungeheuere Einfluß geworden, zu dem diese Gesellschaft hätte gelangen können . . .

Aber alle diese späteren und früheren Gebrechen entsprangen aus der ersten, einzigen Quelle: aus der geringen Personenzahl. Verordnet war, daß die Beisitzer in einer entschiedenen Folge und nach bestimmter Ordnung vortragen sollten. Ein jeder konnte wissen, wann die Reihe ihn treffen werde, und welchen seiner ihm obliegenden Prozesse; er konnte darauf hinarbeiten, er konnte sich vorbereiten. Nun häuften sich aber die unseligen Reste; man mußte sich entschließen, wichtigere Rechtshändel auszuheben und außer der Reihe vorzutragen. Die Beurteilung der Wichtigkeit einer Sache vor der andern ist, bei dem Zudrang von bedeutenden Fällen, schwer, und die Auswahl läßt schon Gunst zu; aber nun trat noch ein anderer bedenklicher Fall ein. Der Referent quälte sich und das Gericht mit einem schweren verwickelten Handel, und zuletzt fand sich niemand der das Urteil einlösen wollte. Die Parteien hatten sich verglichen, auseinander gesetzt, waren gestorben, hatten den Sinn geändert. Daher beschloß man nur diejenigen Gegenstände vorzunehmen, welche erinnert wurden. Man wollte von der fortdauernden Be-

harrlichkeit der Parteien überzeugt sein, und hiedurch ward den größten Gebrechen die Einleitung gegeben: denn wer seine Sache empfiehlt, muß sie doch jemand empfehlen, und wem empföhle man sie besser, als dem der sie unter Händen hat. Diesen ordnungsgemäß geheim zu halten ward unmöglich: denn bei so viel mitwissenden Subalternen, wie sollte derselbe verborgen bleiben? Bittet man um Beschleunigung, so darf man ja wohl auch um Gunst bitten: denn eben daß man seine Sache betreibt, zeigt ja an, daß man sie für gerecht hält. Geradezu wird man es vielleicht nicht tun, gewiß aber am ersten durch Untergeordnete; diese müssen gewonnen werden, und so ist die Einleitung zu allen Intrigen und Bestechungen gegeben.
Kaiser Joseph, nach eignem Antriebe und in Nachahmung Friedrichs, richtete zuerst seine Aufmerksamkeit auf die Waffen und die Justiz. Er faßte das Kammergericht ins Auge; herkömmliche Ungerechtigkeiten, eingeführte Mißbräuche waren ihm nicht unbekannt geblieben. Auch hier sollte aufgeregt, gerüttelt und getan sein. Ohne zu fragen, ob es sein kaiserlicher Vorteil sei, ohne die Möglichkeit eines glücklichen Erfolgs vorauszusehn, brachte er die Visitation in Vorschlag, und übereilte ihre Eröffnung. Seit hundertundsechsundsechzig Jahren hatte man keine ordentliche Visitation zustande gebracht; ein ungeheurer Wust von Akten lag aufgeschwollen und wuchs jährlich, da die siebzehn Assessoren nicht einmal imstande waren, das Laufende wegzuarbeiten. Zwanzigtausend Prozesse hatten sich aufgehäuft, jährlich konnten sechzig abgetan werden, und das Doppelte kam hinzu. Auch auf die Visitatoren wartete keine geringe Anzahl von Revisionen, man wollte ihrer fünfzigtausend zählen. Überdies hinderte so mancher Mißbrauch den Gerichtsgang; als das Bedenklichste aber von allem erschienen im Hintergrunde die persönlichen Verbrechen einiger Assessoren.“

Das leidige Visitationsgericht und der muntere Juristentisch

Goethe hat für sein rechtsgeschichtliches Klagelied ein Dutzend verschiedene Schriften herangezogen, die besonders von den Mängeln der Reichsgerichtspraxis Kunde geben. Die moderne Forschung hebt hingegen auch mannigfaltige Erfolge des Spruchkörpers im Dienste des Friedens und einer wissenschaftlich fundierten Rechtspflege hervor. Wenn der Dichter reflektierend feststellt, daß Wetzlar für ihn „von keiner großen Bedeutung" gewesen sei, so kann sich das nur auf den juristischen Teil seiner Praktikantenmonate beziehen; wurde doch das Gericht zu dieser Zeit nicht von den üblichen Kameralprozessen beherrscht, die er hätte kennenlernen sollen, sondern von den außerordentlichen Visitationsgeschäften, die ihm ein Rechtspraktikum offenbar verleideten.

Seit fünf Jahren schon (insgesamt von 1767–1776) fand die große Gerichtsvisitation statt. Unter einem kaiserlichen Kommissar waren die Gesandten von vierundzwanzig Reichsständen mit mehr als dreißig juristischen Legationssekretären am Werk. Aber durch die umständlichen Untersuchungen wurde fast nichts erreicht, als drei der Bestechung überführte Gerichtsbeisitzer abgesetzt wurden; einer davon, namens v. Papius, taucht in der Zweitfassung des Götzdramas als Assessor Sapupi wieder auf.

Goethes auffallend langer rechtshistorischer Exkurs inmitten seiner Lebensbeschreibung, der seine Abneigung gegen das positive Recht überdeckt, mündet in eine feinsinnige Kurzbetrachtung der Staatsrechtslehre ein, um dann wieder in außerjuristische Schilderungen überzugehen, die viel umfangreicher sind und noch einmal das Unstete, Grillenhafte und Selbstherrliche in seinem jungendlich stürmischen Wesen aufzeigen:

„Als ich nach Wetzlar gehen sollte, war die Visitation schon einige Jahre im Gange, die Beschuldigten suspendiert, die

Untersuchung weit vorgerückt; und weil nun die Kenner und Meister des deutschen Staatsrechts diese Gelegenheit nicht vorbeilassen durften, ihre Einsichten zu zeigen und sie dem gemeinen Besten zu widmen, so waren mehrere gründliche wohlgesinnte Schriften erschienen, aus denen sich, wer nur einige Vorkenntnisse besaß, gründlich unterrichten konnte. Ging man bei dieser Gelegenheit in die Reichsverfassung und die von derselben handelnden Schriften zurück, so war es auffallend, wie der monströse Zustand dieses duchaus kranken Körpers, der nur durch ein Wunder am Leben erhalten ward, gerade den Gelehrten am meisten zusagte. Denn der ehrwürdige deutsche Fleiß, der mehr auf Sammlung und Entwicklung von Einzelheiten als auf Resultate losging, fand hier einen unversiegenden Anlaß zu immer neuer Beschäftigung, und man mochte nun das Reich dem Kaiser, die kleinern den größern Ständen, die Katholiken den Protestanten entgegensetzen, immer gab es, nach dem verschiedenen Interesse, notwendig verschiedene Meinungen, und immer Gelegenheit zu neuen Kämpfen und Gegenreden.

Da ich mir alle diese ältern und neuern Zustände möglichst vergegenwärtigt hatte, konnte ich mir von meinem Wetzlarschen Aufenthalt unmöglich viel Freude versprechen. Die Aussicht war nicht reizend, in einer zwar wohl gelegenen, aber kleinen und übelgebauten Stadt eine doppelte Welt zu finden: erst die einheimische alte, hergebrachte, dann eine fremde neue, jene scharf zu prüfen beauftragt, ein richtendes und ein gerichtetes Gericht; manchen Bewohner in Furcht und Sorge, er möchte auch noch mit in die verhängte Untersuchung gezogen werden; angesehene, so lange für würdig geltende Personen der schändlichsten Missetaten überwiesen und zu schimpflicher Bestrafung bezeichnet: das alles zusammen machte das traurige Bild und konnte nicht anreizen tiefer in ein Geschäft einzugehen, das, an sich selbst verwickelt, nun gar durch Untaten so verworren erschien.

Daß mir, außer dem deutschen Zivil- und Staatsrechte, hier nichts Wissenschaftliches sonderlich begegnen, daß ich aller poetischen Mitteilungen entbehren würde, glaubte ich voraus zu sehn, als mich, nach einigem Zögern, die Lust meinen

Zustand zu verändern, mehr als der Trieb nach Kenntnissen, in diese Gegend hinführte. Allein wie verwundert war ich, als mir anstatt einer sauertöpfischen Gesellschaft, ein drittes akademisches Leben entgegensprang. An einer großen Wirtstafel traf ich beinah sämtliche Gesandtschaftsuntergeordnete, junge muntere Leute, beisammen; sie nahmen mich freundlich auf, und es blieb mir schon den ersten Tag kein Geheimnis, daß sie ihr mittägiges Beisammensein durch eine romantische Fiktion erheitert hatten. Sie stellten nämlich, mit Geist und Munterkeit, eine Rittertafel vor. Obenan saß der Heermeister, zur Seite desselben der Kanzler, sodann die wichtigsten Staatsbeamten: nun folgten die Ritter, nach ihrer Anciennetät; Fremde hingegen, die zusprachen, mußten mit den untersten Plätzen vorlieb nehmen, und für sie war das Gespräch meist unverständlich, weil sich in der Gesellschaft die Sprache, außer den Ritterausdrücken, noch mit manchen Anspielungen bereichert hatte. Einem jeden war ein Rittername zugelegt, mit einem Beiworte. Mich nannten sie Götz von Berlichingen, den Redlichen. Jenen verdiente ich mir durch meine Aufmerksamkeit für den biedern deutschen Altvater, und diesen durch die aufrichtige Neigung und Ergebenheit gegen die vorzüglichen Männer die ich kennen lernte. "

Wer sich für das possenhafte Treiben dieses Juristenkreises, an dem sich der Rechtspraktikant zunächst amüsiert beteiligte, näher interessiert, greife zu Dichtung und Wahrheit. Schon hier sei bemerkt, daß Goethe an der Rittertafel auch dem Legationssekretär K. W. Jerusalem begegnete, der sich bald darauf nach beruflichen Zerwürfnissen das Leben nahm und alsdann das Urbild für „Die Leiden des jungen Werthers" abgeben sollte. Mit anderen Juristen tauschte Goethe mit Vorliebe literarische Interessen aus.

„Was mich betraf", schreibt der Autobiograph, „so fuhr ich fort, die Dichtkunst zum Ausdruck meiner Gefühle und Grillen zu benutzen". Er vertiefte sich in Heldensagen und in seine antiken Schriftsteller, wurde jedoch immer wieder durch die unerfreulichen Aufdeckungen der Visitationskommission irritiert:

„ Bei allen diesen Beschäftigungen, die sich auf Menschenkunde im höheren Sinne, sowie auf Dichtkunst im nächsten und lieblichsten bezogen, mußte ich doch jeden Tag erfahren, daß ich mich in Wetzlar aufhielt. Das Gespräch über den Zustand des Visitationsgeschäftes und seiner immer wachsenden Hindernisse, die Entdeckung neuer Gebrechen klang stündlich durch. Hier war nun abermals das Heilige Römische Reich versammelt, nicht bloß zu äußerlichen Feierlichkeiten, sondern zu einem ins Allertiefste greifenden Geschäfte. Aber auch hier mußte mir jener halbleere Speisesaal am Krönungstage einfallen, wo die geladenen Gäste außen blieben, weil sie zu vornehm waren. Hier hatten sie sich zwar eingefunden, aber man mußte noch schlimmere Symptome gewahr werden. Der Unzusammenhalt des Ganzen, das Widerspiel der Teile kamen fortwährend zum Vorschein, und es war kein Geheimnis geblieben, daß Fürsten untereinander sich die Absicht vertraulich mitgeteilt hatten: man müsse sehn, ob man nicht, bei dieser Gelegenheit, dem Oberhaupt etwas abgewinnen könne?

Welchen üblen Eindruck das kleine Detail aller Anekdoten von Nachlässigkeiten und Versäumnissen, Ungerechtigkeiten und Bestechungen, auf einen jungen Menschen machen mußte, der das Gute wollte und sein Inneres in diesem Sinne bearbeitete, wird jeder Redliche mitfühlen. Wo soll unter solchen Umständen Ehrfurcht vor dem Gesetz und dem Richter entspringen? Aber hätte man auch auf die Wirkungen der Visitation das größte Zutrauen gesetzt, hätte man glauben können, daß sie völlig ihre hohe Bestimmung erfüllen werde – für einen frohen vorwärts schreitenden Jüngling war doch hier kein Heil zu finden. Die Förmlichkeiten dieses Prozesses an sich gingen alle auf ein Verschleifen; wollte man einigermaßen wirken und etwas bedeuten, so mußte man nur immer demjenigen dienen, der Unrecht hatte, stets dem Beklagten, und in der Fechtkunst der verdrehenden und ausweichenden Streiche recht gewandt sein.

Ich verlor mich daher einmal über das andre, da mir, in dieser Zerstreuung, keine ästhetischen Arbeiten gelingen wollten, in ästhetische Spekulationen; wie denn alles Theoretisieren auf Mangel oder Stockung von Produktionskraft hindeutet."

Juristische Fachgespräche und kecke Rezensionen

Goethes juristischer Bekanntenkreis erfuhr von Wetzlar aus eine wertvolle Bereicherung in der benachbarten Universitätsstadt Gießen, wohin ihn seine gelegentliche Mitarbeit an den „Frankfurter gelehrten Anzeigen" führte. Er hielt es für wichtig, hierüber näher zu berichten und dabei eine wieder aufflackernde Hinwendung zur Rechtswissenschaft festzuhalten.

So erfahren wir, daß Goethes kritische Freunde J. H. Merck und J. G. Schlosser aus Frankfurt als Hauptgestalter der Zeitschrift während seines Rechtspraktikums nach Wetzlar kamen und mit ihm in Gießen den namhaften Rechtsprofessor L. J. F. Höpfner (1743–1797) aufsuchten, um diesen Meister des Fachs zu verstärkter Mitarbeit an dem Gelehrtenblatt zu gewinnen. „Er war als tüchtig in seinem Fach, als denkender und wackerer Mann von Merken und Schlossern anerkannt und höflich geehrt." Sie machten sich einen Scherz und schickten Goethe als verkleideten armen Studenten voraus in die Studierstube des Rechtsgelehrten. „Als ich mich hierauf für einen Juristen angab, bestand ich nicht übel", lesen wir in Dichtung und Wahrheit; „denn ich kannte sein Verdienst in diesem Fach und wußte, daß er sich eben mit dem Naturrecht beschäftigte". Diese rechtsphilosophische Materie zog den Maskierten wohl ebenso an wie Höpfners Geschichte des Rechts und der Rechtsaltertümer, während dessen Institutionen und Pandekten wohl kaum zur Sprache kamen. „Ich sang zuletzt ein Vivat allen selbständigen Männern, ein Pereat den Andringlingen, ergriff nach Tische Höpfners Hand, schüttelte sie derb, erklärte ihn für den bravsten Mann von der Welt, und umarmte ihn so wie die andern zuletzt recht herzlich. Der wackere neue Freund glaubte wirklich zu träumen, bis endlich Schlosser und Merck das Rätsel auflösten, und der entdeckte Scherz eine allgemeine Heiterkeit verbreitete."

Es entwickelten sich fruchtbare Gespräche und Korrespondenzen, die Goethes fachliche Wißbegierde und literarische Produktionskraft von neuem anstachelten:

> „Bei einem so lebhaften Austausch von Kenntnissen, Meinungen, Überzeugungen, lernte ich Höpfnern sehr bald näher kennen und gewann ihn lieb. Sobald wir allein waren, sprach ich mit ihm über Gegenstände seines Fachs, welches ja auch mein Fach sein sollte, und fand eine sehr natürlich zusammenhängende Aufklärung und Belehrung. Ich war mir damals nicht deutlich bewußt, daß ich wohl aus Büchern und im Gespräch, nicht aber durch den zusammenhängenden Kathedervortrag etwas lernen konnte. Das Buch erlaubte mir, bei einer Stelle zu verweilen, ja rückwärts zu sehen, welches der mündliche Vortrag und der Lehrer nicht gestatten konnte. Manchmal ergriff mich zu Anfang der Stunde ein Gedanke dem ich nachhing, darüber das Folgende verlor und ganz aus dem Zusammenhang geriet. Und so war es mir auch in den juristischen Kollegien ergangen, weshalb ich gar manchen Anlaß nehmen konnte, mich mit Höpfnern zu besprechen, der denn sehr gern in meine Zweifel und Bedenken einging, auch manche Lücken ausglich, so daß in mir der Wunsch entstand, in Gießen bei ihm zu verweilen, um mich an ihm zu unterrichten, ohne mich doch von meinen Wetzlarischen Neigungen allzu weit zu entfernen."

Der Juraprofessor notierte nach dieser Begegnung: „Goethe, ein Mann von großen Talenten". – „Ein Mensch, der bei seinem wahren Genius der beste, gutherzigste, liebenswürdigste Sterbliche ist."[119] Der Rechtspraktikant wurde zu mehreren Rezensionen in den Frankfurter Gelehrten Anzeigen angeregt. So hatte er zu einer Schrift mit der Frage Stellung zu nehmen: „Bedenken, wiefern ein Nachfolger in der Regierung pflichtig ist, die Schulden seines Vorgängers zu bezahlen, nebst Vorschlägen zu den Mitteln, durch welche die öffentlichen Schulden am besten abgetragen werden können." Der 23jährige Jurist schmetterte die langatmigen Ausführungen des Autors mit der Bemerkung ab:

> „Uns dünkt, man könnte uns mit dieser Frage und ihrer Erörterung verschonen. Ist die Rede vom Recht, so ist die Sache klar, und soll die Politik richten, so kann sie nie klar gemacht werden. Die Appellation an das Gericht Gottes, die der Verfasser dem armen Gläubiger in dem Falle anrät, wenn der Fürst seinen Grundsatz übel anwendet, die wollen wir nicht beurteilen, weil wir nicht recht wissen, ob sie aus der Jurisprudenz oder aus der Theologie zu erklären ist."

Ein kühnes Auftreten hat der Rezensent gegenüber einer Neuerscheinung des namhaften Rechts- und Kameralwissenschaftlers J. v. Sonnenfels bewiesen, die ihn mit dessen Lehren über Polizei, Finanzen, Gesetzgebung und Regierungsformen bekanntmachte und für sein späteres Wirken im Verwaltungs- und Staatsdienst nicht ohne Bereicherung gewesen sein dürfte. Der ungestüme Rezensent gab über den anerkannten Systematiker und Inhaber des Wiener Lehrstuhls der Polizei- und Kameralwissenschaften das vernichtende Schlußurteil ab:

> „Man ehrt in den Skizzen großer Meister den reinen Hauch ihres Geistes, ohne irgendeine Hülle. Leider! müssen wir hier auf unser Gewissen beteuern, daß wir, wie in den Gemälden des Verfassers, nichts denn willkürlich hingesudelte Striche haben wahrnehmen können."[120]

Die Anwaltspraxis im Schatten der poetischen Produktion

Goethe kehrte Ende September 1772 auf Umwegen nach Frankfurt zurück, wo er „beruflich" noch drei Jahre lang seine Anwaltspraxis ausüben sollte. Nach den Gerichtsakten hat er jetzt pro Jahr etwa 8 bis 9 Prozeßvertretungen übernommen; über etwaige außergerichtliche Rechtsgeschäfte, wie sie in der bedeutenden Reichs-, Krönungs-, Wahl-, Diplomaten-, Handels- und

Messestadt bei den rund 50 dort immatrikulierten Advokaten in Fülle anfielen, sind keine Unterlagen mehr vorhanden.

Zwei Wochen nach seiner Rückkehr aus Wetzlar reichte unser Anwalt am 12. Oktober 1772 beim Frankfurter Schöffengericht in zwei übernommenen Zivilprozessen kurze Schriftsätze ein mit der Bitte um Fristverlängerung, u. a. wegen „verschiedener überhäufter Geschäfte". Größere Eingaben folgten erst ab Mai 1773.

Zur fachlichen Absicherung seiner Schriftsätze hielt sich der Junganwalt an den vormaligen versierten Advokaten Hieronymus P. Schlosser, den Bruder seines Schwagers J. G. Schlosser, der ihm die ersten Rechtsfälle überlassen hatte. So heißt es in einem Brief Goethes vom 26. Dezember 1774 an diesen Gönner:

> „Hier schick ich die Supplick für Arnsteinen die ich mit nüchternem Munde so eben diktiert habe, seyn Sie so gütig und schreiben Ihre Anmerck und Verbesserungen darneben, erinnern mich was ich etwa vergessen habe, denn der Wirbel kräuselt mir schon bey frühem Morgen das Köpfgen."[121]

Alles in allem erhielt die Anwaltspraxis als solche eine beschauliche Note, als sie über 50 Jahre später von dem greisen Dichter für den Schlußteil seiner unvollendeten Lebensbeschreibung wie folgt geschildert wurde:[122]

> „Männer und Frauen waren in ihrem Pflichtkreise eifrig beschäftigt. Auch ich versäumte nicht, in Betracht der Gegenwart und Zukunft, das mir obliegende zu besorgen, und fand noch Zeit genug dasjenige zu vollbringen, wohin mich Talent und Leidenschaft unwiderstehlich hindrängten.
> Die frühesten Morgenstunden war ich der Dichtkunst schuldig; der wachsende Tag gehörte den weltlichen Geschäften, die auf eine ganz eigen Art behandelt wurden. Mein Vater, ein gründlicher, ja eleganter Jurist, führte seine Geschäfte selbst, die ihm sowohl die Verwaltung seines Vermögens als die Verbindung mit wertgeschätzten Freunden auferlegte, und ob ihm gleich sein Charakter als kaiserlicher Rat zu praktizieren nicht erlaubte, so war er doch manchem Vertrauten

als Rechtsfreund zur Hand, indem die ausgefertigten Schriften von einem ordinierten Advokaten unterzeichnet wurden, dem denn jede solche Signatur ein Billiges einbrachte.

Diese seine Tätigkeit war nur lebhafter geworden durch mein Herantreten und ich konnte wohl bemerken, daß er mein Talent höher schätzte als meine Praxis und deswegen alles tat, um mir Zeit genug zu meinen poetischen Studien und Arbeiten zu lassen. Gründlich und tüchtig, aber von langsamer Konzeption und Ausführung, studierte er die Akten als geheimer Referendar, und wenn wir zusammentraten, legte er mir die Sache vor und die Ausfertigung ward von mir mit solcher Leichtigkeit vollbracht, daß es ihm zur höchsten Vaterfreude gedieh, und er auch wohl einmal auszusprechen nicht unterließ: wenn ich ihm fremd wäre, er würde mich beneiden.

Diese Angelegenheiten noch mehr zu erleichtern hatte sich ein Schreiber zu uns gesellt, dessen Charakter und Wesen, wohl durchgeführt, leicht einen Roman fördern und schmükken könnte. Nach wohlgenutzten Schuljahren, worin er des Lateins völlig mächtig geworden, auch sonstige gute Kenntnisse erlangt hatte, unterbrach ein allzuleichtfertiges akademisches Leben den übrigen Gang seiner Tage; er schleppte sich eine Weile mit siechem Körper in Dürftigkeit hin, und kam erst später in bessere Umstände durch Hülfe einer sehr schönen Handschrift und Rechnungsfertigkeit. Von einigen Advokaten unterhalten ward er nach und nach mit den Förmlichkeiten des Rechtsganges genau bekannt, und erwarb sich alle, denen er diente, durch Rechtlichkeit und Pünktlichkeit zu Gönnern. Auch unserm Hause hatte er sich verpflichtet und war in allen Rechts- und Rechnungssachen bei der Hand.

Dieser hielt nun von seiner Seite unser sich immer mehr ausdehnendes Geschäft, das sich sowohl auf Rechtsangelegenheiten, als auf mancherlei Aufträge, Bestellungen und Speditionen bezog. Auf dem Rathause wußte er alle Wege und Schliche; in den beiden burgemeisterlichen Audienzen war er auf seine Weise gelitten; und da er manchen neuen Ratsherrn, worunter einige gar bald zu Schöffen herangestiegen waren, von seinem ersten Eintritt ins Amt her, in seinem noch unsichern Benehmen wohl kannte, so hatte er sich ein gewisses

> Vertrauen erworben, das man wohl eine Art von Einfluß nennen konnte. Das alles wußte er zum Nutzen seiner Gönner zu verwenden, und da ihn seine Gesundheit nötigte seine Tätigkeit mit Maß zu üben, so fand man ihn immer bereit jeden Auftrag, jede Bestellung sorgfältig auszurichten."

Nach diesem autobiographischen Rückblick des gut Achtzigjährigen hat ihm die jugendliche Anwaltspraxis noch Zeit genug gelassen, dasjenige zu vollbringen, wohin „Talent und Leidenschaft" unwiderstehlich hindrängten. Das „Talent", das nach Goethe mäßiger, mittlerer oder großer Art sein kann, hätte ihn durchaus auch zu Anwaltsgeschäften hindrängen können; aber im augenblicklichen Zustand des Sturmes und Dranges verlangte die „Leidenschaft" in viel stärkerem Maße nach der Dichtkunst, für die keineswegs immer nur „die frühesten Morgenstunden" genügt haben dürften. Wie der Text zeigt, steht das Talent hier als Gegensatz zur Praxis, so ausdrücklich in der Bemerkung, daß der Vater „mein Talent höher schätzte als meine Praxis". Welch ein Wandel in der Gunst des gestrengen häuslichen Juralehrers und fachberuflichen Antreibers, der dem Junganwalt jetzt eifrig als „geheimer Referendar" assistierte und plötzlich alles tat, das aufsprudelnde Dichtertalent sich formen zu lassen.

Der „unwiderstehliche" Produktionsdrang ließ den Poeten auf dieser Entwicklungsstufe ein vielseitiges literarisches Gewand anlegen, vom Pastor über den Possentreiber und Satiriker bis zum Helden und Himmelsstürmer. Genannt seien: Ein Fastnachtsspiel vom Pater Brey, Jahrmarktsfest zu Plundersweiler, Satyros, Cäsars Mahomet, Prometheus, Götter Helden und Wieland. Vieles blieb in Fragmenten stecken, wohl kaum wegen der Last der Advokatur, sondern weil die Themen fürs erste zu hoch gegriffen waren. Bei näherem Hinsehen läßt sich da und dort der verkleidete Anwalt und Jurist ausmachen:

So sind Ende 1772, als Goethe beim Gericht „wegen verschiedener überhäufter Geschäfte" zwei Fristverlängerungsgesuche einreichte, zwei bibelkritische Beiträge für die Frankfurter gelehrten Anzeigen entstanden, die inhaltlich auf seine abgelehnte Straßburger Doktorarbeit aus dem Staatskirchenrecht zurückgingen – ein nachträglicher Vergeltungsschlag gegen die juristische Orthodoxie.[123] Was ihm durch den Frankfurter Gerichtsverweis an rhetorischer Entfaltung versagt blieb, entlud sich 1773 in spöttischen Versen und ausgelassenen Spielen mit Angriffen gegen engstirnige Geister. Auch an Selbstironie fehlt es nicht, wie er schon zu Beginn seiner Advokatur den Witz aufgeschrieben hat:

„Einem Bauer, dessen neuer Pfarrer Schnecken aß, begegnet ein Amtmann und fragte: wie stehts? Der Bauer sprach: ei gut, unser Pfarrer frißt das Ungeziefer, wenn noch der Teufel die Amtleut und Advokaten holt, so sind wir geborgen.“[124]

Mit Feuereifer arbeitet er in diesem Anwaltsjahr an einer strafferen Zweitfassung des „Götz“ und prangert darin aus seinen Wetzlarer Praktikumserfahrungen die kostspieligen Prozeßverschleppungen an:[125]

„Wie lange habt ihr prozessiert? – „An die acht Jahre. Ich wollte lieber noch einmal so lang das Frieren haben, als von vorne anfangen. Das ist ein Gezerre, ihr glaubts nicht, bis man den Perrucken ein Urteil vom Herzen reißt, und was hat man danach. Der Teufel hol den Assessor . . . Und seht ihr Herrn, kriegen wir ein Urteil endlich, wo ich so viel recht hab als er, und er so viel als ich, und wir eben stunden wie die Maulaffen . . . Geh aber wie's will, prozessieren tu ich mein Tag nit mehr. Was das ein Geldspiel kost. Jeden Reverenz, den euch ein Prokurator macht, müßt ihr bezahlen.“ – „Sind ja jährlich Kaiserliche Visitationen da.“ – „Hab nichts davon gespürt, ist mir mancher schöner Taler nebenaus gangen. Das unerhörte Blechen!“

In die letzten Anwaltsjahre fällt auch die Niederschrift des „Urfaust“, in dem gleich der erste Vierzeiler mit einem Seufzer an die Mühen der „Juristerei“ erinnert. Im Mittelpunkt der vorläufigen Tragödienkonzeption steht das bekannte Gretchenschicksal, für das der Frankfurter Kindsmordprozeß gegen die Dienstmagd Susanne Margaretha Brandt aus Goethes Advokatenzeit

Pate stand. Im Haus des Dichters wurden später Abschriften aus den Akten des Prozesses gefunden, an dem sein Onkel Dr. jur. J. Jost Textor als Schöffe bei den Verhören mitgewirkt hatte.[126] Der junge Advokat hat den unbarmherzigen Hinrichtungsprozeß mit den Augen des Juristen und dem Herzen des Dichters verfolgt; in seinen Anspielungen auf das Szenarium hat er einige Stellen aus dem Gerichtsprotokoll nahezu wörtlich übernommen und seinem Entsetzen dramatischen Ausdruck verliehen.

Wir kommen auf die Faustdichtung, die erst während der Weimarer Amtszeit Goethes vollendet wurde, im letzten Teil dieses Buches zurück (S. 238 ff.).

Ein Prozeßbeispiel mit juristischen Schwächen

Goethes spät entdeckte Aktenreste aus seiner Anwaltszeit sind im Schrifttum teils mit begeisterten Lobeshymnen, teils mit herablassender Kritik oder mit Gleichgültigkeit bedacht worden. Eine juristische Gesamtwürdigung wäre eine rechtshistorische Sisyphusarbeit; sie müßte auch die Schriftsätze der Gegenanwälte und die des Frankfurter Stadtgerichts mit den Gutachten der angerufenen auswärtigen Rechtsfakultäten heranziehen und dann anhand der veralteten Vorschriften des ius commune, hier insbesondere der Frankfurter Stadtrechtsreformation aus dem Jahre 1509 mit den Überarbeitungen von 1578 und 1611 bewerten.

Wir haben in dieser Richtung eine Einzeluntersuchung gefunden, die sich „Goethe's Prozeß Stiebel gegen Günderrode" von 1773 ff. herausgegriffen hat.[127] Äußerlich zeigen Goethes Schriftsätze, hier aus seinen Anwaltsjahren, wiederum den schwülstigen Kurialstil, durchsetzt mit lateinischen Begriffen und Sentenzen, die vielleicht auf Entwürfe seines lateinfreudigen Vaters zurückgehen; wenn sich der Anwalt an die Frankfurter Advokatenordnung hielt, mußte er die „Producta selbsten aufgesetzet" haben.[128] Inhaltlich ging es um die Aufhebung des Veräußerungsverbotes an Fahrhabe (gepfändete Bücher eines Warenlagers), was nach modernem Prozeßrecht durch einstweilige Verfügung beschieden werden könnte. Das schwerfällige Verfahren nach dem gemeinen Prozeßrecht zog sich aber sechs Jahre hin, obwohl es nach heutiger Einschätzung eine dringliche Sache mit einem einfachen Tatbestand betraf. Es war diese Art von Prozeßverschleppungen, die der Dramatiker in der vorhin erwähnten Zweitfassung des Götz angeprangert hat. Goethe bat mehrmals um Beschleunigung des „schon so lange submittierten Rechtsstreits". Es wurden Stellungnahmen von drei Jurafakultäten aus Helmstedt, Rinteln (Marburg) und Halle eingeholt.

In der Einzeluntersuchung dieses Streitfalles durch Boesebeck heißt es, daß die Urteile und Gutachten der drei bemühten Fakultäten „für heutige Begriffe unverständlich" seien und er daher versuche, die Begründungen zu rekonstruieren. Dabei werden die Vorschriften des alten Frankfurter Stadtrechts angewandt mit dem Ergebnis, daß Goethes juristische Standpunkte da und dort fehlerhaft gewesen seien. So habe Goethe in einer Fristensache einen formellen Einwand erhoben, der nicht durchschlug, und gleichzeitig einen anderen formellen Einwand übersehen, was eine irrige Auslegung der Prozeßbestimmungen bedeutete (Teil I, Titel 18, §§ 1–3 der Frankfurter Reformation). In der materiellen Kernfrage der Pfandverschreibung einer Sachgesamtheit im Sinne einer Generalhypothek (Teil II, Titel 17, §§ 2, 14 u. 17 sowie Titel 19 § 9 der Reformation) habe Goethe „nichts zu sagen" gewußt. Man tue ihm kein Unrecht mit der Feststellung, daß seine Ausführungen hierzu „juristisch völlig neben der Sache liegen".

Bei dem damaligen Institut der Generalhypothek bestand im Gemeinen Recht die Kontroverse, ob das Pfandrecht nur an dem Gesamtvermögen als an einer universitas juris oder auch an den einzelnen Stücken des verpfändeten Vermögens hafte. Nach der Frankfurter Reformation war diese Frage im zweiten Sinn zu lösen, was Goethe anscheinend übersehen hat. Boesebeck meint, daß in diesem menschlich recht leeren und nichtssagenden Prozeß der unsichere „Fachjurist" habe versagen müssen; doch verständnisvoll fügt er hinzu, daß durch die Bloßlegung so „kleiner und kleinster Schwächen . . . das menschliche Gesamtbild letzten Endes nur emporgehoben werden kann".

Auch wenn diese Schwachstellen einer Nachprüfung standhalten sollten und weitere kleine Mängel aufgedeckt werden könnten, möchten wir Goethes Qualifikation als entwicklungsfähiger Rechtsanwalt nicht in Frage stellen. Dabei dürfen folgende Gesichtspunkte nicht übersehen werden: sein jugendliches Alter von 22–25 Jahren; die relativ kurze Einarbeitungszeit in die Anwaltspraxis bis zu vier Jahren; die fehlende Systematik im Gemeinen Recht, in der Frankfurter Stadtrechtsreformation und in der gesamten Rechtslehre; die rechtliche Unsicherheit des Richterkollegiums und der juristischen Fakultäten. Der Lizentiat der Rechte und Anfänger-Advokat war auf allen Ebenen des Rechtsgeschehens nach unseren heutigen Maßstäben von „Schwächen" umgeben, die wir nicht allein seiner Anwaltspraxis anlasten dürfen.

Die Leiden des jungen Juristen im Werther-Roman

In Goethes vorletztes Anwaltsjahr 1774 fällt ein Briefroman, der den jungen Advokaten mit einem Schlag zum meistgelesenen Autor der Sturm- und Drangzeit machte und seinen literarischen Weltruhm begründen sollte: „Die Leiden des jungen Werthers."[129] Das Prosabändchen, zwischen Epik und Lyrik schwebend, gipfelt bekanntlich im Freitod des Titelhelden, der ein junger Berufsjurist namens K. Wilhelm Jerusalem war. „Jerusalems Tod . . .", schreibt Goethe in Dichtung und Wahrheit, „schüttelte mich aus dem Traum . . ., das Ähnliche das mir im Augenblick selbst widerfuhr, setzte mich in leidenschaftliche Bewegung; so konnte es nicht fehlen, daß ich jener Produktion . . . alle die Glut einhauchte, welche keine Unterscheidung zwischen dem Dichterischen und dem Wirklichen zuläßt". In einem späteren Gespräch nennt er den Werther ein „Geschöpf, das ich gleich dem Pelikan mit dem Blut meines eigenen Herzen gefüttert habe. Es ist darin so viel Innerliches aus meiner eigenen Brust . . ."[130]

Der Dichter hat im Werther drei ineinander verwobene Leidkomplexe behandelt: religiöses Leid, wie er es bei seiner abgelehnten Dissertation zum Staatskirchenrecht teilweise auch als Rechtskandidat erfahren hatte; dann Liebesleid, das für ihn als Rechtspraktikant in Wetzlar im Blick auf Lotte und dann wieder als Advokat in Frankfurt im Blick auf Maxe Brentano im Vordergrund stand; und schließlich berufliches Leid, das er in seiner bisherigen Rechtsausbildung und -praxis kennengelernt hatte, aber zu überwinden trachtete, während für den Juristen Jerusalem dieser Leidkomplex anscheinend im Mittelpunkt stand. Wir konzentrieren uns hier auf den berufsbezogenen Aspekt.

Die Romanfigur Werther alias Jerusalem ist ein junger Berufsjurist, den Goethe in Dichtung und Wahrheit kurz so charakterisiert: „Ein gebildeter, liebenswerter, unbescholtener junger Mann, der Sohn eines der ersten Gottesgelehrten und Schriftstellers, gesund und wohlhabend." Er war 1747, also zwei Jahre vor Goethe, als Sohn eines Hofpredigers zu Wolfenbüttel geboren, hatte mit Goethe 1765 in Leipzig das Jurastudium begonnen und es dann in Göttingen abgeschlossen, war 1770 Rechtsassessor in Wolfenbüttel und 1771 als juristischer Legationssekretär in braunschweigischen Diensten nach Wetzlar zur Visitationskommission des Reichskammergerichts abgeordnet worden; dort war er von Mai bis September 1772 mit dem Rechtspraktikanten Goethe an der oben geschilderten Juristentafel beisammen. Am 30. Oktober dieses Jahres – Goethe war erst einen Monat vorher von Wetzlar abgereist – schoß sich Jerusalem eine Kugel durch den Kopf. Goethe eilte aus seiner Frankfurter Anwaltskanzlei sogleich wieder nach Wetzlar, wo er sich vom 6. bis 10. November 1772 über die Einzelheiten des Geschehens unterrichten ließ; seinen dortigen Juristenfreund Kestner, den Verlobten von Lotte, bat er nach dessen Tagebuchaufzeichnungen um einen genaueren Bericht, den er dann seiner Werther-Niederschrift ab Februar 1774 zugrunde legte.

Kestner führte den unglücklichen Vorfall „insbesondere" auf heftige Streitigkeiten Jerusalems mit seinem pedantischen Vorgesetzten, dem braunschweigischen Gesandten Höfler, zurück, der seit dem Selbstmord seines Untergebenen „die Aufmerksamkeit ganz von sich, auf die Liebesbegebenheit zu lenken" versuchte; durch solche Verdrießlichkeiten sei dem Legationssekretär der Wetzlarer Aufenthalt „verhaßt" gewesen. – Wir erinnern uns, daß Kestner ähnlich über den Wetzlarer Goethe aussagte, „er hasssete die Juristerei", womit er eine zeitweilige Stimmungslage des Rechtspraktikanten wohl treffend zum Ausdruck brachte. Von einem anderen Juristen der braunschweigischen Visitationsgesandtschaft erfahren wir ebenfalls, daß der Selbstmord „nicht nur aus unglücklicher Liebe, sondern der Wirklichkeit entsprechend auch aus der Kränkung durch den störrischen Gesandten" zu erklären sei, ähnlich wie der Wetzlarer Goetheforscher Prof. Dr. H. Gloel ausführt, Jerusalem habe sich immer mehr in sich selbst zurückgezogen, „zumal der braunschweigische Gesandte, Hofrat Höfler, ihn ungerecht und unwürdig behandelte. Dies war die Hauptursache zu seinem Selbstmord".[131]

Im Roman finden wir seitenlange Klagebriefe rund um den „unholden" Gesandten, den „pünktlichsten Narren", der Werthern, welcher „gerne leicht weg arbeitet", die juristischen Entwürfe zur Neubearbeitung zurückgibt: „Kein Und, kein Bindewörtchen sonst darf außenbleiben, und von allen Inversionen, die mir manchmal entfahren, ist er ein Todfeind. Wenn man seinen Period nicht nach der hergebrachten Melodie heraborgelt, so versteht er gar nichts drinne. Das ist ein Leiden, mit so einem Menschen zu tun zu haben . . . Ich fürchte, mein Gesandter und ich, halten's nicht lange mehr zusammen aus. Der Mensch ist ganz und gar unerträglich. Seine Art zu arbeiten und Geschäfte zu treiben ist so lächerlich, daß ich mich nicht enthalten kann, ihm zu widersprechen, und oft eine Sache nach meinem Kopfe und Art zu machen, das ihm denn, wie natürlich, niemals recht ist. Darüber hat er mich neulich bei Hofe verklagt, und der Minister gab mir einen zwar sanften Verweis, aber es war doch ein Verweis."

Hören wir hier nicht den stürmischen Junganwalt Goethe heraus, der in seinem Feuereifer ebenfalls „leicht weg arbeitete," dem freieren Drang seiner Sprache folgte und dafür einen zwar sanften, aber den Berufseifer niederdrückenden Gerichtsverweis erhielt?

„Da wo andere", klagt Werther weiter, „mit ihrem bißchen Kraft und Talent, vor mir in behaglicher Selbstgefälligkeit herumschwadronieren, verzweifel' ich an meiner Kraft, an meinen Gaben. Guter Gott! der du mir das alles schenktest, warum hieltest du nicht die Hälfte zurück und gabst mir Selbstvertrauen und Genügsamkeit!"

Dieser Selbstzerfleischung Werthers ist ein privater Brief des Advokaten Goethe an den Wetzlarer Berichterstatter Kestner von Weihnachten 1773 vorausgegangen, der eine gleichartige Selbstanklage aus der Anwaltspraxis enthält: „Es ist ein verfluchtes Volk, die Frankfurter . . ., man kann ihre eigensinnigen Köpfe nirgends hin brauchen. Und wenn auch das nicht wäre, unter all meinen Talendten ist meine Jurisprudenz der geringsten eins. Das bißchen Theorie, und Menschenverstand, richtens nicht aus."[132] Allerdings besagen diese Worte des Advokaten Goethe nicht, daß er überhaupt kein juristisches Talent habe, sondern nur, daß dieses Talent eines der geringsten unter mehreren sei. Mit dieser Talentfrage wußte sich Werther nicht mehr zurecht zu finden, während unser Advokat in dem Weihnachtsbrief hinzufügte: „Hier geht meine Praxis mit meinen Kenntnissen Hand in Hand, ich lerne jeden Tag, und haudere mich weiter."

Werthers berufliches Leiden verbindet sich im Sog des Sturm und Drangs mit einer schwärmerischen Hingabe an die Natur und einer leidenschaftlichen Sehnsucht nach dem Naturgeschöpf Lotte, wodurch die Kraft zur Berufsausübung mehr und mehr zerfließt. Der Romancier schaltet hierzu folgende Erklärung an den Leser ein:

„Den Verdruß, den er bei der Gesandtschaft gehabt, konnte er nicht vergessen. Er erwähnte dessen selten; doch wenn es auch auf die entfernteste Weise geschah, so konnte man fühlen, daß er seine Ehre dadurch unwiederbringlich gekränkt hielte, und daß ihm dieser Vorfall eine Abneigung gegen alle Geschäfte und politische Wirksamkeit gegeben hatte. Daher überließ er sich ganz der wunderbaren Empfind- und Denkensart, die wir aus seinen Briefen kennen, und einer endlosen Leidenschaft, worüber noch endlich alles, was tätige Kraft an ihm war, verlöschen mußte. Das ewige Einerlei eines traurigen Umgangs mit dem liebenswürdigen und geliebten Geschöpfe, dessen Ruhe er störte, das stürmische Abarbeiten seiner Kräfte, ohne Zweck und Aussicht, drängten ihn endlich zu der schröcklichen Tat."

Von Anfang an ist der Roman auf diese Tat hin ausgerichtet, die als eine verworrene Flucht aus den Beschränkungen des bürgerlichen Daseins erscheint. „Ach ich hab hundertmal ein Messer ergriffen, um diesem gedrängtem Herzen Luft zu machen", jammert Werther.

Wie Goethe in Dichtung und Wahrheit bekennt, hat sich damals auch bei ihm selber die „Grille des Selbstmords" eingeschlichen, und zwar mit einem „wohlgeschliffenen Dolch. Diesen legte ich mir jederzeit neben das Bette, und ehe ich das Licht auslöschte, versuchte ich, ob es mir wohl gelingen möchte, die scharfe Spitze ein paar Zoll tief in die Brust zu senken. Da dieses aber niemals gelingen wollte, so lachte ich mich zuletzt selbst aus, warf alle hypochondrischen Fratzen hinweg, und beschloß zu leben. Um dies aber mit Heiterkeit tun zu können, mußte ich eine dichterische Aufgabe zur Ausführung bringen, wo alles was ich über diesen wichtigen Punkt empfunden, gedacht und gewähnt, zur Sprache kommen sollte."

So ist der Wertherroman für den 25jährigen Advokaten und Liebhaber zur schöpferischen Selbstbefreiung aus einem – wie er später sagte – „pathologischen Zustand" geworden, aus dem auch manche seiner grotesken Widersprüche gegenüber der Juristerei erklärt werden mögen. „Ich hatte mich durch diese Komposition", heißt es in seiner Lebensbeschreibung, „aus einem stürmischen Elemente gerettet . . . ich fühlte mich, wie nach einer Generalbeichte, wieder froh und frei, und zu einem neuen Leben berechtigt".

Goethe will den Titelhelden keineswegs als Vorbild, sondern als Warnung verstanden wissen, und zwar im beruflichen Bereich als Warnung vor „gehemmter Tätigkeit", vor „übertriebenen Forderungen" und vor untätiger Resignation gegenüber „Konflikten mit bürgerlichen Einrichtungen".[133] Er sieht die Werther-Gefahr für jeden einzelnen Menschen, der den Lebensgang zügellosen Gefühlen überläßt, statt auftretenden Krisen durch tätiges Wirken zu begegnen. Er hat seine „Werther-Zeit" zunächst dichterisch bewältigt und beruflich nach einer Beschäftigung Ausschau gehalten, die ihm die Entfaltung seiner verschiedenen Talente, insbesondere seines Dichterdranges, ermöglichen sollte. Dieser Selbstfindungsprozeß spielte sich während seiner Anwaltspraxis zwischen den Frankfurter Gerichtsprozessen ab und leitete den Weimarer Reifeprozeß des Juristen im Staatsdienst und des Dichters der deutschen Klassik ein.

Als der „weise" Goethe später in Weimar als Naturforscher über die Kunst der Mathematik nachdachte, stellte er sie der Kunst der Rhetorik gegenüber, die er als Junganwalt in Frankfurt zeitweilig überstrapaziert hatte; dabei kam er zu einem Vergleich, der hier an den Schluß seiner vier Advokatenjahre gestellt sei:

„Ein durchgreifender Advokat in einer gerechten Sache, ein durchdringender Mathematiker vor dem Sternenhimmel, erscheinen beide gleich gottähnlich."[134]

Hier wird die flache Meinung zurechtgerückt, die Juristerei sei mit der Mathematik bloß durch das logische „Rechnen" – dort mit Begriffen, hier mit Zahlen – verwandt. Vielmehr ist es ein höherstrebender Geist, der beide Fachbereiche verbindet. Für den idealen Advokaten steht ein Ziel obenan, das im Faustdrama als „die höchste Tugend, wie ein Heiligenschein" gepriesen und ersehnt wird: „Gerechtigkeit! was alle Menschen lieben, was alle fordern, wünschen, schwer entbehren."

V.

Der Jurist im Staatsdienst zu Weimar

(1775–1832)

In seinem Zulassungsgesuch zur Advokatur vom August 1771 hatte der promovierte Lizentiat bereits zu erkennen gegeben, daß er die erworbenen Rechtskenntnisse dem „Vaterlande brauchbar zu machen“ wünsche, und zwar „vorerst“ als Anwalt, um sich dadurch „zu denen wichtigern Geschäften“ im Dienste der Obrigkeit vorzubereiten. Nach der Vorstellung des Vaters und dem Beispiel des mütterlichen Juristenclans sollte Wolfgang anschließend in den Dienst der Reichs-, Krönungs- und Messestadt Frankfurt eintreten, wo den graduierten Juristen Spitzenämter mit Einflußmöglichkeiten auf reichsrechtliche Angelegenheiten und beachtliche Gestaltungsmöglichkeiten in der Innen- und Wirtschaftspolitik des heimatlichen Rechtskreises offenstanden. Hatte ihm das Rechtsstudium im „kleinen Paris“ zu Leipzig und im westlich orientierten Straßburg die Aura eines „vornehmen Studiums“ verliehen und einen „eleganten Juristen“ hervorgebracht, so sollte die Advokatenpraxis das Sprungbrett in die oberen Etagen des „Vaterlandes“ sein. Von Hause aus dürfte der Junganwalt vom Drang nach gesellschaftlicher Geltung und hohen Dotierungen bewegt worden sein. Doch mag ihn auch schon der Geist seiner wachsenden Einsicht angeweht haben, daß der tröstliche Spruch „Wo mir's wohl geht, ist mein Vaterland!“ besser so heiße: „Wo ich nütze, ist mein Vaterland!“[135]

Im Alter von 26 Jahren hat ihn nun das Schicksal nach Weimar verschlagen, wo er in einem kleinstaatlichen Herzogtum seine heranreifenden Ideen von einem human geprägten weltbürgerlichen Vaterlande nutzbringend umsetzen wollte. Später über seinen vaterländischen Dienst resümierend, bekannte er:

> „Ich habe es mir ein halbes Jahrhundert lang sauer genug werden lassen. Ich kann sagen, ich habe in den Dingen, die die Natur mir zum Tagewerk bestimmt, mir Tag und Nacht keine Ruhe gelassen und mir keine Erholung gegönnt, sondern immer gestrebt und geforscht und getan, so gut und soviel ich konnte.“[136]

Die Betonung liegt hier auf der Bestimmung seiner „Natur“, die über eine fachjuristische Amtstätigkeit hinaus zur vollen Entfaltung des menschlichen Lebens verlangte. „Das Bedürfnis meiner Natur“, schreibt er an einen Freund, „zwingt mich zu einer vermannigfaltigten Tätigkeit, und ich würde in einem geringsten Dorfe und auf einer wüsten Insel ebenso betriebsam sein müssen, um nur zu leben“. Über seine herkömmliche Beziehung zur „Rechtsgelehrsamkeit“ mit ihren fachlichen Grenzen sinnend, fand er „die Spezifikation auch biegsam und wandelbar“.[137]

„Erst in Weimar rundet sich die Persönlichkeit des Dichters in männlicher Reife so ab, daß Recht und Staat ihren sicheren Ort bei ihm finden.“[138] Als der Rechtshistoriker Adalbert Erler dieses Urteil abgab, hatte gerade die Herausgabe der ersten Teile des großen Quellenwerkes „Goethes amtliche Schriften“ begonnen, die weithin neue Einblicke in seine 56 Jahre währende Tätigkeit als rechtskundiger Staatsdiener gewähren. Die überquellenden Akten aus seinem ersten Dienstjahrzehnt bestätigen das Bekenntnis, er wolle noch mehr amtliche Verpflichtungen auf sich nehmen, „wozu Gott Gelegenheit und Mut verleihe!“ Kritiker, die Goethes Amtstätigkeit als Verlustzeit seiner dichterischen Bestimmung beurteilen, müssen umdenken. Zahlreiche seiner besten Schöpfungen sind unter den dienstlichen Lasten ersonnen worden. Bezeichnend ist ein Tagebucheintrag von 1779:

> „Der Druck der Geschäfte ist schön der Seele; wenn sie entladen ist, spielt sie freier und genießt des Lebens.“

Immer scheint auch die spezielle, überindividuelle Idee des Rechts durch, die – nach Eduard Spranger – den idealtypischen Rechtsmenschen „als eigentlich organisierende innere Lebenskraft beherrscht" und „zur Herstellung einer gesellschaftlichen Ordnung" befähigt und verpflichtet.[139]

Vom rechtskundigen Mentor zum hochrangigen Staatsdiener

Am 7. November 1775 ist Goethe auf Einladung des Herzogs Carl August nach Weimar gekommen. Es ist viel Tinte vergossen worden über die Frage, warum der junge Advokat und berühmt gewordene Sturm- und Drangpoet ausgerechnet nach Weimar ging und warum der Herzog ihn dort festhalten wollte.[140] Der Vater jedenfalls wollte ihn beruflich in Frankfurt haben und durch Entziehung der finanziellen Unterstützung zur Rückkehr bewegen. Fachbiographisch haben wir nach fachberuflichen Gründen zu suchen, die außer den bekannten persönlichen Motiven des Dichters und den familiären, politischen und kulturellen Gesichtspunkten des herzoglichen Hauses eine Rolle spielten.

Wichtige Anhaltspunkte finden wir in Goethes Prosaschriften, Tagebuchnotizen und Briefstellen zu jener Übergangszeit.[141] Unser Augenmerk richtet sich zunächst auf die erste Begegnung Goethes mit dem Weimarer Erbprinzen Carl August in Frankfurt am 11. Dezember 1774, also fast ein Jahr vor seiner Abreise nach Weimar. Dabei hatte nicht die Poesie, sondern das rechtlich und ökonomisch untermauerte Fachbuch eines originellen und phantasiereichen Juristen im Mittelpunkt gestanden. Im Empfangszimmer des jungen Erbprinzen „lagen nämlich Mösers Patriotische Phantasien, und zwar der erste Teil, frisch geheftet und unaufgeschnitten, auf dem Tische. Da ich sie nun sehr gut, die Gesellschaft sie aber wenig kannte, so hatte ich den Vorteil, davon eine ausführliche Relation liefern zu können; und hier fand sich der schicklichste Anlaß zu einem Gespräch mit einem jungen Fürsten, der den festen Willen und den festen Vorsatz hatte, an seiner Stelle entschieden Gutes zu wirken".

Aus der genannten „Relation" gegenüber dem acht Jahre jüngeren Regierungsanwärter aus Weimar hat Goethe in seiner Lebensbeschreibung rechtlich erhebliche Stichworte wie „Verfassung", „Staatsverweser", „Regierungsform", „Sitten, Gesetze und Gewohnheiten" sowie die Vorzüge „kleiner Staaten" im Reichsgefüge hervorgehoben. „Bei der Tafel wurden diese Gespräche fortgesetzt", wobei der Eindruck entstand, daß Goethe vornehmlich „dem tätigen Leben" mit dem „unmittelbar Nützlichen" zugetan sei und wohl ein Staatsamt anstrebte. Kein Wunder, daß ihm der fürstliche Jüngling dringend zu weiteren Begegnungen und schließlich nach Weimar einlud, wo unser Titelheld nach vorübergehenden gemeinsamen „Tollheiten" bald die Rolle eines „weisen Mentors" spielte.[142]

Goethe bekannte, daß Möser (1720–1790), der angesehene Advocatus Patriae im kleinstaatlichen Stift Osnabrück, „sehr großen Einfluß auf meine Bildung gehabt hat".[143] Dieser „treffliche Mann" hatte in Jena und Göttingen Jura studiert und mit seiner Schrift „Von dem Faustrecht" (1770) den Dichter mit zum Götzdrama inspiriert. Als Mitarbeiter der „Frankfurter Gelehrten Anzeigen" von 1772/73 hatte Goethe Rezensionen mitgestaltet, die sich mit Problemen des Ständerechts, der Staatswirtschaft und des Verhältnisses von Recht und Politik auseinandersetzten, – alles Themen, die den heranwachsenden Herzog höchstpersönlich interessieren mußten. Hinzu kam, daß Carl August im Mai 1775 noch einmal mit Goethe in Karlsruhe zusammentraf, und zwar am Hofe des badischen Markgrafen Carl Friedrich, der im Geiste Mösers eine mustergültige Rechts- und Wirtschaftsordnung anstrebte. Goethe besuchte dort anschließend seinen Juristenschwager Johann Georg Schlosser, der als früherer Advokat aus Frankfurt in den badischen Landesdienst übergetreten war und als Verwaltungsjurist im reformfreudigen Amtsbezirk Emmendingen den höchstbezahlten Posten der Markgrafschaft erlangt hatte.[144] Dieser ideelle und materielle Berufserfolg dürfte auf Goethes Entscheidung für die Erneuerung seiner Juristenlaufbahn in Weimar nicht ohne Anregung gewesen sein, um so mehr, als er nach dem finanziellen Debakel mit „Götz" und „Werther" bei dem damaligen Mangel eines Urheberrechtsschutzes keine Hoffnung auf eine tragfähige Autorenexistenz haben konnte.

Am Weimarer Hof zunächst als Besucher empfangen, bahnte sich zwischen dem 26jährigen Gastjuristen aus Frankfurt und dem 18jährigen Herzog, der am 3. September 1775 als absoluter Herrscher die Regierung des Kleinstaates angetreten hatte, bald ein freundschaftliches Lehrer-Schülerverhältnis an, das auch rechtliche und amtliche Angelegenheiten einschloß. Die Prüfung und Entscheidung für den weiteren Berufsweg läßt sich aus seinen ersten Briefen des Jahres 1776 ablesen:[145]

> „Ich bin nun ganz in alle Hof- und politische Händel verwikkelt und werde fast nicht wieder weg können. Meine Lage ist vorteilhaft genug, und die Herzogtümer Weimar und Eisenach immer ein Schauplatz, zu versuchen, wie einem die Weltrolle zu Gesichte stünde. Ich übereile mich nicht, und Freiheit und Gnüge werden die Hauptconditionen der neuen Einrichtung sein, ob ich gleich mehr als jemals am Platz bin, das durchaus Scheisige dieser zeitlichen Herrlichkeit zu erkennen ...
> Unser Herzog ist ein goldner Junge ... Ich werde auch wohl da bleiben und meine Rolle so gut spielen als ich kann und solang als mir's und dem Schicksal beliebt ... Hier hab ich doch ein paar Herzogtümer vor mir. Jetzt bin ich dran, das Land nur kennen zu lernen, das macht mir schon viel Spaß. Und der Herzog kriegt auch dadurch Liebe zur Arbeit ...
> Ich fresse mich überall durch ... Der Vater mag kochen was er will ... Aber der Vater ist mir Ausstattung und Mitgift schuldig, das mag die Mutter nach ihrer Art einleiten ... Der Herzog hat mir wieder 100 Dukaten geschenkt ..."

Der junge Herzog setzte alles daran, die Finanzlücken seines ideenreichen und lebensbejahenden „Mentors" zu schließen und ihn dauerhaft für die Verwaltungsgeschäfte zu gewinnen.[146]

Zehn Tage nach dem letztgenannten Dukatengeschenk sicherte der Herzog am 16. März 1776 Goethe testamentarisch ein Gehalt von 1200 Talern bzw. eine Pension von 800 Talern zu. Im Monat darauf machte er ihm das Grundstück mit dem heute vielbesuchten „Gartenhaus“ im Park an der Ilm zum Geschenk, worauf unser Jurist stolz im Tagebuch vermerkte: „Den Garten in Besitz genommen.“ Am 26. April erhielt der teuere Gast das Weimarer Bürgerrecht. Vom 7. Juni steht im Tagebuch: „Vormittags Erklärung und weitläufig politisches Lied mit dem Herzog“, wobei die Übernahme in den Staatsdienst freundschaftlich ausgehandelt wurde. Am 19. April meldet das Tagebuch kurz und bündig: „Dekret“, womit die offizielle Ernennung zum weimarischen „Staatsdiener“ gemeint war; noch beim 50jährigen Dienstjubiläum Goethes wird der aufgeklärte Dienstherr vom „Jubelfest Meines ersten Staatsdieners“ sprechen.[147] „Einführung. Schwur“ lautet eine Notiz vom 25. Juni, dem Tag der Amtsübernahme und der Vereidigung auf den Souverän. Und am 9. Juli 1776 lesen wir im Brief an einen Juristenfreund aus der Zeit des Rechtspraktikums beim Reichskammergericht:

> „So viel nur: ich bleibe hier, und kann da wo ich, und wie ich bin meines Lebens geniessen, und einem der edelsten Menschen, in mancherlei Zuständen förderlich und dienstlich sein. Der Herzog, mit dem ich nun schon an die neun Monate in der wahrsten und innigsten Seelenverbindung stehe, hat mich endlich auch an seine Geschäfte gebunden, aus unsrer Liebschaft ist eine Ehe entstanden, die Gott segne.“[148]

Die steile Karriere des Verwaltungsjuristen und Günstlings des Hofes

In seiner Advokatenrolle hatte sich Goethe rückschauend als „Rechtsfreund“ bezeichnet; vor seiner Ernennung zum Staatsdiener sprach die Hofdame Charlotte von Stein vom „Le Maitre en droit“; im herzoglichen Schriftverkehr während seiner ersten

Dienstjahre in Weimar wurde er „Doktor Goethe“ genannt, womit seine Straßburger Promotion zum „licentiatus utriusque iuris“ dem in Deutschland üblichen Grad eines „Doktor beider Rechte“ gleichgestellt wurde; auch im Diplom des Rates der Stadt Weimar zur Verleihung des Bürgerrechts wird Goethe ausdrücklich als „beider Rechten Doktor“ betitelt.[149]

Die Betonung des akademischen Juristengrades durch den Herzog nach Goethes Eintreffen in Weimar erfolgte nicht zuletzt wegen des Widerstandes leitender Hofbeamten gegen den Plan, den in der Verwaltung noch unerfahrenen Außenseiter aus Frankfurt in ein hohes Staatsamt aufzunehmen. Schon im März 1776 stand jedoch für den Weimarer Landesherrn fest, Goethe „unter dem Titel eines Geheimden Legations-Rats in sein Ministerium zu ziehen“.[150] Die Anstellung verzögerte sich, weil Carl August die Einwilligung von Goethes Eltern, d. h. des widerspenstigen Vaters, abwarten wollte, viel mehr aber wegen einer aufkeimenden Regierungskrise gegen die Reformabsichten in Politik und Beamtenstab.[151] Zum Sprecher der Opposition machte sich der langjährig bewährte Spitzenjurist und Vorsitzende des Regierungskollegiums, der Wirkliche Geheime Rat J. F. Freiherr von Fritsch, der sich „über das Subjet des Dr. Goethe und dessen Placierung im Geheimen Consilium“ ernsthaft bekümmert äußerte; er traute dem „Dr. Goethe“ zwar „wahres Attachement und Liebe für die hochfürstliche Durchlaucht“ zu, betonte aber, daß die Bevorzugung im Amt „alle treuen und verdienten Diener, so auf eine dergleichen ansehnliche Stelle Anspruch machen könnten, unendlich niederschlagen muß“, weshalb er „in einem Collegio, dessen Mitglied gedachter Dr. Goethe jetzt werden soll, länger nicht sitzen kann.“ Durch Vermittlung der Herzogin-Mutter Anna Amalia gelang es, die Krise zu überwinden, wozu Goethe im Tagebuch vermerkte: „Gut anlassen von Fritsch.“ In Goethes Ernennungsurkunde vom 11. Juni 1776 bekräftigte der Herzog seine Zuversicht, daß Dr. Goethe „treue und nützliche Dienste zu leisten eifrigst beflissen sein werde“. Damit war die Dienstverpflichtung seines Freundes und Mentors als Verwaltungsjurist in bevorzugter Stellung besiegelt. In einer Aktennotiz faßte der Herzog seine Entscheidung wie folgt zusammen:

„Einsichtsvolle wünschten mir Glück, diesen Mann (Goethe) zu besitzen. Sein Kopf, sein Genie ist bekannt. Einen Mann von Genie an anderem Ort gebrauchen, als wo er selbst seine außerordentlichen Gaben gebrauchen kann, heißt ihn mißbrauchen. Was aber den Einwand betrifft, daß durch den Eintritt viele verdiente Leute sich für zurückgesetzt erachten würden, so kenne ich erstens niemand in meiner Dienerschaft, der, meines Wissens, auf dasselbe hoffte, und zweitens werde ich nie einen Platz, welcher in so genauer Verbindung mit mir, mit dem Wohl und Wehe meiner gesamten Untertanen steht, nach Anciennetät, ich werde ihn immer nur nach Vertrauen vergeben. Das Urteil der Welt, welches vielleicht mißbilligt, daß ich den Dr. Goethe in mein wichtigstes Collegium setze, ohne daß er zuvor Amtmann, Professor, Kammerrat oder Regierungsrat war, ändert gar nichts. Die Welt urteilt nach Vorurteilen, ich aber sorge und arbeite, wie jeder andere, der seine Pflicht tun will, nicht um des Ruhmes, nicht um des Beifalles der Welt willen, sondern um mich vor Gott und meinem eignen Gewissen rechtfertigen zu können."[152]

Dieses Dokument läßt erkennen, daß das Herz des jetzt 19jährigen Herzogs im Grunde nicht an einem fachlich versierten Juristen hing, sondern an der genial empfundenen Gesamtpersönlichkeit des 27jährigen Freundes und Mentors. Das ermannte den jungen Fürsten, die Dienstpostenvergabe nach der Reihenfolge des Dienstalters hier außer Kraft und dafür auf sein Vertrauen und Gewissen zu setzen. Der wagemutige Entschluß war ein selbstbewußtes Signal für einen frischen Regentenwind und hat dem amtsfremden Günstling des Hofes den Weg zu einer außergewöhnlichen Karriere eröffnet. In großen Schritten stieg Goethe nun die Titel- und Besoldungsleiter des formellen Verwaltungsjuristen hinauf:

- 11. 6. 1776: Ernennung zum „Geheimen Legationsrat" mit Sitz und Stimme im Geheimen Consilium, der obersten Regierungsbehörde des Herzogtums. Anfangsgehalt 1200 Reichstaler, während das Durchschnittsgehalt in den höheren Dienstklassen rund 600 Taler betrug.

- 5. 9. 1779: Ernennung zum „Geheimen Rat“ mit einer Besoldungszulage von 200 Talern ab 3. 9. 1781. Nach Erhebung in den Adelsstand am 10. 4. 1782 drei weitere Gehaltsaufbesserungen, nämlich 200 Taler am 20. 5. 1785, 200 Taler am 11. 4. 1788 und 100 Taler am 27. 3. 1798; dazu kamen noch 100 Taler jährliche Fourage für zwei Hofpferde (von denen das Reitpferd den Stallnamen „Poesie“ erhielt). Damit hatte die Gesamtbesoldung den Betrag von 2000 Reichstalern erreicht. Im Sommer 1792 vermachte der Herzog seinem Günstling das stattliche Wohnhaus am Frauenplan, mit einer Einrichtungsspende von 1500 Talern, wonach er mietfrei wohnte.
- 13. 9. 1804: Ernennung zum „Wirklichen Geheimen Rat“ mit Prädikat „Exzellenz“.
- 12. 12. 1815: Ernennung zum „Staatsminister . . . in Betracht seiner ausgezeichneten Verdienste um die Beförderung der Künste und Wissenschaften und der denselben gewidmeten Anstalten“. Seitdem lautete sein voller Amtstitel: „Seine Exzellenz der Großherzogliche Wirkliche Geheime Rat und Staatsminister Johann Wolfgang von Goethe.“ Nach der damaligen Erhebung des Herzogtums zum Großherzogtum erhielt Goethe ab 1. 1. 1816 ein Jahresgehalt von 3000 Reichstalern, nebst der Zulage von 100 Talern für die Unterhaltung von zwei Pferden. Titel und Besoldung blieben so bis zu seinem Lebensende. Goethe gehörte nunmehr zu denjenigen „höheren Klassen im Hof- und Staatsdienste“, denen der Großherzog durch Erlaß vom 1. 11. 1822 „an Höchst Ihrem Hofe eine allgemeine Uniform“ verlieh.

Dank seines hohen Amtes hat Goethe zahlreiche Orden verliehen bekommen, wobei freilich weniger der Jurist als der berühmte Dichter geehrt wurde. Doch bei der kaiserlichen Erhebung des „Geheimen Rats“ in den Adelsstand hatte der Herzog neben der „treuen Anhänglichkeit“ ausdrücklich auf die „wesentlichen Dienste" verwiesen; im Adelsdiplom vom 10. 4. 1782 ist bescheinigt, daß sich Goethe „durch seine gründliche Wissenschaften und ganz besondere Gelehrsamkeit den allgemeinen Ruf erworben" habe, womit auch die Kenntnisse in der Jurisprudenz gewürdigt wurden.

Ratgeber in vielseitigen Regierungs-, Verwaltungs- und Rechtsangelegenheiten

Der Emporkömmling aus der Frankfurter Advokatur erhielt mit seiner Berufung in den Weimarer Staatsdienst ausdrücklich „Sitz und Stimme im Geheimen Consilium". Als Beisitzer in diesem obersten Beratungskollegium des Kleinstaates Sachsen–Weimar–Eisenach war er nach dem Amtseid verpflichtet, bei seinen freimütig und unparteiisch abzugebenden Ratschlüssen und Voten das Interesse des Herzogs und des ganzen Landes zu wahren. Die Beratungen, Beschlußfassungen und herzoglichen Entscheidungen betrafen folgende Staatsgeschäfte, an denen Goethe in vielfältiger Weise beteiligt werden sollte:[153]

A. Angelegenheiten des Fürstlichen Hauses und der auswärtigen Politik; Beziehungen zu Kaiser und Reich und zu den Reichsmitständen.

B. Militärsachen.

C. Angelegenheiten der Universität Jena.

D. Rechts-, Gerichts- und Lehnswesen; Angelegenheiten der inneren Landesverwaltung; Ämtersachen.

E. Finanzverwaltung, Forstsachen, Bauwesen.

F. Geistliche Angelegenheiten; Kirchen- und Schulsachen.

G. Steuersachen; Angelegenheiten der Landstände.

H. Beamten-, Diener- und Gnadensachen.

In allen diesen Fachbereichen kam es in erster Linie auf das allgemeine, öffentliche Wohl des Staates an, so daß in juristischer Hinsicht das Staats- und Verfassungsrecht von überragender Bedeutung war. Zur Erörterung standen dabei Fragen der Gesetzgebung und der Überwachung bestehender Rechte, Gesetze und Verordnungen der Wohlfahrt des Landes und der Untertanen, des Staatshaushalts und der Beaufsichtigung der Finanzverwaltung, der Verwaltungsorganisation, der Förderung des Wirtschaftslebens und die Erhaltung der christlichen Religion.

Durch die unendliche Fülle des Beratungsstoffes erhielt Goethe einen umfassenden Einblick in die Aufgaben der Staatsführung und die Verwaltungspraxis. „Es ist die letzte Instanz" heißt es in einer seiner eigenhändigen Niederschriften, „wohin alle Dinge gelangen, wohin alle Arten von Geschäften gebracht werden. Für einen wohldenkenden, tätigen Mann ist schon Beschäftigung genug da und das Feld nicht klein. Es besteht dieses Collegium gegenwärtig aus drei Männern, alle von Jahren ... Es ist vieles bei uns ziemlich im klaren und jemand der mit Konsequenz aus Ordnung und Klarheit arbeitet, wird hier bald zuhause sein". Als weitaus der Jüngste unter den 40- bis 60jährigen Kollegen, die durch Verwaltungserfahrung und Beamtenroutine überlegen waren, nahm er seine Aufgabe überaus ernst. Wie die amtlichen Schriften bezeugen, ist Goethes Arbeitsbelastung in den ersten elf Jahren nicht ohne eigenes Zutun stetig angewachsen. Er hat bis zur „Flucht" nach Italien (1786/88) an nahezu 600 Sessionen des Conseils teilgenommen und ist, wie er einmal schrieb, „niemals ohne die höchste Not" einer Sitzung ferngeblieben. Das Regierungskollegium wurde durchschnittlich dreimal in zwei Wochen einberufen, in der Regel unter Vorsitz des Herzogs. Die Tagesordnung umfaßte gewöhnlich an die 30 Punkte, die von den referierenden Räten zu Hause vorbereitet und in den Sitzungen gemeinsam erörtert werden mußten. Die letzte Entscheidung lag beim Herzog, demgegenüber Goethe in den ersten 2 ½ Weimarer Jahren zusätzlich die zeitraubende Rolle als Begleiter und Mentor spielen mußte.

Die amtlichen Aufgaben lassen dem jugendlichen Ratgeber – neben den gesellschaftlichen Verpflichtungen – anfänglich wenig Zeit zu privaten Niederschriften. Das äußerst knapp gehaltene Tagebuch enthält gewöhnlich nur stichwortartige Vermerke, die jedoch vielfach Goethes Diensteifer und seine gelegentliche Arbeitswut offenbaren. Was an den flüchtigen Eintragungen literarisch neuartig ist und sie dauerhaft lesenswert macht, ist die Einbeziehung persönlicher Stimmungsschwankungen, über die er sich Rechenschaft abzulegen versucht. Sie spiegeln seine eigenen Wandlungen, seine inneren Veränderungen, sein Ringen um Selbsterkenntnis und Selbsterziehung zur reiferen Persönlichkeit.[154]

Vom Eintritt in das Regierungskollegium an finden wir einschlägige Notizen am laufenden Band:

„Vormittags Collegium", „Session", „Morgens Akten", „früh Eröffnung der Commission", „Conseil", „Politische Abhandlungen", „Bergordnung", „Ins Amt", „Akten. Session", „Conseil. Redeckers Affaire" und immer wieder „Conseil" oder „Session", mehrmals „Commissarische Session", dazwischen ein Besinnungswort aus dem 8. Psalm: „Was ist der Mensch, daß du sein gedenkst und das Menschenkind, daß du dich sein annimmst." Vor und nach der Jahreswende 1776/77 lesen wir: „Druck, Wehmut und Glauben", „viel gelitten", „Fieberhafte Wehmut", „Scheis weh". Dann folgen wieder Kurzvermerke über dienstliche Aktivitäten, die aus dem Stimmungstief herausführen: „Gearbeitet bis zwölf. Dem Herzog referiert", „Conseil. Cammer Etat. Mit Herzog gegessen. Glücklicher Abend"; „Conseil. Die Bergwerkssache", „Bausession", „... fiel mir auf, wie sich mein Inneres seit einem Jahr befestigt hat". „Das Buch Hiob gelesen"; „Audienz den Landständen" und weitere Arbeitsnotizen, beispielsweise bis zu dem frohgemuten und vielsagenden Losungswort mit zwei Ausrufezeichen: „Regieren!!" (8. Okt. 1777). Schließlich ringt er sich zu der schon erwähnten Bewußtseinseinstellung durch: „Der Druck der Geschäfte ist sehr schön der Seele; wenn sie entladen ist, spielt sie freier und genießt des Lebens" (13. Jan. 1779).

Diese kleine Auswahl an spontanen Selbstzeugnissen des Geheimen Legationsrates deutet neben anfänglich vorherrschenden Conseilberatungen zusätzliche Sonderaufgaben an, derentwegen er sich – im Einvernehmen mit dem Herzog – nach fast zehnjähriger regelmäßiger Sessionsteilnahme aus diesem Leitungsgremium mehr und mehr zurückziehen mußte. Als das Geheime Consilium am 1. Dezember 1815 in ein modernes Staatsministerium mit Fachdepartements umgewandelt wurde, schied der nunmehr 66jährige auf eigenen Wunsch aus den laufenden Ministerkonferenzen aus, stand aber weiterhin beratend zur Verfügung. Seit seinem zweiten Amtsjahr war er mit wachsenden Aufträgen in verschiedenen Spezialkommissionen tätig, die ihm da und dort ein weitgehend selbständiges „Regieren!!" ermöglichen sollten.

Kommissarische Sonderaufgaben mit speziellen Rechtsfragen

Der herzogliche Dienstherr hat den „Doktor beider Rechte" schon bald mit Sonderaufgaben betraut, die juristische Fachkenntnisse voraussetzten und oft ein advokatisches Argumentations- und Verhandlungsgeschick erforderten. Für die komplizierteren Verwaltungsbereiche wurden „Commissionen" organisiert, die unter der Oberaufsicht des Geheimen Consiliums weitgehend selbständig fungierten. In einer ganzen Reihe solcher Facheinrichtungen hatte Goethe die Rolle eines leitenden oder mitleitenden „Commissars" zu übernehmen. Rechtsgrundlage für sein jeweiliges Tätigkeitsfeld war die konkrete Amtsweisung des Herzogs; Rechtsgrundlage für die Dienstausübung im einzelnen bildeten die generellen Gesetze, Verordnungen und das Gewohnheitsrecht. Als zeitgemäße Instrumente des fürstlichen Absolutismus sollten die Kommissionen dem Ausbau des Staates und der Verbesserung der Wirtschaft zum Wohle der Allgemeinheit dienen. Das waren für den jugendlichen Kommissar, der den freien Advokatenberuf mit behördlich gebundener

Arbeit vertauscht hatte, neuartige und neugierig machende Tätigkeitsfelder, auf denen er sich offensichtlich bewähren und fortbilden wollte. Nacheinander und teilweise nebeneinander war Goethe als herzoglicher Rat in folgenden Fachkommissionen tätig:[155]

Bergwerkskommission

Schon vor seiner Einberufung in das Geheime Consilium war Goethe in eine staatswirtschaftliche Lieblingsidee des Herzogs eingeweiht worden, die vielleicht bei den vorangegangenen gemeinsamen Gesprächen über die nationalökonomischen Gedanken des Juristen J. Möser aufgekommen war: die Wiederbelebung des Bergbaues im thüringischen Mittelgebirge bei Ilmenau. Wie Goethe später in einer Ansprache vor den Bergleuten erklärte, hat er auch persönlich der Neueröffnung dieses Unternehmens „solang ich diesen Landen angehöre, mit Sehnsucht entgegengesehen", und zwar „um des guten Herrn sowie um des gemeinsamen Besten willen." Von Anfang an standen verwickelte Staats-, feudal- und zivilrechtliche Probleme im Raum, für deren Lösung der 19jährige Landesherr Rechtsexperten benötigte. Bereits in der ersten Sitzung des beratenden Regierungskollegiums, an der Goethe am 25. Juni 1776 teilnahm, stand eine einschlägige Instruktion zur Debatte, und schon ab 18. Juli ist Goethe laut seinen Notizen aus Ilmenau ganz bei der Sache:

> „Früh in Schacht mit Herzog", „Bergmusik", „Kohlenwerke eingefahren", „viel von Bergwerkssachen geschwatzt", „Die Hennebergische Bergordnung", „in den Stollen zum Schacht", „In die Höhle", „Silberprobe (aus dem Kupferschiefer der Berge) selbst gemacht", „Ins Amt (Bergbauamt in Ilmenau)."

So stürzte eine Fülle neuer Eindrücke auf ihn ein, die das juristische Handwerk belebten, überlagerten, reizvolle und auch tiefgründige Gelegenheitsgedichte anregten und den Keim für Goethes naturwissenschaftliche Forschungen, von der Geologie und

Mineralogie ausgehend, legten. Am 18. Februar 1777 erhielt Goethe den kommissarischen Auftrag, wegen rechtlicher Fremdansprüche auf das Bergregal juristische Unterhandlungen zu pflegen, was am 14. September 1777 zur Ausdehnung auf „sämtliche Bergwerksangelegenheiten" führte. Damit war offiziell eine ständige „Bergwerkskommission" errichtet. Als herzoglich eingesetzte „Immediatkommission" war diese Spezialbehörde den großen Landeskollegien gleichgestellt, die mit dem obersten Regierungskollegium unmittelbar verkehrten. Die umfangreichen Geschäfte machten nach und nach Personalverstärkungen notwendig, wobei sich der Dichterjurist mit sachlich und auch rechtlich versierten Kräften zu umgeben wußte. So wurde er ab 1780 von dem juristisch gebildeten Hof- und Regierungsrat J. L. Eckhart unterstützt, der 1783 als ordentlicher Professor der Rechte nach Jena berufen wurde; von da an stand ihm der frühere Hofadvokat Chr. G. Voigt zur Seite, mit dem er ausweislich der Amtsakten auch in anderen Kommissionen und Institutionen bis zu seinem Lebensende fruchtbar zusammenarbeitete. In dieser technisch und rechtlich bedeutsamen Kommission ist Goethe auch nach Rückkehr von der italienischen Reise noch tätig geblieben. Erst als die Bergwerksarbeiten infolge Stollen- und Wassereinbruchs von 1796 allmählich eingestellt werden mußten, hat er sich aus den Abwicklungsarbeiten nach und nach zurückgezogen, bis diese arbeitsintensive Fachkommission 1812/13 schließlich zur Liquidation gezwungen wurde.

Kriegskommission

In seinem dritten Amtsjahr als Weimarer Staatsdiener wurde Goethe mit der Leitung der Militärverwaltung betraut, die Fragen der Militärgerichtsbarkeit einschloß. „Die Kriegs Commission übertragen", notierte er dazu am 5. Jan. 1779. Über die Vorgespräche hielt er fest: „Bevorstehende neue Ekelverhältnisse, durch die Kriegs Comiss. Durch Ruhe und Geradheit geht doch alles durch."

Über Aufgabenkreis und Dienstgeschäfte vermeldet das Tagebuch:

> „Mit Militär Oekonomie beschäftigt" (6.–8. Jan. 1779). „Früh die Officiers und meine künftigen Subalternen. Über das Geschäft mich in der Stille bearbeitet. Immer bild ich mir ein, es sei besser, wenn einer menschlichere Leidenschaften hätte." „Erste Session. Fest und ruhig in meinen Sinnen, und scharf. Allein diese Geschäfte diese Tage her. Mich drin gebadet, und gute Hoffnung, in Gewißheit des Ausharrens." „In Akten gekramt, die unordentliche Repositur (Aktenschrank) durchgestört, es fängt an, drin heller zu werden. Das Geschäft mir ganz allein angelegen." „Nachricht vom desertierten Husaren." – „Diese Zeit her habe ich meist gesucht, mich in Geschäften aufrecht zu erhalten und bei allen Vorfällen fest zu sein und ruhig" (Jan./Febr. 1779).

Diese Kommissionsgeschäfte hat Goethe bis zur italienischen Reise in großem Umfang durchgeführt, dann aber abgegeben.

Wegebaukommission

Gleichzeitig mit der Kriegskommission übernahm Goethe die Leitung der Straßenbauverwaltung, die für die Landwege, den Stadtpflasterbau und die Promenaden zuständig war. Daraus ist die Sonderbehörde der Wegebaukommission entstanden, deren Amtsführung er ebenfalls nur bis zur italienischen Reise wahrnahm. Er vermerkte, auch diese Kommissionsarbeit „werde ich gut versehen, weil ich bei dem Geschäft gar keine Imagination habe, gar nichts hervorbringen will, und nur das was da ist recht kennen, und ordentlich haben will" (1. Febr. 1779). Er versuchte hier u. a. auswärtige Handelswege ins Land zu ziehen, was politische und juristische Auseinandersetzungen zur Folge hatte.

Wasserbaukommission

Mit dem Wegebau waren die Wasserstraßen, Brücken und Dämme verknüpft, für deren Verwaltung am 21. Okt. 1790 – also erst nach Goethes italienischer Reise – eine Spezialkommission gegründet wurde. Goethe gehörte ihr bis zur Auflösung am 1. Sept. 1803 an. Zu den einschlägigen Aufgaben gehörten Rechtsfragen zu den feudalen Flußregulierungs- und Brückendiensten sowie zu Nutzungs- und Pachtangelegenheiten.

Ilmenauer Steuerkommission

Zur Berichtigung des Steuerkatasters im Amtsbezirk Ilmenau und der vorzunehmenden Steuerrevision wurde am 6. Juli 1784 diese Fachkommission eingesetzt, der Goethe auch nach der italienischen Reise noch bis 1805 angehörte. Durch die eingangs genannte Bergwerkskommission war er mit den örtlichen Verhältnissen gut vertraut und hat sich hier besonders intensiv mit dem Gewicht seiner Persönlichkeit gegen Amtsmißbrauch und für das Wohl der bedrückten Steueruntertanen eingesetzt. Aus dieser Zeit stammen bedeutende Rechtsgutachten des Dichterjuristen. Goethe war in diesem Fachbereich noch bis 1805 tätig. Er hatte schon bei den Beratungen im Geheimen Consilium „die Steuersachen vorzüglich durchgedacht"; dabei war auch der Zustand der herzoglichen Kammergüter wiederholt behandelt worden, die mit der „Arbeit im Steuerwesen p. p. ziemlich zusammentrafen, um viele Ideen bei mir aufzuklären" (15. Juni und Anfang Juli 1779). Dieser Zusammenhang, in den auch die anderen Kommissionsarbeiten einliefen, führte zwischendurch zu der nachfolgenden Spezialaufgabe im Kammerwesen.

Leitung der Kammer (= Oberste Finanzbehörde)

Durch herzogliche Anordnung vom 11. 6. 1782 wurde Goethe interimistisch beauftragt, sich mit den Kammergeschäften näher bekannt zu machen, um den Kammerpräsidenten J. A. A. v. Kalb wegen unglücklicher Amtsführung abzulösen. Er ist zwar formell nicht zum Kammerpräsidenten ernannt worden und hatte auch nicht die laufenden, gewöhnlichen Dienstgeschäfte zu erledigen, jedoch die bedeutenden, aus der Tagespraxis herausfallenden Gegenstände persönlich in die Hand zu nehmen. Die Kammer als zentrale Finanzbehörde verwaltete neben den Liegenschaften und Lehensgefällen vor allem die Steuern, Zehnten und Frondienste. Goethes übergeordnete Hauptaufgabe betraf den Ausgleich des Haushaltes, wonach er die Leitungsfunktionen eines Finanzministers auszuüben hatte. In diesem Bereich gelang ihm nach persönlichen Verhandlungen mit den Landständen 1783 eine vielgerühmte „Finanzreform", verbunden mit einer „Steuerreform". Juristisch standen das Etatrecht und das Steuerrecht im Mittelpunkt. Schon im zweiten Jahr seiner Kammergeschäfte konnte er berichten: „Meine Finanzsachen gehen besser als ich es mir vorm Jahr dachte, ich habe Glück und Gedeihen in meiner Administration." Und nach Abschluß des Reformwerkes konnte er feststellen: „Obgleich unsere Verhältnisse allerlei Schwingungen unterworfen sind, so steht doch das Ökonomikum auf einem guten Grunde, und das ist die Hauptsache."[156]

Schloßbaukommission

Nach Rückkehr aus Italien hat sich Goethe, wie angedeutet, von den drückenden Geschäften der Kriegskommission und der finanzfachlichen Kammerleitung zurückgezogen und dafür neue Aufgaben übernommen. So wurde er am 23. März 1789 in die Sonderkommission zum Wiederaufbau des abgebrannten Weimarer Residenzschlosses berufen, wo er sich mit viel Engagement besonders den architektonischen und künstlerischen Anliegen widmete. Die Finanz- und Rechtsangelegenheiten lagen hierbei in anderen Händen. Mit dem Einzug der herzoglichen Familie in das neugestaltete Bauwerk am 1. August 1803 war diese Kommissionsarbeit erfüllt.

Theaterkommission

Mit Eröffnung des neuerrichteten Weimarer Hoftheaters Anfang 1791 wurde Goethe die Oberdirektion der Theatergeschäfte übertragen, die einen breiten Raum einnahmen und wieder Rechtsprobleme mit sich brachten. Diese Sonderkommission wurde am 26. März 1816 in Hoftheater-Intendanz umbenannt und durch einen personellen Leitungsstab erweitert, in den auch Goethes Sohn August als juristisch gebildeter Kammerrat aufgenommen wurde. Der Dichterjurist selbst, der den Ruhm der Weimarer Bühne begründet hat, zog sich wegen starker interner Widerstände gegen seine künstlerischen Auffassungen 1817 aus der Theaterleitung wieder zurück.

Oberaufsicht über die unmittelbaren Anstalten für Wissenschaft und Kunst in Weimar und Jena

Unter dieser Überschrift ist das umfangreichste Arbeitsgebiet Goethes nach der italienischen Reise zusammengefaßt worden. Ab und zu war er schon bei den Beratungen im Geheimen Consilium vor der italienischen Reise mit einschlägigen Aufgaben betraut worden. So hat er sich von 1779 an mit der Einrichtung und Beaufsichtigung eines Naturalienkabinetts in Jena und von 1780 an mit der Übernahme einer großen Bibliothek aus Göttingen für Jena zu beschäftigen. Ab 1782 wird er in der Leitung einer neu gegründeten freien Zeichenschule in Weimar genannt; ab 1788 ist er in der Oberaufsicht des umbenannten Freien Zeichen-Instituts tätig, das er ab 1797 alleine führt. 1794 übernahm er zusammen mit seinem bewährten juristischen Mitarbeiter, dem Geheimen Rat Ch. G. Voigt die Leitung der Botanischen Anstalt in Jena als Kommissionsauftrag. Am 9. Dez. 1797 wurde beiden die Kommission zur Leitung der Bibliothek und des Münzkabinetts in Weimar übertragen, wozu später noch die Herzogliche Bibliothek in Jena kam. Am 11. Nov. 1803 erhielten beide die Oberaufsicht über das Museum in Jena, wozu die mineralogischen, zoologischen, anatomischen und physikalisch-chemischen Sammlungen gehörten. Am 21. Apr. 1812 folgte die Oberaufsicht über die neu gegründete Sternwarte in Jena, 1816 über die neu eingerichtete Tierarzneischule in Jena und am 7. Okt. 1817 die Oberleitung über die Universitätsbibliothek in Jena.

Über die verschiedenen Einrichtungen war bereits 1809 eine administrative Zusammenfassung hergestellt worden, die bei der

Neuorganisation der großherzoglichen weimarischen Behörden am 12. Dez. 1815 zu der Oberleitung über alle diese wissenschaftlichen und künstlerischen Institute führte. Wenngleich Goethe nicht auch die unmittelbare Aufsicht über die gesamte Universität in Jena erlangt hat – den Posten eines Kurators hat er ausdrücklich abgelehnt –, ist er doch in eine tiefgreifende Verbindung mit ihr getreten und hat sich in grundlegende juristische Auseinandersetzungen aktiv eingeschaltet.

Der juristische Anteil in Goethes Amtstätigkeit

Wir haben uns bisher über die Formenvielfalt der Verwaltungsaufgaben des Weimarer Staatsdieners in ihrem äußeren Verlauf kundig gemacht und persönliche Stimmungsbilder eingefangen, die aber dazu gehörigen Rechtsfragen nur kurz angedeutet. Schwieriger wird es, wenn wir nach dem spezifisch juristischen Gehalt der Tätigkeiten suchen und dabei ganz konkret Goethes eigene Geistesleistung ausmachen wollen.[157]

Schon vom Berufsbild des allgemeinen Verwaltungsjuristen her, der es vornehmlich mit Sachgestaltung und Ordnungswahrung zu tun hat, treten – anders als beim Rechtsanwalt, Notar, Staatsanwalt oder Richter – in seinem üblichen Tagewerk typische Rechtsfälle selten griffig in Erscheinung. Im Hinblick auf die vorkonstitutionelle Regierungszeit des absoluten Regiments unter Carl August ist das Aufspüren noch viel problematischer, da es keine Selbstbindung des Staates mit dem Grundsatz der Gesetzmäßigkeit der Verwaltung und damit noch kein eigentliches „Verwaltungsrecht" gab. Die Hauptschwierigkeiten ergeben sich jedoch aus der Quellenlage. Zwar liegen jetzt „Goethes amtliche Schriften" in einer sorgfältigen, vierbändigen Edition vor, doch beziehen sich diese nur auf seine Mitwirkung im Geheimen Consilium (für die Zeit von 1776–1819) und betreffen lediglich das oberste Regierungsgeschehen mit der zentralen Verwaltungsleitung. Dagegen sind Goethes umfangreiche Kommissionsarbeiten noch nicht aufbereitet; vieles davon ist überhaupt nicht archiviert, oder es ist ausgeschieden oder in Kriegen vernichtet worden. Und was das Schriftgut des Geheimen Consiliums betrifft, so scheint aus der Goethezeit nur etwa die Hälfte aller Aktenstücke bis auf uns gekommen zu sein. Dieses Quellenmaterial ist auf den kollegialen Charakter dieses Beratungsgremiums zugeschnitten. Die Gemeinschaftsarbeit der beteiligten Räte vollzog sich in den drei Stufen des Referierens durch Einzelvortrag, des Votierens in Form allseitiger Meinungsäußerungen und des Resolvierens in Gestalt eines Mehrheitsbeschlusses, der nach herzoglicher Zustimmung in die höfische Stilform einer landesherrlichen Willensentscheidung gebracht wurde. Die maßgebliche Arbeitsweise war ein mündlicher Beratungsprozeß, der anscheinend nur selten protokolliert wurde; ausschlaggebend war die Gemeinschaftsleistung des Kollegiums. Die Quellenlage ermöglicht hiernach über Goethes juristischen Arbeitsanteil in den Weimarer Amtstätigkeiten kein abschließendes Gesamturteil.

Doch hat sich durch die akribische Aufbereitung der erhalten gebliebenen 490 mehrteiligen Aktenvorgänge, an denen Goethe nachweislich mitgewirkt hat, der Weg zu aufschlußreichen Teilbeurteilungen eröffnet. Es ist immerhin eine Menge von referierenden Vorarbeiten und eine kleinere Anzahl von Voten und Gutachten sowie eine Vielzahl privatdienstlicher Verlautbarungen in Schriftform abgegeben worden. Davon hat Goethe eine ganze Reihe entweder handschriftlich verfaßt oder persönlich diktiert und mit seiner Unterschrift versehen. Vieles hat er eigenhändig mitkorrigiert und durch Siglen als seinen Anteil gekennzeichnet. Aus den 490 Beratungsvorgängen politischer, diplomatischer, ökonomischer, organisatorischer und verwaltungsinterner Art können wir an die 50 juristische Arbeitsfälle herauskristallisieren. Nachdem rund die Hälfte der Consiliumsakten nicht mehr auffindbar ist, kann mit ursprünglich rund 100 solcher von Goethe bearbeiteter Rechtsfälle gerechnet werden. Dazu kämen wohl noch zahlreichere Rechtsangelegenheiten aus den speziellen Kommissionsakten, die noch nicht aufbereitet oder die verlorengegangen sind. Insgesamt möchten wir den juristischen Arbeitsanteil an Goethes Weimarer Amtstätigkeit auf vielleicht 10% veranschlagen, was sich durchaus im üblichen Aufgabenrahmen eines hochrangigen Verwaltungsjuristen in einem ressortübergreifenden Gesamtministerium bewegte.

Nachfolgend zeigen wir die uns ins Auge springenden Rechtsgebiete auf, in die wir durch juristische Arbeitsbelege des amtierenden Dichterjuristen eingeführt werden.

Arbeitsbelege zum Staats- und Verfassungsrecht

Schon das erste Dokument aus den Consiliumsgeschäften führt uns in das Charakteristikum des damaligen Staatsrechts ein: Es erscheint als das übergeordnete Herrschaftsinstrumentarium des innenpolitisch souveränen Landesherrn im absolutistischen Obrigkeitsstaat des 18. Jahrhunderts.[158] Es handelt sich um ein Handschreiben des Herzogs Carl August vom 23. Apr. 1776 „mit eigenhändiger Korrektur von Goethe". Inhaltlich geht es um die Neubildung der Regierung mit organisatorischen und personellen Konsequenzen, wobei es zugleich um die künftige Dienststellung unseres „D"(= Doctor der Rechte) aus Frankfurt geht. Der Souverän unterbreitet dem Präsidenten des alten Regierungskollegiums ohne Vorberatung den mit Goethe durchdachten Reformplan, den er dann, auch gegen die Einwände des juristisch versierten Präsidenten, schließlich per Befehl durchsetzen wird.

Alle weiteren Aktenvorgänge bis zur Änderung der Weimarer Landesverfassung vom Jahre 1815 tragen dieses Kennzeichen der monarchischen Alleinherrschaft. Auch im landständisch mitgetragenen Verfassungsstaat nach diesem Wendejahr gilt das „monarchische Prinzip" – jetzt gemäß bundesstaatlichem Recht – weiter, wonach der Souverän nur in der Ausübung bestimmter Rechte an die Mitwirkung der Ständevertreter gebunden werden sollte (Wiener Schlußakte von 1820). An dieser staatsrechtlichen Entwicklung hat der Geheime Rat und Staatsminister v. Goethe auf landesrechtlicher Ebene durch allerlei Amtshandlungen mitgewirkt. Sein teilweise erheblicher, wenn auch nach außen verdeckter Einfluß auf die Zielsetzungen der herzoglichen Staatsgewalt und deren Umsetzung in konkretes Staatsrecht ist auf seine rechtskundige Mentorschaft zu Carl August zurückzuführen. Beispielhafte Belege sind in Goethes Tagebuchnotizen eingestreut:

„Gespräch mit dem Herzog über Ordnung, Politik und Gesetze" (14. Dez. 1778), oder „Mit Herzog, fingen an in den Institutionen (des Corpus Juris) zu lesen". – „Mit Herzog Institutionen." – Und wieder „Zu Herzog Institutionen" (14., 15. u. 16. März 1780)."

Ganz offensichtlich wurde der juristisch nicht vorgebildete Landesherr durch seinen Lehrmeister Goethe in die Grundzüge des Staatsrechts und in die allgemeinen Prinzipien des zum geltenden Gemeinen Recht gehörenden Römischen Rechts eingewiesen. Auf diesem Wege wurde juristisches Grundwissen auf den Schüler übertragen und konnte so in staatsrechtliche Entscheidungen einfließen.

Schon hier sei für die 53jährige Zusammenarbeit des Verwaltungsjuristen mit dem Staatsoberhaupt hervorgehoben, daß es Goethe von der Naturrechtslehre her zugleich um ein strenges Pflichtbewußtsein des Monarchen für das allgemeine Wohl ging. Nach dem Vernunftrecht der Aufklärungslehrer waren Rechte und Pflichten dem Staatszweck unterworfen, wodurch auch Carl Augusts Allgewalt einzuschränken war. Entsprechend sittliche Leitgedanken hat der nach Gerechtigkeit suchende Dichterjurist vielfach notiert. Dabei hat er sich u. a. auf einen Paulusvers über „rechtes" Handeln berufen und daraus den Satz abgeleitet: „Wer redlich ficht, wird gekrönt"; und rückschauend auf die wesentlichen Stützpunkte seiner Weimarer Amtszeit hielt er das Motto fest: „Hauptaperçu, daß zuletzt alles ethisch sei."[159] Die im Staatsgetriebe sich übende und festigende Herrscherfigur, die sich mit aller Amtsgewalt um das Staats- und Gemeinwohl in Landwirtschaft, Bergbau und Hausindustrie bemühte, hat Goethe nach 8jähriger Zusammenarbeit zu einem seiner tiefsinnigsten Gedichte inspiriert, das in der Huldigung gipfelt:

„Du kennest lang' die Pflichten deines Standes
Und schränkest nach und nach die freie Seele ein.
Der kann sich manchen Wunsch gewähren,
Der kalt sich selbst und seinem Willen lebt;
Allein wer andre wohl zu leiten strebt,
Muß fähig sein, viel zu entbehren."[160]

Die geforderte Fürstentugend „viel zu entbehren", richtete sich gegen übermäßige Ansprüche des Hofes und des Militärs zu Lasten des Staatsetats, sowie gegen überzogene Abgaben und Frondienste zu Lasten der Untertanen. In jeder Hinsicht war der Verwaltungsjurist auch als Staatsrechtler am Werk, freilich nur selten das lückenhafte positive Staatsrecht bemühend, sondern frei nach Staatsräson und Menschlichkeit verfahrend. Die Staatsgeschäfte waren überschaubar, umfaßte der Kleinstaat doch nur 36 Quadratmeilen mit rund 106 000 Einwohnern. In der Residenzstadt Weimar lebten damals etwa 6000 Personen.

Als Arbeitsbeispiel sei ein Aktenstück zum Etatrecht, der zentralen Materie des aufblühenden Jus publicum, herausgegriffen. Es zählte mit den Steuern als „Nerven des Staates" zu Goethes Hauptgeschäft und ermöglichte ihm, das gesamte materielle Staatsgefüge zu durchschauen und mitzugestalten.[161] Der Staatshaushalt des Herzogtums setzte sich aus dem Zivil-, Hof- und Militäretat der vereinigten Fürstentümer Sachsen–Weimar und Sachsen–Eisenach zusammen, die eigene landständische Kassendirektorien hatten und reichsrechtlich zum Obersächsischen Kreis gehörten. Der Amtsbezirk Ilmenau, der im Erbweg hinzugekommen war, hatte eine eigene Finanzverfassung, keine Landstände und war Bestandteil des Fränkischen Kreises. Das brachte in den räumlich und rechtlich zersplitterten Gebietsteilen Finanzprobleme mit sich, die es trotz der herzoglichen Finanzgewalt ratsam erscheinen ließen, in den beiden Landschaftsgebieten die Stände anhörend in die Mittelbeschaffung einzuschalten. Zu diesem Zweck wurde Goethe im März 1784 als unmittelbarer Vertreter des Herzogs zum Leiter von getrennten Sitzungen mit landständischen Deputierten der Fürstentümer Weimar und Eisenach eingesetzt. Es ging wieder einmal um die Übernahme von aufgelaufenen Kammerschulden und Militärkosten zu Lasten der „getreuen Landschaft". Darüber sind ausführliche Sitzungsprotokolle vorhanden, die von den Rechtsberatern der Landstände – dem jeweiligen „Landschafts-Syndicus" – geführt worden sind. Anwesend waren rechtskundige Deputierte der Prälatur (vertreten durch einen Rechtsprofessor), der kleinadeligen Ritterschaft und des Städtischen Corporis. Die Gesprächsführung ging souverän vom allseits respektierten „Dominus Commissarius Geheimde Rath von Goethe" aus, der fertige Zahlungsvorschläge mitbrachte und diplomatisch die Zusagen zur Hauptsache herauslockte. Ein rechtlich interessanter Besprechungspunkt war die Finanzierung eines 111 Mann starken Kontingents für das Reichsheer, worüber Meinungsverschiedenheiten über die Berechnungsweise und Betragshöhe auftauchten. Falls dazu juristische Einwände erhoben worden wären, hätte unser Sonderkommissar als Kenner des alten Reichsrechts gewiß Paroli bieten können. Das Jus armorum gehörte längst zum unanfechtbaren Machtpotential des Landesherrn. Aber die mehrseitigen Protokolle geben für rechtliche Auseinandersetzungen nichts her. Auch die angefügten Ergebnisberichte des Sitzungsleiters für den Herzog haben nur sacherklärenden Charakter „in Erwartung fernerer Befehle". Bemerkenswert ist in einem Abschlußbericht zur Renovierung des Landschaftshauses in Weimar Goethes Befürwortung mit dem Satz, daß die Sache „zur Beruhigung Höchster Herrschaft und eines jeden um Höchstdieselben besorgten Staatsbürgers gereichen könne". Auch hierbei lag ihm das gemeinsame Wohl von Staat und Bürgern am Herzen. Kein Wunder, daß ihm die Herren Stände nach Abschluß des Landausschußtages ein „Douceur" als eine Art Aufwandsentschädigung bewilligten; ein Privatschreiben Goethes mit seinem „verpflichteten lebhaften Dank" über einen Betrag von 200 Gulden (im Werte von damals 100 Konventionstalern oder etwa 133 Reichstalern) ist zu den Akten genommen worden. Unser sparsamer „Finanzminister" wollte die materielle Gunstbezeugung nicht zurückweisen, aber sich auch nicht klammheimlich „bestechen" lassen.

Gutachter im Staatskirchenrecht

Zum staatsmännischen Engagement des Verwaltungsjuristen, der ja als „Doktor beider Rechte" in die Amtsgeschäfte eingeführt wurde, gehörte neben seinem Dienst im weltlichen Recht auch der im Kirchenrecht. Wir kennen seine Vorliebe zu dieser Rechtsmaterie aus seiner Straßburger Dissertation und seiner Disputationsthese 42: „Über alles, was offenkundig geschieht, richtet der (weltliche) Richter, über die verborgenen Dinge die Kirche." Von diesem Standpunkt aus beurteilte er auch die geltende evangelisch-landesherrliche Kirchenordnung, die in Weimar aus dem Jahre 1664 stammte und von aufgeklärten Ständevertretern attackiert wurde. Es ging um das orthodoxe Kapitel 28: „Von der Kirchendisziplin und öffentliche Abbitt derer, so mit groben äußeren Sünden die Kirche geärgert, welches man die Kirchenbuße nennt." Es gab immer noch die Anprangerung von der Kanzel aus mit dem öffentlichen Schuld- und Reuebekenntnis, wovon sich jedoch die Wohlhabenden durch Zahlung eines Bußgeldes befreien konnten.

Goethe schaltete sich am 14. Dez. 1780 auf eigene Initiative durch ein fünfseitiges Gutachten in den Streit ein. Er plädierte für die Abschaffung dieser demütigenden „Kirchenstrafe", die aus einer seelsorgerlichen Maßnahme zu einem polizeistaatlichen Druckmittel geworden war. Der Jurist beruft sich bei der Auslegung des rückständigen Staatskirchengesetzes auf die Entwicklung der Verhältnisse und begründet den staatlichen Anspruch auf Rechtsänderung ganz vom weltlichen Sinne her:

„Über dieses getraue ich mir aus der heiligen Schrift und der Kirchengeschichte zu beweisen, daß die Kirchenbuße, wie sie

> gedachtes Kapitel vorschreibt, weder apostolisch noch altkirchlich sei. Man hat hier, wie in mehreren Fällen, einerlei Namen zu verwandten Begriffen gebraucht. Sie bald im geistigen, bald im cruden [= rohen], einmal im politischen, dann im kirchlichen und wieder im menschlichen Sinne genommen. Die Worte: Abtrünnig, Abfall, Rückkehr, Aufnahme, Disziplin, Zensur, Ordnung, Reue, Buße, Vergebung, Beichte aller Arten, Absolution, Bann, bezeichnen verschiedene Begriffe, die noch dazu sich mit jedem Jahrhundert, und oft in dem Munde zweier Lehrer oder Sekten nüancieren ... eine Einrichtung, die nun gar durch eine Reihe von Zeit und Umständen völlig ausgeartet ist. Vergeblich werden wir uns bemühen, sie dem Sinne der ersten Kirche näher zubringen. Wer ein Gesetz verfaßt, betrachtet den Sinn seiner (eigenen) Zeiten ...“[162]

Goethe schlug eine Gesetzesänderung vor, die das rückständige Kapitel der Kirchenordnung außer Kraft setzen, dafür die weltliche Strafgerichtsbarkeit verbessern und die innerkirchliche Seelsorge kräftigen sollte. Seine zeitgebundenen praktischen Vorschläge gipfelten in der zeitlosen Maxime: „Kein Glied der Gemeinde wird sein Sozietätsrecht für gekränkt halten, wenn man menschlich, ordentlich und geziemend mit einem anderen Gliede verfährt.“ Die kirchenkritischen Gedanken, die auf Studien eines theologischen Aufklärungswerkes von Gottfried Arnold mit dem Titel „Unparteiische Kirchen- und Ketzer-Historie“ aus der väterlichen Hausbibliothek zurückgehen, werden später in „Wilhelm Meister“ vertieft fortgeführt.

Der Votant im Strafrecht: Befürworter der Todesstrafe

Im Herbst 1783 erhielten die Mitglieder des Geheimen Consiliums den herzoglichen Befehl, sich anläßlich eines Kindsmordsprozesses schriftlich zur Frage der Abschaffung oder Beibehaltung der Todesstrafe zu äußern.[163] Auch Goethe, jetzt 34 Jahre alt, wurde ausdrücklich dazu aufgefordert, seine „Gesinnungen zu den Akten“ zu geben. In einer ersten eigenhändigen Niederschrift erklärte er am 25. Okt. zögerlich: „... Ich getraue mir nämlich nicht meine Gedanken in Form eines Voti zu fassen, werde aber nicht ermangeln, in wenigen Tagen einen kleinen Aufsatz untertänig einzureichen.“ Der erwähnte Aufsatz ist nicht mehr auffindbar. Am gleichen Tag gaben der 52jährige Consiliumspräsident v. Fritsch, tags darauf der 61jährige Vizepräsident C. F. Schnauss ausführliche Stellungnahmen unter Bejahung der Todesstrafe ab. Nach einer Überlegungsfrist von 10 Tagen reichte unser jüngstes Beratungsmitglied das eigenhändige Kurzvotum ein:

> „Da das Resultat meines untertänigst eingereichten Aufsatzes mit beiden vorliegenden gründlichen Votis völlig übereinstimmt; so kann ich um so weniger zweifeln, selbigen in allen Stücken beizutreten, und zu erklären, daß auch nach meiner Meinung rätlicher sein mögte die Todesstrafe beizubehalten. – Den 4. Nov. 1783. JW Goethe.“

Der erste Hauptvotant hatte sich positivrechtlich auf die „fast allgemeine Übereinstimmung aller Criminal-Gesetze“ mit dem darin verankerten Jus talionis gestützt. Reichsrechtlich galt noch die Peinliche Halsgerichtsordnung Karls V. von 1532, deren grausame Strafandrohungen in der Aufklärungszeit landesrechtlich abgeschwächt wurden; der bewanderte Jurist Fritsch hatte jedoch die jederzeitige Möglichkeit des „landesherrlichen Begnadigungsrechts“ hervorgehoben und abschließend die rechtspolitische Frage aufgeworfen und offengelassen:

> „Wie wäre es, wenn man überhaupt keine bestimmte, ohnehin auf alle einzelnen Fälle niemals ganz passende Strafe auf den Kindermord setzte, sondern in einem jeden einzelnen Falle nach sorgfältiger Untersuchung und Erforschung aller Umstände die auf solchen quadrierende Strafe zu determinieren dem Landesherrn vorbehielte?“

Der zweite Hauptvotant hatte betont, das Geheime Consilium sei „kein Justiz- oder Rechts-Collegium“ für Entscheidungen aus dem peinlichen Recht; es komme hier „nicht so wohl auf eine Entscheidung nach den angenommenen Gesetzen, sondern mehr auf eine politische Gerechtigkeit an, die eine Wirkung auf den Staat haben soll".

Goethes „vollständige Übereinstimmung" war hiernach letztlich ein Bekenntnis zur Staatsraison, die in der Staatsdienerschaft des ausgehenden 18. Jahrhunderts noch einen starken, abschreckungsbereiten Staat verlangte. Der Landesherr sollte zwar aufklärungswillig sein, aber doch autoritätsbewußt bleiben und sich der strafrechtlichen Gnadeninstanz in der einschneidendsten Strafart nicht begeben. Aus heutiger Sicht scheint Goethes Bejahung der Todesstrafe im Widerspruch mit seiner poetisch verkündeten und ansonsten auch amtlich vertretenen Menschlichkeit zu stehen. Sein Standpunkt, am damals bestehenden gesetzlichen Brauch der Androhung der Todesstrafe festzuhalten, dürfte in seiner Studienzeit verwurzelt gewesen sein. Sein Leipziger Rechtslehrer C. F. Hommel hatte 1765, im ersten Studienjahr Goethes, bereits Gedanken einer liberalen Strafrechtsreform vertreten und fünf Jahre vor dem genannten Kurzvotum seines Rechtsschülers das „unsterbliche Werk von Verbrechen und Strafen" des Mailänder Aufklärungsjuristen Beccaria ins Deutsche übersetzt, aber die darin geforderte Abschaffung der Todesstrafe als „das Bedenklichste am ganzen Werk" bezeichnet. Wie befangen die Juristen im Zeitgeist noch waren, zeigte auch der Vorschlag Beccarias, die Todesstrafe durch eine lebenslange Freiheitsentziehung „in Ketten" zu ersetzen. Goethes Straßburger Disputationsthesen Nr. 55 und 53 haben die Todesstrafe für eine Kindsmörderin als eine „Streitfrage unter den Doktoren" zwar offen gelassen, aber als allgemeinen Grundsatz festgehalten:

„Die Todesstrafen sind nicht abzuschaffen."

Übrigens hatte sich auch der von Goethe verehrte Advocatus patriae J. Möser für die Beibehaltung der Todesstrafe ausgesprochen. Goethes Auffassung fand später auch in seinen Maximen und Reflexionen ihren Niederschlag (vgl. oben S. 108 f.).

Hiernach hat Goethe die Beibehaltung der Todesstrafe aus praktisch-politischen und nicht aus grundsätzlichen Erwägungen für erforderlich gehalten. Prinzipiell hingegen lehnte damals Immanuel Kant, den Goethe als den vorzüglichsten Philosophen bezeichnete, die Abschaffung der Todesstrafe ab. Nach seiner Theorie vom Wiedervergeltungsrechte war die Todesstrafe für Mord durch die Gerechtigkeit schlechthin geboten.

Es darf nicht übersehen werden, daß Goethe in seinem späteren Altersroman „Wilhelm Meisters Wanderjahre" im dortigen letzten Buch anscheinend eine Wendung vorgenommen hat. Im Blick auf die damalige Auswanderungswelle nach Amerika schreibt er:

> „Drüben über dem Meere, wo gewisse menschenwürdige Gesinnungen sich immerfort steigern, muß man endlich bei Abschaffung der Todesstrafe weitläufige Kastelle, ummauerte Bezirke bauen, um den ruhigen Bürger gegen Verbrechen zu schützen und das Verbrechen nicht straflos walten und wirken zu lassen."[164]

Im Ersten Buch des Romans hatte er den „strebenden Geist" eines „Edlen" hervorgehoben, der sich den „Maximen einer allgemeinen Menschlichkeit" im Sinne fortschrittlicher Strafrechtslehrer verpflichtet fühlte.

Bekanntlich ist die Todesstrafe speziell für Kindsmorde erstmals 1813 in Bayern aufgehoben und als allgemeine Kriminalstrafe in Deutschland erst durch das Bonner Grundgesetz von 1949 abgeschafft worden.

Der „Fahnder" und „Staatsanwalt"

Inmitten von Goethes Amtsakten stoßen wir auf Vorgänge, die den Verwaltungsjuristen in der Rolle eines Strafverfolgungsbeamten ausweisen. Als vormaliger freier Advokat, der die Privatinteressen seiner Klienten zu vertreten hatte, nahm er hier gewissermaßen die Stellung eines dienstverpflichteten „Advocatus patriae" ein, der die Staatsinteressen insbesondere als sachkundiger „Advocatus fisci" nachdrücklich vertrat. Als eng Vertrauter des Herzogs nahm er polizeiliche Untersuchungen und Maßnahmen vor, wie sie im benachbarten Preußen dem staatlichen „Fiscal" als dem Vorläufer des modernen, seit 1849 so benannten „Staatsanwalts" oblagen.

Wir finden mehrseitige, von Goethe eigenhändig konzipierte herzogliche Reskripte an das Regierungspräsidium für das Teilfürstentum Sachsen–Weimar aus den Jahren 1781/82 vor, in denen es um die Untersuchung und Bestrafung der Amtsvergehen eines Steuersekretärs und Ratsherrn Gruner aus Ilmenau geht.[165] Eine heikle Seite war die Verquickung von Staats- und Privatgeldern nicht nur in der Hand dieses Unterbeamten, sondern bis hinauf zum Präsidenten des Geheimen Consiliums. Nach dem Kassenschlendrian der Zeit bestand noch keine scharfe Trennung zwischen Amts- und Privatsphäre; es war geradezu Usus geworden, „Propre-Reste", d. h. staatseigene Kassenüberschüsse „leihweise" für Privatbedürfnisse zu entnehmen, bis sie für Amtszwecke ausdrücklich eingefordert wurden.

„Wir haben", heißt es da zu der angestellten Untersuchung, „ungerne ersehen, wie hoch sich der so lang versteckte und bezweifelte Grunerische Proprerest belaufe, und welches unverantwortliche Betragen sich dieser Mann bei der ihm bisher anvertrauten Einnahme (hat) zu Schulden kommen lassen ... So können Wir nicht finden, wie derselbige einige Schonung bei diesem Unwesen verdienen möge, da er sich, wie aus den Akten auf das klarste erhellet, überall einer unerhörten Untreue, Unordnung, Nachlässigkeit und Widersetzlichkeit schuldig gemacht, und dadurch die Kasse auf das schändlichste sowohl bevorteilt als auch dieselbe, wie es seine Pflicht gewesen, in einen bessern Zustand zu versetzen, verabsäumt ... Da bei der gegen ihn verfügten gesetz- und ordnungsmäßigen Untersuchung bereits ein so großer, obgleich von ihm noch nicht eingestandener Proprerest zum Vorschein gekommen, daß seine Kaution, ja vielleicht sein ganzes Vermögen denselben zu tilgen nicht hinreichend sein möchte ... Wir haben demnach die wohlbedächtige Entschließung dahin gefaßt, daß besagter Gruner sogleich von seinem Steuereinnehmerdienste sowohl als von seiner Ratsherrnstelle, welche er, nach dem was geschehen ferner zu bekleiden unwürdig ist, entsetzt werden solle und habt ihr hiernach die von ihm bestellte Kaution einzuziehen und sein sämtliches Vermögen, bis zum Austrag der Sache, mit Arrest zu belegen, auch ihn, daß er sich bis dahin von Ilmenau unter keinerlei Vorwand entfernen wolle, eidlich angeloben zu lassen ... Wobei ihm aber seine bisher gewohnten Ausflüchte, Verwirrungen und Unterschleife auf alle Weise mit der größten Vorsicht abzuschneiden ... als bis dahin Wir Unsere endliche Entschließung über mehrere einzelne Punkte, besonders über des treulosen Einnehmers gerechte Bestrafung vorbehalten. ... (auch) kann der Stadtsekretarius Blumröder wegen der hierbei zu Schulden gebrachten und eingestandenen Kollusion (Verschleierung) nicht von aller Strafe befreit bleiben."

In einem späteren, rückblickenden Gespräch mit dem Weimarer Kanzler F. v. Müller äußerte unser „Staatsanwalt":

„Der Charakter ersetzt nicht das Wissen, aber er suppliert es. Mir ist in allen Geschäften und Lebens-Verwicklungen das Absolute meines Charakters sehr zustatten gekommen; ich konnte Vierteljahre lang schweigen und dulden, wie ein Hund, aber meinen Zweck immer festhalten; trat ich dann mit der Ausführung hervor, so mußte ich unbedingt mit aller Kraft zum Ziele, mochte fallen rechts und links, was da wollte ... Den Ilmenauer Steuerkassierer Gruner brachte ich ins Zuchthaus, weil ich im Conseil seinen Propre-Rest von 4000 Talern, den er durch falsche Restspezifikation maskiert hatte, schonungslos aufdeckte, trotzdem daß der Minister Fritsch und (die Regierungsräte) Hetzer, Eckardt p. ihn protegierten ... Einen Parvenu wie mich konnte bloß die entschiedenste Uneigennützigkeit aufrecht halten. Ich hatte von vielen Seiten Anmahnungen zum Gegenteil, aber ich habe meinen schriftstellerischen Erwerb und zwei Drittel meines väterlichen Vermögens hier zugesetzt."

Bemerkenswert ist auch ein Selbstzeugnis, das Goethe nach dem Besuch der Strafanstalt in Ilmenau abgegeben hat:

> „Heut früh haben wir alle Mörder, Diebe und Hehler vorführen lassen und sie alle gefragt und konfrontiert. Ich wollte anfangs nicht mit, denn ich fliehe das Unreine – es ist ein großes Studium der Menschheit und der Physiognomik, wo man gern die Hand auf den Mund legt und Gott die Ehre gibt, dem allein ist die Kraft und der Verstand pp. in Ewigkeit Amen."

Seine hier ausgesprochene Flucht vor dem „Unreinen" wird als ein geheimes Gesetz seiner Persönlichkeitsentwicklung im ersten Lebensjahrzehnt seiner Weimarer Amtstätigkeit gedeutet. Die „Idee des Reinen" war Bestandteil seines Humanitätsideals, dem er auch als Staatsdiener zustreben wollte.

Der Fachmann im Steuerrecht

Was den Verwaltungsjuristen an amtlichen „Unreinheiten" besonders bedrückte, waren die Mißstände im Steuerwesen. Nach einem Umritt im Steueramtsbezirk Ilmenau schrieb er einem Juristenfreund:

> „So steig ich durch alle Stände aufwärts, sehe den Bauersmann der Erde das Notdürftige abfordern, das doch auch ein behaglich Auskommen wäre, wenn er nur für sich schwitzte. Du weißt aber, wenn die Blattläuse auf den Rosenzweigen sitzen und sich hübsch dick und grün gesogen haben, dann kommen die Ameisen und saugen ihnen den filtrierten Saft aus den Leibern. Und so gehts weiter, und wir habens so weit gebracht, daß oben immer in einem Tage mehr verzehrt wird, als unten in einem beigebracht werden kann."[166]

In diesem Verwaltungsbereich war speziell der Jurist gefragt, der die unterschiedlichen Rechtsgrundlagen und Rechtsverhältnisse durchschaute und im beiderseitigen Interesse von Steuerstaat und Steueruntertanen so gerecht als möglich handhaben konnte. Nach dynastischen Erbverträgen für das Amt Ilmenau bestanden Rechtsbeziehungen zum Fränkischen Reichskreis, wonach ein Anteil an den Reichskosten zur Unterhaltung des Reichsheeres in Form der sog. „Römermonate" zu leisten war. Durch Kriegskosten, zuletzt aus dem Siebenjährigen Krieg (1756–1763), und durch Anleihen waren hohe Kommunalschulden aufgelaufen, die von den Einwohnern noch im Jahre 1779 durch 25, im Jahre 1783 durch 20 Steuertermine aufzubringen waren. Die direkten Steuern wurden als Grundsteuer erhoben, die jedoch nicht mit dem Ertragswert, sondern willkürlich nach Einschätzung durch den Steuereinnehmer veranlagt wurde. Es fehlten zuverlässige Grund- und Katasterbücher, so daß die Besteuerten, insbesondere nach Vererbungen, Veräußerungen oder Verpfändungen, ohne Rechtssicherheit dastanden, aber auch die Steuerbehörde ins Hintertreffen geraten konnte. Das war für den Verwaltungsjuristen, der seit 6. Juli 1784 in der vom Herzog neu errichteten Ilmenauer Steuerkommission mitwirkte, für zwei Jahrzehnte ein lohnendes, lebendiges Arbeitsfeld. Die angestrebte große Steuerrevision mit neuen Vermessungen und Bewertungen der Grundstücke ließen vielerlei Beschwerden und komplizierte Rechtsstreitigkeiten erwarten; sie erforderten rechtlich anspruchsvolle Leitungsmaßnahmen, die Goethe unter der Mitarbeit des Hofjuristen C. G. Voigt als bestaunenswerten Fachmann ausweisen.

Für einen Kenner des Finanzdienstes ist es ein besinnliches Vergnügen, das Motto nachzuempfinden, das der Verwaltungsjurist nach Übernahme der Finanz- und Steuergeschäfte über seine Amtsstube schrieb:

„Hic est aut nusquam quod quaerimus", d. h. „Hier oder nirgends ist, was wir suchen" (sollen), was nach Horaz unsere Aufgabe und Pflicht ist.[167] „Dabei bin ich vergnügter als jemals", erklärt er seinem Freund, „denn nun hab ich nicht mehr, wenigstens in diesem Fache das Gute zu wünschen und halb zu tun und das Böse zu verabscheuen und ganz zu leiden. Was nun geschieht, muß ich mir selbst zuschreiben, und es wirkt nichts dunkel durch den Dritten und Vierten, sondern hell gleich gerade auf mich."

Aus den Früchten der so aufgefaßten Reformarbeit im Finanz- und Steuerfach ließen sich an die 50 erhalten gebliebene Aktenstücke anführen.[168] Darunter befinden sich Referentenberichte, Voten, Konzepte, Reskripte und Kanzleischreiben zu einem vielfältigen Konglomerat von Abgaben und Verfahrensweisen auf staats-, feudal- und polizeirechtlichen Grundlagen. Die Vorgänge beziehen sich auf Fachbegriffe wie diese: „Ordinarsteuern" und „Extraordinarsteuern"; „Personensteuer", „Warensteuer", „Rauchhühner" oder „Herdsteuer" (Naturalabgabe vom eigenen Rauch oder Herd), „Mohnabgabe", „Frondienste"; „Impost" (Verbrauchsteuer auf Wein), „Bierpfennig", „Tranksteuer" und „Fleischpfennig" (Akzisen, Verbrauchsteuern), „Branntweinschankzins", „Brotabgabe", „Wegegelder" (Straßenzölle, oft in Pacht vergeben), „Kollateralgelder" (Abgaben zugunsten der Waisenhäuser); „Zinskorn" (herrschaftliche Getreideabgabe), „Erbzins" (auf dem Grundstück ruhende ewige Abgaben), „Steuerbeschockung" (Grundsteuer-Bemessung nach dem Zählmaß „Schock" = 60 Groschen); „Abgabe von Sperlingsköpfen" (jährliche Ablieferung durch sämtliche Untertanen zur Bekämpfung der Spatzenplage). Beachtlich sind Goethes weit ausholende Vorarbeiten zur Rechtsgeschichte der Steuern, wonach er sich eingehend aus Schrifttum und Archivakten juristisches Fachwissen aneignete.[169] Kenntnisreich ist auch seine fachmännische Begriffsbestimmung der Steuern:

> „Steuern (sind) solche Abgaben, die von dem Landesherren zur Erhaltung und Beschützung des Staats, zu Abwendung gemeiner Not, zu Förderung gemeinsamen Bestens auferlegt worden, die denn auch mit einer allgemeinen Gleichheit womöglich erhoben werden sollen. Das Fundament, worauf sie ruhen, ist ein innerer Wert der Güter, sie haben ein Verhältnis zu dem Ertrag derselben."[170]

Als einschlägige Arbeitsbeispiele seien hier noch einige Auszüge aus Goethes großen Beratungsgutachten für das Geheime Consilium wiedergegeben:

> „Man muß wohl bemerken, daß die Frage, wie ein bessrer modus exequendi (Vollstreckungsmodus) als der bisherige

einzuführen sei, eine doppelte Proposition in sich fasse, die erste ist, inwiefern läßt sich ein modus exequendi denken, der die rückständigen Steuern auf eine dem Landmann weniger lästige und verderbliche Art beibringt, die andere ist, lassen sich Mittel erfinden, die rückständigen Steuern sträklicher (schärfer) und sicherer zur Kasse einzubringen? Wie schwer beide Wünsche zu verbinden sind, zumal in einem Lande wie das unsre, wo die Abgaben aufs höchste gespannt sind, läßt sich sogleich empfinden ...
Bei denen ohne Frage überspannten Abgaben der Untertanen ist ihnen die möglichste Nachsicht zu gönnen ... Immer aber muß die alte Betrachtung wieder vor Augen stehen, daß der Untertan in seinen bekannten Umständen jederzeit Mitleiden und Nachsicht verdient, und ob es gleich wahr ist, daß die Strenge, womit man eine Krankheit behandelt, womit man einen Menschen, der aus dem Wege weicht, zu seiner Schuldigkeit sträklich zurückbringt, eine wahre Wohltat ist, so fragt sichs doch immer: ob derjenige, auf den diese Operation gemacht werden soll, so viel Kräfte hat, um mit Macht auf einmal angegriffen werden zu können ... Woraus man sieht, daß bei dem unvermeidlichen Übel doch durch Treue und Savoir faire der Untertan von einem Steuereinnehmer leidlich behandelt werden kann.“[171]

„Die Ordinarsteuern waren in der größten Unordnung, diese sind nunmehr berichtigt ... Ein Untertan, der behauptet, er sei steuerfrei oder habe solche in einem andern Verhältnis zu leisten als seine Mituntertanen, würde wohl den Beweis zu führen und ein besonder Privilegium oder eine Concession vorzubringen haben; nicht so mit den Erbzinsen. Hier tritt die Vermutung der natürlichen Freiheit ein und wer sie fordert, muß die Schuldigkeit dartun. Die Frage, inwiefern die Untertanen in dieser Sache rechtlich Gehör fordern können, wird auch mit Hilfe dieser Distinktion am besten beantwortet. Wollte man auch wegen der Steuern keine weitläufige Rechtfertigung gestatten, so würde man sie ihnen doch wegen der Zinsen schwerlich versagen können ...
Gesetzt auch, die neue Zinsauflage sei nach dem strengen Recht zu fordern, wie doch nicht ist, und sei gering und der

vielen Worte nicht wert. Gesetzt, daß sie der Besitzer selbst kaum im Beutel spüre, daß nur seine Einbildung davon gedrückt werde, so ist auch dieses von Bedeutung ... Glücklicherweise haben die Einwohner der Gebirge ein Gefühl von Selbständigkeit und Freiheit, das oft in eine Art von Trotz ausschlägt und ihre Behandlung freilich schwerer macht. Ein leidenschaftlicher Subaltern (hier ein Steuereinnehmer) mögte lieber gleich ein solch Gefühl unterdrücken, dessen Äußerungen als Starrsinn und Meuterei verschreien, und Gewalt brauchen, um geschwinder fertig zu werden. Ein Collegium und noch mehr ein Fürst haben diese Phänomene ganz anders anzusehen. Wie ein verständiger Vater die Tugenden und Fehler seiner Kinder anders beurteilt als das beschränkte Gesinde, das gut heißt, was ihm angenehm und bequem, dagegen böse, was ihm unbequem und lästig ist.“[172]

Wirtschaftsjurist und Staatsökonom

„Immer fortwährende Freude an Wirtschaft, Ersparnis, Auskommen ... Dachte über meinen veränderten vermenschlichten Gesichtspunkt über Geschäfte, besonders das ökonomische Fach ... Cammer Bilance von 77. Mancherlei gedacht über vorige und jetzige Wirtschaft ... Gespräch über Ökonomie, Viehstand, besonders spanische Schafe ... Fuhr ich mit August nach Ober-Weimar, besah die Thaerischen Ackergeräte und übrige Ökonomie.“[173] Beispielhafte Tagesnotizen, hier aus den Amtsjahren 1778 und 1810, die flüchtige Hinweise auf Goethes Beschäftigung mit Wirtschaftsfragen geben. Nach der Umarbeitung des Staatshaushalts schreibt er Anfang 1786: „Man sieht nicht eher, wie schlecht eine Wirtschaft ist, als wenn man ihr recht ordentlich nachrechnet und alles umständlich bilanciert ...“, von „dem Fache, das mich jetzt interessiert“[174] sprechend. Die enge Verknüpfung des Finanz- und Steuerrechts mit der Staats- und Privatwirtschaft hat den Verwaltungsjuristen im Zuge des aufgeklärten Wohlfahrtsstrebens unausweichlich in das kleinstaatliche Wirtschaftsrecht und die Praxis der Wirtschaftsverwaltung hineingestellt. Die schon erwähnten Vorgespräche mit dem Weimarer Kronprinzen über die Ideen des Osnabrücker Vaterlandsadvokaten J. Möser haben ihn von Anfang an für die nationalökonomischen Strömungen der Zeit aufgeschlossen. In diesem weiten Fachbereich entfaltete Goethe sein produktives Talent auf so vielfältige Weise, daß wir uns hier auf Kurzangaben beschränken müssen.[175]

Die wohl größte wirtschaftsfachliche Herausforderung für Goethe war die leitende Mitwirkung in der oben schon angesprochenen Bergwerkskommission für die geplante Kupfer- und Silbergewinnung bei Ilmenau. Die Schürfrechte waren Weimar mit erheblichen dynastischen Erb- und Nachbarschaftslasten zugefallen. In einem ausführlichen Bericht an den Herzog von 1781 hat sich Goethe mit der verworrenen Rechtslage auseinandergesetzt. „Bergwerksangelegenheiten wollen, wie die Kriegsvorfälle, summarisch tractieret sein, weil Unordnung, böser Wille, Nachlässigkeit sich da am meisten verstecken und Schlupfwinkel finden können, wo bei den Befehlen Mehrerer Verzug und Verschleifung so möglich ist"; wie der Streit um das auf verschiedene Hoheitsträger übergegangene Bergregal zeigte, schien es angebracht, „lieber durch Vergleich als durch Strenge des Rechts sich auseinanderzusetzen".[176] So hatten die Kommissionsmitglieder typisch juristische Fragen zu klären und nach Gründung einer staatlich gelenkten „Gewerkschaft" auch gesellschafts- und wertpapierrechtliche Regelungen zu treffen. Wir sehen Goethe auf juristisch vorbereiteten Bergwerkkonferenzen den Vorsitz führen, anspornende Reden „um des gemeinen Besten willen" schwingen, eine „Verordnung an das Bergbauamt" ankündigen und erklären: „Wir finden hier alles in den Gang vernünftiger bürgerlicher Ordnung eingeleitet; wir finden die Gesetze aufrecht und ein betriebsames Volk geneigt, sich nach selbigen zu richten!"[177] Freilich darf nicht übersehen werden, daß dem Dichterjuristen gut eingearbeitete Hofjuristen zur Seite standen.

Zahlreiche Schriftstücke belegen Goethes Mitwirkung in wirtschaftsrechtlichen Angelegenheiten des Gewerbes, so über gesetzliche und ökonomische Fragen von herrschaftlichen Eigen- und Pachtbetrieben sowie von Handwerkseinrichtungen und neu aufkommenden Betriebsformen wie Manufaktur und Fabrik.[178] Es ging z. B. um die Klärung von Schuldverhältnissen und wirtschaftliche Rücksichten bei einem herzoglichen Wirtshaus und einem Kammergut oder um die Anlage einer herrschaftlichen Walkmühle für Strumpffabriken. Besonders sachkundig machte sich Goethe im Falle einer Prozellanfabrik, die aus der herzoglichen Schatulle bezuschußt wurde; da die übrigen Consiliumsmitglieder zur Beurteilung der Vermögensverhältnisse „nicht hinlängliche merkantilistische Kenntnis" einräumten, ließ sich Goethe von einem buchführungskundigen Lotteriekassier beraten und schlug dann eine zutreffende Bewertung der Warenbestände „nicht nach ihren Verkaufspreisen, sondern nur wie selbige der Fabrik selbst zu stehen kommen" (also nach den sog. Herstellungskosten) vor und regte auf dieser Basis eine jährliche Bilanzierung an.

Vielfältig war Goethes Beratungstätigkeit auch in reichs-, landes- und innungsrechtlichen Streitsachen des Handwerks. Er setzte sich u. a. dafür ein, daß an der „Gerechtsame" des Handwerks in Einzelfällen „nicht zu rühren ist". Er war auch mit Fragen des Verkehrswesens befaßt, als er die obengenannten Wegebau- und Wasserbaukommissionen leitete; das unvollständig überlieferte Schriftgut hierzu ist noch nicht aufbereitet. Aus den Consiliumsakten ist ersichtlich, daß z. B. arbeitsrechtliche Regelungen für die nützlichen Dienste von „Wegeknechten" zu treffen waren. Beachtlich sind Goethes mehrfache Erörterungen über die Wirtschaftlichkeit von Brücken-, Wasser- und Dammbauten. Noch in späten Jahren hat er sich in staatsökonomischer und kommerzieller Hinsicht lebhaft für Kanalprojekte interessiert.[179]

Eine Fülle von Aktivitäten Goethes findet sich im Bereich der Land- und Forstwirtschaft, mit der er sich schon als Steuerkommissar eingehend zu beschäftigen hatte; war das Weimarer Herzogtum doch vorwiegend Agrarstaat mit kleinbäuerlichen Betriebsformen.[180] Da ging es beispielsweise um die Ermittlung günstiger Pachttermine für Domänengüter oder um die Pflicht von gemeindlichen Fuhrleistungen bzw. deren Freistellung „salvo jure". In einem „Untertänigsten Pro Memoria" nimmt Goethe zu der staatswissenschaftlich propagierten Zerschlagung und Aufteilung herrschaftlicher Kammergüter hinhaltend Stellung:

> „Es kommen dabei verschiedene politische, juristische und ökonomische Betrachtungen vor, welche wohl zu erwägen sind, damit man, wenn das Geschäft angefangen oder gar beendigt worden, nicht alsdann erst Bedenklichkeiten zu heben und Hindernisse aus dem Weg zu räumen habe."

Von relativ großer staatswirtschaftlicher Bedeutung waren die Forsten, für die wir auf einen endlosen Rechtsstreit mit dem benachbarten Miniaturherzogtum Sachsen-Meiningen aufmerksam machen.[181] Nach einem Stoßseufzer Goethes war es ein „böser Prozeß", bei dem er sich mit alten Erbteilungsverträgen, einer ungenauen Wald-, Holz- und Forstordnung sowie mit feudalen Rechtsbindungen und gewohnheitsrechtlichen Übungen auseinandersetzen mußte. Der Fall wurde beim Reichshofrat in Wien anhängig und drohte über den Reichstag zu Regensburg in Zwangsmaßnahmen gegen Weimar zu enden; doch kam es schließlich im Sinne einer Empfehlung Goethes zu einem erfolgreichen Vergleich, in dem man den Vertretern der Gegenpartei „zugleich mit den rechtlichen Gründen das Billige und Thuliche zu Gemüte führte". Der Vorgang ist typisch für das Bemühen des Verwaltungs- und Wirtschaftsjuristen, juristische Argumente mit einer menschlichen Haltung so zu verbinden, daß, wie er in einem Votum formulierte, nach Möglichkeit „ein gemeinschaftliches freundliches Benehmen" erreicht wird. Anders als ein Mitgutachter, der die „Exceptiones iuris" in Betracht zog, stützte sich Goethe hierbei voll und ganz auf seine „Gesinnungen" und wich juristischen Konstruktionen aus.[182] Offenbar suchte er der Mannigfaltigkeit des Soziallebens weniger durch die subsumierende Einordnung in ein Rechtssystem beizukommen als durch ein „nationalökonomisches" Denken in wirtschaftlichen und politischen Zusammenhängen.

In diese Richtung lief auch sein ausführliches Gutachten zur Reform des partikularen Weimarer Konkursrechts, wo er erklärte:

„Dadurch, daß in vorigen Zeiten die hypothekarischen Gläubiger so schlecht beraten waren, hat man, wie es mir scheint, sich verleiten lassen, eine allzugroße Sicherheit für sie zu suchen, anstatt daß vielleicht in der Mitte das Billige, Rätliche, Tunliche sich befindet."

Die Interessen der öffentlichen und privaten Gesamtwirtschaft betrachtend, stellte er den Kredit als „etwas Geistiges" heraus, das nicht mit starren Rechtsfesseln belegt werden darf.

Der Diplomat und das Bündnisrecht

Von Anfang an sehen wir Goethe im Umfeld des Weimarer Kleinstaates als Reisebegleiter oder Beauftragten des jungen Herzogs Kontakte mit benachbarten Fürstenhäusern pflegen und ad hoc Aufgaben des diplomatischen Dienstes wahrnehmen. In juristischer Hinsicht ging es vor allem um das außenpolitische Bündnisrecht, das während Goethes Amtszeit erheblichen Wandlungen unterlag.

Die ersten einschneidenden Rechtsprobleme tauchten während des Bayerischen Erbfolgekrieges von 1778/79 auf, der bekanntlich zum Zusammenstoß zwischen dem Habsburger Kaiser Josef II. und dem Preußenkönig Friedrich II. führte. Preußen und sein kursächsischer Bundesgenosse verlangten Durchmarschrechte, der Alte Fritz darüber hinaus das Recht auf freie Soldatenwerbung oder auf freiwillige Auslieferung einer Anzahl von Rekruten. Das lief auf eine Mißachtung des reichsrechtlich verbürgten Hoheits- und Bündnisrechtes des Herzogtums hinaus (Art. VIII § 2 des Instrumentum pacis Osnabrugense v. 14./24. Okt. 1648). Goethe, zum Leiter der Weimarer Kriegskommission bestellt, wehrte sich mit diplomatisch umschriebener „Geduld und Standhaftigkeit" gegen dieses „verhaßte und schamvolle Geschäft"; dadurch sei der Herzog bewogen, „mehr als jemals ein näheres Band mit den übrigen Fürsten zu wünschen und eine neue Überlegung der so notwendigen Vereinigung unter sich zu veranlassen."[183]

In dieser Richtung zeigen die amtlichen Schriften Goethes sodann intensive Bemühungen Weimars um ein separates Bündnis kleinerer und mittlerer Fürstentümer mit dem Ziel, den habsburgischen Expansionsdrang einzudämmen und den im Westfälischen Friedensvertrag verankerten verfassungsgemäßen „Gerechtsamen" der Reichsstände mehr Nachdruck zu verleihen. Die kleinfürstlichen Unionspläne aufgreifend, brachte Friedrich der Große am 23. Juni 1785 den Dreikurfürstenpakt zwischen Preußen, Hannover und Kursachsen zustande, der unter Beitritt Weimars und weiterer Kleinstaaten bekanntlich zum deutschen „Fürstenbund" erweitert wurde. Bei diesen Verhandlungen erhoffte sich Goethes Dienstherr eine „Assoziation zur Erhaltung des Reichssystems" und erteilte „dem Herrn Geheimden Rath von Goethe noch besonders den gnädigsten Auftrag, mit dem (Königlich Preußischen) Herrn Gesandten aus der Sache zu sprechen und das Erforderliche zu deren Berichtigung mit demselben allenthalben mündlich zu concertiren."[184] Nach dem zugrundeliegenden Protokoll mußten der Herzog und die übrigen Mitglieder des obersten Regierungskollegiums sowohl vom juristischen als auch vom diplomatischen Geschick des Geheimrats wohl überzeugt sein.

Auch bei den Bemühungen um das größte Bündniswerk nach der Auflösung des Alten Reiches – die Gründung des Deutschen Bundes von 1815 – war Goethes Rat noch gefragt. Als er vom Herzog während der Schlußverhandlungen des Wiener Kongresses nach Wien eingeladen wurde, erklärte er sich für diese „Gunst und Gnade sehr glücklich", entschied sich aber kurz darauf ablehnend:

> „Ich habe zwar dringende Einladungen erhalten nach Wien zu kommen, kann es aber nicht über mich gewinnen, mich wieder in eine Welt zu stürzen, der ich längst entsagt habe."[185]

Er hatte sich aus den spezifisch politischen und diplomatischen Dienstgeschäften mehr und mehr zurückgezogen, ließ sich aber durch seinen juristischen Gewährsmann C. F. Voigt über den Fortgang der Bündnisverhandlungen laufend informieren; auch pflegte er mit dem Staatshistoriker und Politikprofessor G. F. C. Sartorius (1765–1828) einen regen Gedankenaustausch über „den großen Hexenkessel" der verfassungsrechtlichen Gesamtlage. „Ein paar diplomatische Phrasen tun's freilich nicht ab", meinte er einmal und mokierte sich über die „Spitzbüberei in diplomaticis". In einem nicht abgesandten Briefkonzept an den Dienstherrn bot sich Goethe noch einmal im Kreise der „Staatsmänner und Juristen" zur Übernahme einiger Aufträge über den „Gegenstand der höheren Polizei" an, gestand jedoch im endgültigen Schreiben, daß seine Stärke jetzt „mehr in Betrachtungen als Tat, mehr in Reflexion als Begebenheit" bestand.[186]

Mitgestalter des Universitätsrechts

> „Mir ist die Oberaufsicht über alle von dem Großherzog unmittelbar ausfließende Anstalten für Wissenschaft und Kunst geworden, oder eigentlich nur geblieben. Es ist vielleicht das wundersamste Departement in der Welt, ich habe mit neun Männern zu tun, die in einzelnen Fächern alle selbständig sind, unter sich nicht zusammenhängen und, bloß in mir vereinigt, eine ideelle Akademie bilden."[187]

Mit diesen Worten kennzeichnete Goethe seinen letzten großen Dienstbereich, der ihm nach der bündnisrechtlichen Erhebung Weimars zum Großherzogtum Ende 1815 als neubestalltem Staatsminister übertragen wurde. Den Mittelpunkt bildete die „Akademie", d. h. die Landesuniversität Jena, der er nicht als bloßer Kurator, sondern als eine Art „Kultusminister" vorstand. Er war sich bewußt, „daß, um alles in Stand und Schritt zu erhalten, die nötigen Veränderungen, Anordnungen, Einkörperungen nach und nach zu besorgen, Stockungen hinwegzuräumen, Gebrechen zu beseitigen, ja wohl gar neuprojektierte Einrichtungen zu treffen, nicht wenig Aufmerksamkeit und Tätigkeit erfordern wird". Das waren Aufgaben, die nicht nur den Künstler und Wissenschaftler, sondern wiederum auch den Juristen herausforderten.

Die Einarbeitung in den einschlägigen Rechtsstoff hatte schon 1777 in den Beiratssitzungen des Geheimen Consiliums begonnen, als es um die Neubesetzung des juristischen Lehrstuhls ging. Dabei mußte, wie auch in künftigen Fällen, die rechtliche Zustimmung der anderen drei „Nutritoren" Sachsen–Coburg, Sachsen–Meiningen und Sachsen–Gotha herbeigeführt werden; als benachbarte Kleinherzogtümer gehörten sie zu den verfassungsmäßigen „Erhaltern" der gemeinsamen „Gesamt-Akademie" und hatten in den entscheidenden Rechts- und Finanzfragen ein Mitbestimmungsrecht. Schon im ersten Berufungsfall eines „Professori Juris" für das Staats- und Lehnsrecht, fügte Goethe eigenhändig hinzu, daß ihm „Unsere Stimme mit völliger Überzeugung zugedacht" sei, ungeachtet der von Jena aus geltend gemachten Bedenken.[188]

Auch bei den weiteren Lehrstuhlbesetzungen finden wir Goethe höchstpersönlich in „vertraulichen Kommunikationen" mit den beteiligten Höfen, in Ermittlungen, Gesprächen, Korrespondenzen und gutachtlichen Äußerungen, um geeignet erscheinende Köpfe für den „angesehenen und ehrenvollen Posten" in der Juristischen Fakultät zu gewinnen. Freilich ist Jena zur Goethezeit nicht durch diese, sondern durch die Philosophische Fakultät berühmt geworden, für die der Dichterjurist schöpferische Geister wie Schiller, Fichte, Hegel und Schelling angezogen hat. Immerhin erlangte Jena ein bemerkenswertes Ansehen als anrufbare Gutachter- und Entscheidungsinstanz für auswärtige Rechtsprozesse. Als der Gesetzgebungsrat des Deutschen Bundes Ende 1816 die Einrichtung eines gemeinsamen Obergerichts für die freien Bundesstädte erörterte, wurde als Sitz die Universitätsstadt Jena erwogen, wozu Goethe die Stellungnahme abgab: „Die freien Städte Deutschlands haben immerfort bei den Jenaischen Dikasterien (griech. „Gerichtshöfe") Rechtssprüche einholen lassen und dadurch ihr Zutrauen beurkundet ... Vornehmlich würden die vaterländischen liberalen Gesinnungen des Großherzogs einem Gericht, was er hauptsächlich errichtet und beschützt, das verdienteste Zutrauen zuziehen können. Ja es wird gleichsam ein Mittelpunkt für Recht und Gerechtigkeit dadurch in Deutschland entstehen und benutzt werden können." Goethe überlegte aber auch, daß bei der „sehr schönen Proportion" des Jenaer Ober-Appellationsgerichts „das Gleichgewicht im Innern durch so große hinzutretende Massen gestört werden" könnte, und war es dann zufrieden, als ein anderer Weg gefunden wurde.[189]

Die unruhigen Zeitumstände seit der Französischen Revolution von 1789 sowie die reichs- und bundesrechtlichen Verfassungsänderungen während und nach der Ära Napoleons verlangten Reformmaßnahmen auch hinsichtlich der Universitätsverfassung. Darüber sind zahlreiche Aktenstücke überliefert, aus denen uns z. B. Mitte 1816 eine staatsrechtliche Grundlagenänderung ins Auge springt: Nach „sächlicher und persönlicher Beratung" mit Goethe im Weimarer Staatsministerium wurde ein Verzicht der genannten „Nutritoren"-Herzogtümer auf das arbeitshemmende Mitbestimmungsrecht in Universitätsangelegenheiten erreicht. Wenngleich für unseren „Kultusminister" die Sache „noch immer kompliziert genug" blieb, erklärte er:

> „Warum sollte man nicht hoffen, daß eine Epoche wie gegenwärtige uns wieder vergütete, was eine vorhergehende uns verkümmert hat."[190]

Damit rief er rechtliche Verwicklungen in Erinnerung, die ihn teilweise schon seit Jahrzehnten beschäftigt hatten.

Da ging es zunächst um die Sicherung von Ruhe und Ordnung im Rechtsbereich der Universität.[191] In einem herzoglichen Beschluß wegen eines dem Trunke verfallenen Jenaer Studenten, der für 8 Tage ins Zuchthaus gesetzt werden sollte, fügte Goethe eigenhändig als abschreckende Drohung hinzu, daß, falls sich der Lebenswandel des Betroffenen nicht bessere, „Wir sodann schärfere Maßnahmen zu ergreifen und die Stadt sowohl als die

Akademie vor seinen Ungezogenheiten sicherzustellen wissen." Es folgten vertrauliche Berichte über mögliche Ruhestörungen, etwa durch nächtliche „Ständchen", die das „Concilium arctius" (Professorenausschuß) vorsichtshalber abwehren wollte, Goethe aber nach Abwägung der Verhältnismäßigkeit zwischen „Tumult" und „Spaß" die kleine Nachtmusik verständnisvoll hinnahm. In Aktennotizen vermerkte er beispielsweise, daß der Jurist J. L. Schmidt sich gut mit dem Theologen J. F. Griesbach verstand und der Sohn des Juristenprofessors Eckhardt als unliebsamer Verbindungsstudent Aufmerksamkeit verdiente.

Als Gutachter schlug Goethe eine institutionelle Neuordnung der Universität besonders gegen Ausschreitungen der landsmannschaftlichen Studentenverbindungen vor. Es sollte die Aufsichtspflicht und Gewalt des Professorenkollegiums verstärkt werden, u. a. durch lebenserfahrene Fakultätsbeisitzer, darunter den als Rechtslehrer bewährten Geheimen Justizrat J. A. Reichardt. Gemeinsam mit dem geschäftsführenden Prorektor werde nach Goethes Konzept 1. „Auf vorsichtige Annahme" verdächtiger Studenten von anderen Akademien zu halten; 2. „Wäre die Aufsicht über das Betragen der jungen Leute" der Klugheit des Kollegiums zu überlassen; 3. „Die Wegschaffung schädlicher Mitglieder auf die glimpflichste Weise, wäre sodann das Hauptgeschäft des neuen Collegii."

Immer wieder hielt sich Goethe persönlich in Jena auf, um „das Meinige zu Beilegung der gegenwärtigen Unruhen auf der Akademie in Jena beizutragen ... Ich müßte ein Buch Papier verschreiben, wenn ich alles, was mir in diesen Tagen vorgekommen und vertraut worden ist, aufzeichnen wollte. Denn leider ist das gegenwärtige Geschwür nicht die Krankheit, sondern die Anzeige eines tiefer liegenden komplizierten Übels."[192] Dieses Übel steckte, wie Goethe erkannte, weitgehend im überzogenen Verhalten der Obrigkeit gegenüber den Studenten, die als Hörer des Jenaer Juraprofessors Gottlieb Hufeland ein neues Freiheitsverständnis zu vertreten begannen. Goethe setzte sich hier mit Entschiedenheit für die Satisfaktion der Studenten und die Verbesserung ihrer akademischen Rechte ein. Ein „so schätzbarer

Teil unserer akademischen Bürger" wandte sich mündlich und schriftlich unmittelbar an ihn und gewann ihn als Befürworter einer gewissen studentischen Selbstverwaltung, die eine eigene Ehrengerichtsbarkeit einrichten und sich für die Abschaffung der Duelle einsetzen wollte. Es hätte ein Markstein in der deutschen Universitätsgeschichte werden können, wenn dieser Plan nicht durch neue Gefährdungen gescheitert wäre. Aus einem Diktat zu diesem zukunftsweisenden Projekt seien einige typische Goethe-Formulierungen festgehalten, die in einen juristisch anspruchslosen Gesetzesvorschlag münden:

„Sehr erwünscht ist jene Verbindung vernünftiger junger Leute in diesem Augenblick, sie sprechen das deutlich aus, was von vielen Vernünftigen schon lange gedacht und ausgeübt wird, sie sind auf alle Weise zu begünstigen. Sie hören von den Lehrstühlen der Philosophen, daß in den Menschen die Selbstbestimmung zum Guten zu suchen sei. Daß kein äußeres noch so weises, selbst kein göttliches Gebot, sondern daß ihm sein eigen Herz das rechte Tun empfehle und befehle. Sie wollen auch diese edelste Herrschaft über sich selbst ausüben, sie wollen das Alte, Verjährte durch Gesetze in die Winkel verstoßen, die von der Klarheit einer gesunden Philosophie in die Nacht verdrängten Vorurteile völlig abschütteln, und dadurch gleichsam dem Gesetze Realität geben. Sie bedingen sich nur hinreichende Gesetze und einem Anteil an der Ausübung aus ...
Der Arzt läßt seine geschickten Schüler am Krankenbett unter seinen Augen sich üben, der Rechtslehrer gibt ihnen Akten, um die Theorie auf einzelne Fälle anzuwenden, der Geistliche läßt sie sich auf der Kanzel üben, – warum sollte die Akademie nicht im ganzen tun, was jede Fakultät im einzelnen für Pflicht hält? Warum sollte es nicht schicklich sein, ein Gericht zu bestellen, in welchem sittliche junge Männer über die Punkte der Sittlichkeit und ihre Verletzung miturteilen und indem sie durch die Gegenwart ihrer Lehrer ihre allzugroße Empfindlichkeit mäßigen lernen, auch wieder durch ihre Gegenwart die Gleichgültigkeit des Alters über gewisse Punkte gleichsam wieder aufs neue beleben ...

> Man gebe vernünftigen jungen Leuten einen schicklichen Anteil an der Beurteilung einzelner Fälle, und man wird von diesem Punkt aus ein neues Licht über die ganze Akademie sich verbreiten sehen. Ich sage dies nicht ohne Kenntnis der Menschen, Sachen und Umstände, und ich darf wohl sagen, ich wünschte die Zeit zu sehen, wo auf einen bloßen Schlag die Relegation (Verweisung von der Universität) gesetzt wäre, und ich würde unter wenig veränderten Umständen dieses Gesetz vorzuschlagen wagen: Wer schlägt, gehört dahin, wo man mit Schlägen unterrichtet und hört auf ein akademischer Bürger zu sein ... Man lasse mir einen Augenblick zu, nur in der Einbildungskraft die Relegation auf einen jeden Schlag zu setzen, so hat man auf einmal ein einfaches Gesetz gegeben, das alle im Grund lächerliche Ausstufungen von der Ohrfeige bis zum Knittel und Hetzpeitsche auf einmal aufhebt ... Mein Vorschlag zu einem ganz einfachen Gesetz wäre also:
> 1.) Jede wörtliche Beleidigung werde durch Abbitte in Gegenwart des Beleidigten und einiger von ihm erbetenen Freunde,
> 2.) das Schuppen oder Stoßen viel oder wenig mit einer Karzerstrafe,
> 3.) jeder Schlag mit einer irremissiblen Relegation (unanfechtbare Verweisung) bestraft.
> Es braucht also der ganzen komplizierten Organisation des ganzen Gerichts der Beisitzer und aller der Umstände nicht, jeder vernünftige Mensch ist in Ruhe und es wird ihm gleich Ruhe geschafft. Es ist eben wie mit der Abschaffung der Todesstrafe, die sich gar leicht von selbst abschaffen würde, wenn man die ersten Grade, wovon große Verbrechen das Ende sind, verhüten kann.“

Hier läßt ein idealistischer Universitätsfürsorger, damals noch im Banne der auf Vernunft setzenden Naturrechtslehre, seinem Rechtsgefühl freien Lauf, abseits von jedem starren Rechtssystem.

Kritiker des Polizei- und Presserechts

Nach Verkündigung der weimarischen Landesverfassung vom 6. Mai 1816 mit dem Titel „Grundgesetz über die Landständische Verfassung des Großherzogtums Sachsen–Weimar–Eisenach" wurde Goethe von seinem Dienstherrn noch einmal als juristisch gebildete Autorität in einem politisch heftig umkämpften Rechtsbereich in Anspruch genommen: im Polizei- und Presserecht. Die Konstitution enthielt die progressive Bestimmung:

„Das Recht auf Freiheit der Presse ist ein gesetzlich begründetes jedem Staatsbürger des Großherzogtums zustehendes Recht."

Vermeintliche oder tatsächliche Mißbräuche dieses frühliberalen Axioms brachten das Staatsministerium in bedrohliche Konflikte innen- und außenpolitischer Art, in denen der Staatsminister Goethe als dienstältestes Regierungsmitglied einen menschlich vermittelnden, jedoch politisch restaurativen Rechtsstandpunkt einnahm.[193]

Schon in einem zurückliegenden Gutachten von 1795, in der Zeit aufgeputschter Publizistik nach der Pariser Schreckensherrschaft, hat er eine Verordnung der Eisenacher Polizeikommission zur Zensurfrage juristisch Punkt für Punkt scharf kritisiert und zur weiteren Prüfung u. a. ausgeführt:

„Der Staat hat ein Recht, Schriften, die er für gefährlich hält, zu verbieten; er kann daher die Bücher, die gedruckt werden sollen, zuerst durchsehen lassen und ihnen das Imprimatur zugestehen oder verweigern ... Selbst die höchste Obrigkeit überträgt nur einem benannten Manne oder benannten Männern das Censoramt, damit es nicht in ein heimliches Gericht ausartet ... Die höchste Obrigkeit, die eine Censur, einen so hohen Richterstuhl bestellen will, wird gewiß dazu die kompetentesten Richter erwählen ... Man hat von einem Censor eine weite freie Aussicht über die Absicht des Staates, warum derselbe censieren läßt, ein völlig heiteres Urteil und eine gänzliche Parteilosigkeit zu verlangen; denn eigentlich ist

Klugheit die höchste Eigenschaft des Censors. Er verbietet nicht, was er für bös, sondern was er unter gewissen Bedingungen für schädlich hält. Findet der Staat eine solche Einrichtung nötig, so wird er sie nach ihrer Würde und Wichtigkeit organisieren; allein man hüte sich mit unzulänglichen Verordnungen aus dem Stegreife die Menschen verdrießlich und widerspenstig zu machen."

In einer weiteren Stellungnahme Goethes von 1799 ist neben anderen Gesichtspunkten zu lesen:

„Der Konflikt zwischen den Autoren, welche eine unbedingte Freiheit der Presse fordern, und den Staatsverwesern, die solche nur mehr oder weniger zugestehen können, dauert seit Erfindung der Buchdruckerkunst und kann niemals aufhören ...
Nicht allein ist die Welt in zwei politische Parteien gespalten, sondern fast jede Wissenschaft ist in verschiedene Meinungen und Vorstellungsarten getrennt, alles ist in so lebhafter Bewegung, daß sowohl im allgemeinen als im besonderen schwer zu unterscheiden ist, was Vorschritt, Stillstand oder Rückschritt sei. Noch schwerer ist es zu beurteilen, was man zu begünstigen oder zu verhindern habe, insofern man es könnte."

Unser Gutachter macht sodann den Vorschlag, man mache den Buchdruckereien „zum Gesetz, kein Manuskript zu übernehmen, das nicht von drei in fürstlichen Diensten stehenden Personen unterzeichnet sei"; auch „bei Zeitschriften und Zeitblättern, welche fortdauern, könnten sich ein für allemal drei Personen unterzeichnen ... Wollte man auch den Autor selbst unter diesen drei Personen, wenn er ein einheimischer Gelehrter ist, gelten lassen, so wird die Beratung über ein Manuskript teils eine freundschaftliche Angelegenheit, teils würde sie von mehreren von einem öffentlichen Standpunkte her betrachtet ... Da man einem jeden namhaften Manne das Recht erteilt, in seinem Fach an dieser Quasicensur teilzunehmen, so ist vorauszusehen, daß nach und nach ein allgemeines Censorat entstehen wird und derjenige, der seinen Namen einmal unter ein Manuskript geschrieben, bekennt sich zur censierenden Klasse und unterwirft sich allgemeinen Regeln, die sich gewiß nach Vernunft- und Klugheitsgesetzen von selbst bilden werden ... Als Norm des Beifalls oder Verwerfens würde nur im allgemeinen zu bestimmen sein: daß nichts gedruckt werden solle, was den bestehenden Gesetzen und Verordnungen zuwider sei".

Hier wiederum auf das natürliche Vernunftrecht setzend, will er seinen Vorschlag „mehr pädagogisch als legislatorisch" verstanden wissen und nach seinen Kräften zur weiteren Bearbeitung beitragen, „um so mehr, als ich wünsche, daß wir, die wir bisher in den Ruf der größten Liberalität gestanden, auch diese Liberalität in einer nötigen Einschränkung zeigen mögen".

Diese angekündigte „nötige Einschränkung" vertrat Goethe auch in seinem letzten diesbezüglichen Votum vom 5. Okt. 1816, in welchem er das Einschreiten der obersten Polizeibehörde gegen den Herausgeber einer Zeitschrift kritisch beurteilt. Die erschienenen Zeitungshefte hatten „den Fürsten innerhalb der Staatsverhältnisse angegriffen" und sogar Vorwürfe „gegen die neue Verfassungsurkunde aufgestellt". Die Polizei beabsichtigte, den Herausgeber lediglich wegen „Ungebühr mündlich oder schriftlich zu verweisen" und ihn mit dem Verbot des Blattes nur zu „bedrohen" und schließlich den Fiscal (Staatsanwalt) gegen ihn „auf dem Wege Rechtens" aufzuregen. Mit Nachdruck betonte der Staatsminister: „Es ist keine Rechtssache und darfs nicht werden ... Es ist eine Polizeisache, die nur an Ort und Stelle beurteilt und abgeurteilt werden kann." Man solle den Herausgeber ignorieren, sich nur an den Buchdrucker halten und diesem sofort den Druck des Blattes verbieten. „Ja ich möchte sagen, daß eine weise und kräftige Diktatur sich einem solchen Unwesen entgegenstellen müsse, um dasselbe solange zurückzudrängen, bis eine gesetzliche Censur wieder hergestellt ist." So scharf er die Attacken des verantwortlichen und wissenschaftlich angesehenen Herausgebers auch verurteilte, nahm er dessen geistige Freiheit und Menschenwürde durchaus in Schutz; doch wies er die mit der Pressefreiheit aufkommende Rechtsstaatsidee zugunsten eines justizfreien, polizeistaatlichen

Presseverbotes in der alten Manier der obrigkeitlichen Staatsraison zurück.

Mit Erregung verfolgte der bald 70jährige „die unerfreulichen Nachrichten" der Presse. Gegenüber seinem Juristenkollegen C. G. v. Voigt wandte er auf sich und auf Widersacher das volkstümliche Sprichwort an:

> „Wes Brot ich esse, des Lied ich sing. Die Herren (Publizisten) essen das Brot der Preßfreiheit, kein Wunder, daß sie ihr zu Ehren die heftigsten Hymnen singen."[194]

Und resigniert nimmt er noch in sein Spätwerk über Maximen und Reflexionen die Aphorismen auf:

> „Nach Preßfreiheit schreit niemand, als wer sie mißbrauchen will. – Die Deutschen der neueren Zeit haben nichts anders für Denk- und Preßfreiheit gehalten, als daß sie sich einander öffentlich mißachten dürfen."[195]

Dennoch rang er sich durch Konzentration auf „die gewöhnlichen Arbeiten" trotz „so viel Lärm in der Welt" immer wieder zur Gelassenheit durch und konnte inmitten der Jenaer Pressekrawalle bekennen: „Bei diesen Eruptionen sitz ich ruhig wie der Einsiedler auf der Somma" (dem Nordgipfel des Vesuvs).[196]

Initiator des Urheberrechts

Amtlich war Goethe bei den Beratungen im Geheimen Consilium schon seit 1781 und dann verstärkt seit 1791 als Leiter der Theaterkommission im Rahmen der staatlichen Aufsichtstätigkeit mit juristischen Fragen zu Buchdruck- und Aufführungsrechten befaßt.[197] Sein Augenmerk richtete sich vor allem auf die Eindämmung wilder Nachdrucke und „die absolute Aufhebung aller Anonymität in Druckschriften". Bezüglich der „Rechte des Autors" schrieb er 1810 in den Tag- und Jahresheften: „So viel höher standen schon die Franzosen im Begriff von geistigem Besitz und gleichem Recht des Höhern und Niedern, wozu sich die guten Deutschen wohl so bald nicht erheben werden."[198] Noch 1723 hatte sich die Juristische Fakultät von Jena in einem Rechtsgutachten für den freien Nachdruck von Schriftwerken ausgesprochen mit der Begründung, der Verteuerung der Bücher entgegenzuwirken. Noch um 1820 wurde diese Auffassung weithin unterstützt und von einem „natürlichen Recht" der Buchkäufer auf honorarfreie preisgünstige Nachdrucke gesprochen.

Diese rückständige Rechtsmeinung rief den Dichterjuristen schließlich auch privatim auf den Plan; hatte er doch schon bei seinem Bestseller-Roman „Die Leiden des jungen Werthers" schutzlos 18 nichthonorierte Nachdrucke hinnehmen müssen. Jahrzehntelang vermied er es, kraft seiner hohen Staatsstellung auf Schutzgesetze im eigenen Lande oder auch anderenorts zu drängen. Erst nachdem die Wiener Bundesakte vom 8. Juni 1815 die gesetzgeberische Beschäftigung mit diesem Rechtsproblem angekündigt hatte, die Bundesversammlung in Frankfurt aber dann lange zu keinem Ergebnis kam, meldete sich Goethe schließlich in eigener Sache zu Wort.[199] Dies geschah im Zeitpunkt der Verlagsverhandlungen wegen der Herausgabe seiner Gesamtwerke „letzter Hand", als er Fürsorge für seine Erben und zugleich Vorsorge „für die ganze deutsche Literatur" treffen wollte. Wir lassen hier den vollen Wortlaut seines denkwürdigen Gesuches folgen:[200]

An die deutsche Bundes-Versammlung.

Hohe deutsche Bundes-Versammlung!

Die von so erhabener Stelle dem großen Ganzen gewidmete Übersicht schließt eine wohlwollende Betrachtung einzelner Angelegenheiten nicht aus, und es ist in diesem Sinne, daß ich Nachstehendes einer hohen Bundes-Versammlung vorzulegen mich erkühne.

Als ein im Jahre 1815 mit der J. G. Cottaschen Buchhandlung zu Stuttgart auf sieben Jahre geschlossener Contrat, über meine damals vorliegenden poetischen und ästhetischen Werke, mit Ablauf der Zeit zu Ende gegangen, dachte man auf eine neue erweiterte Ausgabe, welche nicht allein die zwanzig Bände jener frühern, sondern auch die inzwischen einzeln abgedruckten Arbeiten, nicht weniger manches vorräthige Manuscript in sich fassen sollte. Ferner wünschte man auf die poetischen und ästhetischen auch die historischen, kritischen und artistischen Aufsätze folgen zu lassen und zuletzt, was sich auf Naturwissenschaft bezöge, nachzubringen.

Freylich mußte bey dieser Übersicht, wodurch die Bemühungen eines ganzen Lebens vor Augen treten, der Wunsch entstehen, für so mannichfache Arbeit proportionirten Vortheil und Belohung zu erhalten, welche dem deutschen Schriftsteller meist verkümmert zu werden pflegen.

Das Mittel jedoch, einen anerkannten geistigen Besitz dem einzelnen Verfasser zu erhalten, hatte sich schon bald nach Erfindung der Buchdruckerkunst hervorgethan, indem, bey ermangelnden allgemeinen Gesetzen, man zu einzelnen Privilegien schritt. Am Anfang des sechzehnten Jahrhunderts gaben kaiserliche Schutzbriefe genugsame Sicherheit; Könige und Fürsten verliehen auch dergleichen, und so ist es bis auf die neusten Zeiten gehalten worden.

Sollte nun aber gegenwärtig der erhabene Bundestag, der Verein aller deutschen Souveränitäten, nicht dergleichen als Gesammtheit auszuüben geneigt seyn, was die Einzelnen vorher anzuordnen und festzusetzen berechtigt waren und noch sind, und wäre nicht durch einen solchen Act das entschiedenste Gewicht auf deutsche Literatur und Geistesbildung kräftigst zu bethätigen?

Würde daher ein Autor, der so viele Jahre in seinem Vaterlande gewirkt, dessen reine, mit allem bestehenden und zu wünschenden Guten im Einklang beharrende Thätigkeit dem Einsichtigen vor Augen liegt, einen allzukühnen Wunsch aussprechen, wenn er ein solches Privilegium von den verbündeten und vereinten Mächten sich erbäte, und zwar für sich und die Seinigen, so daß er sowohl einen Selbstverlag unternehmen, als auch, wenn er einem Verleger das Recht von seinen Geistesproducten merkantilischen Vortheil zu ziehen übertrüge, auf diesen den gesetzlichen Schutz erstrecken könnte?

Nun aber darf ich ohne Ruhmredigkeit aussprechen daß, während einer langen Lebenszeit, erhabene Herrscher, von welchen ein günstiges Geschick die geneigtesten glücklicherweise in gedeihlichem Wohlseyn erhalten hat, durch mehrfache Beweise von unschätzbarer Huld mich begnadigt und ausgezeichnet haben, weshalb ich denn wohl hoffen darf daß man Allerhöchsten Orts einen alten treuen Diener und Verehrer in Gesammtheit wohlwollend anzublicken geneigt seyn möchte, wobey denn der erlauchten und hochverehrlichen Ministerien und Herren Bundestags-Gesandten erprobte Mitwirkung gleichermaßen anzugehen die Freyheit nehme.

Durch solche Aussicht in meinem Unternehmen gekräftigt wage nunmehr nachstehende Bitte ehrerbietigst auszusprechen:

Daß mir durch den Beschluß der hohen deutschen Bundes-Versammlung für die neue vollständige Ausgabe meiner Werke ein Privilegium ertheilt und dadurch der Schutz gegen Nachdruck in allen Bundesstaaten gesichert werde, unter Androhung der Confiscation und anderer Strafen, welche durch allgemeine gegen das Verbrechen des Nachdrucks künftig erfolgende Bundesbeschlüsse noch festgesetzt werden möchten. Mit der Zusicherung, daß ich hiebey von Seiten aller deutschen Bundesstaaten gehandhabt, auch auf Ansuchen bey einzelnen Bundesregierungen mit besonderen Privilegien kostenfrey versehen werden solle.

Und so darf ich denn wohl zum Schlusse dieses für mich so wichtige und zugleich für die ganze deutsche Literatur bedeutende Geschäft einer hohen Bundes-Versammlung zu gnädiger Ansicht und günstigem Beschluß nochmals angelegentlichst empfehlen.

Weimar den [11.] Januar 1825.

Johann Wolfgang von Goethe.

Die rechtshistorische Nachprüfung dieser Bittschrift ergibt, daß sich Goethe über die Rechtsnatur des Deutschen Bundes im Irrtum befand. Nach der Wiener Schlußakte vom 15. Mai 1820 handelte es sich bekanntlich nicht um einen Bundesstaat, sondern um „einen völkerrechtlichen Verein der souveränen Fürsten und freien Städte“ im Sinne eines lockeren Staatenbundes. Die von Goethe angerufene Bundesversammlung als einziges Bundesorgan war ein ständiger Gesandtenkongreß, der keinen unmittelbaren Einfluß auf die innere Verwaltung der Mitgliedsstaaten ausüben und niemanden zur Unterlassung des Nachdruckes anweisen oder gar mit Strafe bedrohen konnte. Formell korrekt beriefen sich mehrere standfeste Juristen unter den Gesandtschaften auf das innerstaatliche Hoheitsrecht des Urheberschutzes, das in einigen Ländern bereits gesetzliche Regelungen erfahren hatte. Hiernach wäre an sich eine Zurückweisung der Bittschrift angebracht gewesen. In der württembergischen Gesandtschaft wurde gar der Vorwurf auf „pekuniären Vorteil“ und „Motive der Eitelkeit“ erhoben, was „wohl am wenigsten von einem so vielfach im Leben ausgezeichneten und begünstigten Manne, und obendrein von einem Staatsminister, zu erwarten gewesen“.

Dennoch hat Goethes Eingabe das urheberrechtliche Schutzanliegen neu in Bewegung und erfolgreich vorwärts gebracht. Im Ausschuß der Bundesversammlung kam schließlich die Kompromißempfehlung an die Einzelstaaten zustande, daß angesichts der „zur Zeit noch nicht ganz zustande gekommenen, allgemein bundesgesetzlich angeordneten Maßregeln wider den Büchernachdruck . . . der gewünschte Schutz den Umständen nach mittels Erteilung besonderer Privilegien zugesichert und geführt werden möge". Die meisten Mitgliedstaaten nahmen hierauf von Amts wegen die erbetene Privilegierung durch Einzelpatente vor; nur Bayern und Württemberg warteten ein umständliches nochmaliges Einzelgesuch des Dichters ab. Wenn Goethe um kostenfreie Patente bat, geschah es im Hinblick auf die 39 Bundesmitglieder, die eine Gesamtrechnung von rund 2000 Gulden hätten aufstellen können. Antragsgemäß verzichteten alle Länder auf Kostenrechnungen, – mit Ausnahme Bayerns, das die Privilegierung noch dazu einschränkte und eine Tax- und Gebührenforderung von 49 Gulden erhob.

Als Ergebnis seines Rechtskampfes setzte Goethe auf das Titelblatt seiner Gesamtausgabe dann den Vermerk: „Unter des durchlauchtigsten deutschen Bundes schützenden Privilegien." Und im Sinne seines Schlußantrages, daß die Schutzgewährung „zugleich für die ganze deutsche Literatur" Bedeutung haben solle, schrieb er dem Erlanger Philosophieprofessor und Schriftsteller J. Paul Harl am 8. Okt. 1825, daß „daraus manches Erfreuliche ins Allgemeine wird abzuleiten sein und daß ich das mir sich bereitende Gute erst recht genießen werde, wenn ich einen günstigen Einfluß dieses Vorgangs auch meinen Freunden und Mitgenossen heilsam und ersprießlich werden sehe".[201]

Amtsbürde und Schöpferdrang

Von Juristen und Nichtjuristen ist viel über die Vor- und Nachteile von Goethes Amtstätigkeit im Blick auf seine poetischen Schöpfungen geurteilt worden, ohne die Akten aus dem Weimarer Staatsarchiv zu kennen und ohne die Selbstzeugnisse des Dichterjuristen in die Waagschale zu werfen. Sollte es gar der juristische Arbeitsanteil gewesen sein, der Goethe zwischendurch vom Herbst 1786 bis zum Sommer 1788 zur Flucht vom Arbeitsplatz in die musische Freiheit nach Italien getrieben hat?

Lesen wir nach, was Goethes Intimus Johann Peter Eckermann am 10. Februar 1829 von dem 80jährigen rückschauend zu hören bekam:[202]

> „Über den Zustand damaliger Kultur, und wie schwer es gehalten, aus der sogenannten Sturm- und Drangperiode sich zu einer höheren Bildung zu retten.
> Über seine ersten Jahre in Weimar. Das poetische Talent im Konflikt mit der Realität, die er, durch seine Stellung zum Hof, und verschiedenartige Zweige des Staatsdienstes, zu höherem Vorteil in sich aufzunehmen genötigt ist. Deshalb in den ersten zehn Jahren nichts Poetisches von Bedeutung hervorgebracht. Fragmente vorgelesen. Durch Liebschaften verdüstert. Der Vater fortwährend ungeduldig gegen das Hofleben.
> Vorteile, daß er den Ort nicht verändert, und daß er dieselbigen Erfahrungen nicht nötig gehabt zweimal zu machen.
> Flucht nach Italien, um sich zu poetischer Produktivität wieder herzustellen. Aberglaube, daß er nicht hinkomme, wenn jemand darum wisse. Deshalb tiefes Geheimnis. Von Rom aus an den Herzog geschrieben. Aus Italien zurück mit großen Anforderungen an sich selbst.“

Hiernach war der Staatsdienst ein Rettungsboot, das Goethe aus der ungestümen Jugendperiode herauslotste und ihn nötigte, die Realität „zu höherem Vorteil in sich aufzunehmen“. Selbst nach der italienischen Besinnungszeit kehrte er, „mit großen Anforderungen an sich selbst“ wieder in den Weimarer Staatsdienst zurück, wenn auch mit kunstfreundlicheren Arbeitsfeldern. Ein neues, ihm gemäßes Aufgabengebiet war z. B. die Theaterleitung, der er trotz vieler Widrigkeiten einen positiven Sinn abgewann. Eckermann vermerkte hierzu:[203]

„Wir sprachen darauf über die manchen Jahre seiner Theaterleitung, und welche unendliche Zeit er damit für sein schriftstellerisches Wirken verloren. ‚Freilich', sagte Goethe, ‚ich hätte indes manches gute Stück schreiben können, doch wenn ich es recht bedenke, gereut es mich nicht. Ich habe all mein Wirken und Leisten immer nur symbolisch angesehen, und es ist mir im Grunde ziemlich gleichgültig gewesen, ob ich Töpfe machte oder Schüsseln.' "

In diesen Nachdenklichkeiten ist keinerlei Seitenhieb gegen die Juristerei als solche zu finden; sie war untrennbarer Bestandteil des Rettungsbootes, das ihn „zu höherem Vorteil" geführt hat. In einem Aktenstück vom 14. April 1791, drei Jahre nach Rückkehr aus Italien, kennzeichnete Goethe seine weitere Amtstätigkeit mit dem Ziel, „manche Knoten zu lösen, die die Menschen verwirren und unnötiger, ja ungeschickter Weise ihnen das bißchen Glückseligkeit rauben, dessen sie noch fähig wären".[204] Es ging ihm also darum, sein inneres Spannungsverhältnis durch Tätigkeiten aufzulösen, die den Staatsdienst im Rahmen seines Schöpferdranges wirksamer als bisher zum Menschendienst werden ließen.

Ganz selbstverständlich war diese hohe Zielsetzung bei der sensiblen Künstlernatur mit vielen Konflikten verbunden. Sie äußerten sich in brieflichen Stimmungsbildern zwiespältig und widerspruchsvoll:[205]

„Das Tagewerk, das mir aufgetragen ist, das mir täglich leichter und schwerer wird, erfordert wachend und träumend meine Gegenwart. Diese Pflicht wird mir täglich teurer, und darin wünscht ichs den größten Menschen gleichzutun, und in nichts Größerem."

„Ich lade fast zuviel auf mich, und wieder kann ich nicht anders. Staatssachen sollte der Mensch, der drein versetzt ist, sich ganz widmen, und ich möchte doch soviel anderes auch nicht fallen lassen."

„Wie ich mir in meinem väterlichen Hause nicht einfallen ließ, die Erscheinungen der Geister und die juristische Praxis zu verbinden, ebenso getrennt laß ich jetzt den Geheimderat und mein anderes Selbst, ohne daß ein Geheimrat sehr gut bestehen kann. Nur im Innersten meiner Pläne und Vorsätze und Unternehmungen bleib ich mir geheimnisvoll selbst getreu und knüpfe so wieder mein gesellschaftliches, politisches, moralisches und poetisches Leben in einen verborgenen Knoten zusammen. Sapienti sat (dem Weisen, dem Verständigen genug)."

„Ich sage immer: wer sich mit der Administration abgibt, ohne regierender Herr zu sein, der muß entweder ein Philister oder ein Schelm oder ein Narr sein."

Und im Tagebuch des vielseitig agierenden Staatsdieners ist der Seufzer versteckt:

„In meinem jetzigen Kreis hab ich wenig, fast gar keine Hinderung außer mir. In mir noch viele. Die menschlichen Gebrechen sind rechte Bandwürmer, man reißt wohl einmal ein Stück los und der Stock bleibt immer sitzen."

Selbst unter dem heiteren Himmel Italiens hat der Geheimrat den Juristen nicht verleugnet; war die Reise doch ursprünglich vom Vater als juristische „Kavaliersreise" zum Studium auch der Staatsverfassungen gedacht gewesen. Es ließe sich eine längere Abhandlung schreiben über die rechtlichen Erlebnisse und Denkwürdigkeiten, die Goethe im Lande seiner „Wiedergeburt" an verschiedenen Stellen festgehalten hat: 1786/88 in spontanen Briefen für den Freundeskreis, dann 1816/17 als Teil seiner Autobiographie „Aus meinem Leben" und schließlich 1829 als die vielgerühmte „Italienische Reise" in der Werkausgabe letzter Hand. Wir müssen uns hier darauf beschränken, den Goethe-, Kunst- und Rechtsfreunden die Lektüre des ganzen Reisematerials zu empfehlen, und können als kleine Kostprobe nur den Beginn einer lebhaften Gerichtsverhandlung im Dogenpalast zu Venedig anbieten:

„Heute dagegen sah ich eine andere Komödie, die mich mehr gefreut hat. Im herzoglichen Palast hörte ich eine Rechtssache öffentlich verhandeln; sie war wichtig und zu meinem Glück in den Ferien vorgenommen. Der eine Advokat war alles, was ein übertriebener Buffo nur sein sollte. Figur dick, kurz, doch beweglich, ein ungeheuer vorspringendes Profil, eine Stimme wie Erz und eine Heftigkeit, als wenn es ihm aus tiefstem Grunde des Herzens ernst wäre, was er sagte. Ich nenne dies eine Komödie, weil alles wahrscheinlich schon fertig ist, wenn diese öffentliche Darstellung geschieht; die Richter wissen, was sie sprechen sollen, und die Partei weiß, was sie zu erwarten hat. Indessen gefällt mir diese Art unendlich besser als unsere Stuben- und Kanzleihockereien. Und nun von den Umständen und wie artig, ohne Prunk, wie natürlich alles zugeht, will ich suchen einen Begriff zu geben ... "[206]

Aus der sodann näher beschriebenen Justizkomödie hat Goethe in einer seiner trefflichsten Handzeichnungen den theatralischen Auftritt des Advokaten Riccaini eingefangen; das Blatt mit dem gestikulierenden Perückenträger ist als Beilage zum Tagebuch für Frau von Stein erhalten geblieben[207] und auf dem hinteren Umschlag unseres Buches abgebildet (vgl. Bildnachweis S. 284).

Für die Flucht des Geheimrats aus Weimar wird, neben dem Ablösungsprozeß von der Hofdame Frau von Stein, entscheidend das Verhältnis zum Herzog angesehen. Aus dem jüngeren Freund, Schüler und wohlgeneigten Dienstherrn war inzwischen ein politisch-militärischer Gernegroß geworden, was ihn dem Mentor und Staatsdiener zeitweilig entfremdete. Aus Neapel und Rom schrieb Goethe an ihn:[208]

„Mein Verhältnis zu den Geschäften ist aus meinem persönlichen zu Ihnen entstanden, lassen Sie nun ein neu Verhältnis zu Ihnen nach so manchen Jahren, aus dem bisherigen Geschäftsverhältnis entstehen ... Geben Sie mich mir selbst, meinem Vaterlande, geben Sie mich Sich selbst wieder, daß ich ein neues Leben und ein neues Leben mit Ihnen anfange ... Weniger von Detail überhäuft, zu dem ich nicht geboren bin; so kann ich zu Ihrer und zu vieler Menschen Freude leben." – „Ich darf wohl sagen: ich habe mich in dieser anderthalbjährigen Einsamkeit selbst wiedergefunden; aber als was? – Als

Künstler! Was ich sonst noch bin, werden Sie beurteilen und nutzen ... Nehmen Sie mich als Gast auf, lassen Sie mich an Ihrer Seite das ganze Maß meiner Existenz ausfüllen und des Lebens genießen; so wird meine Kraft, wie eine nun geöffnete, gesammelte, gereinigte Quelle von einer Höhe, nach Ihrem Willen leicht dahin oder dorthin zu leiten sein ... Ich kann nur sagen: Herr hie bin ich, mache aus Deinem Knecht was du willst. Jeder Platz, jedes Plätzchen, die Sie mir aufheben, sollen mir lieb sein, ich will gerne gehen und kommen, niedersitzen und aufstehn."

In dieser Richtung wurde für Goethe, wie schon gezeigt, eine Art „Kultusministerium" eingerichtet, das ihm den Freiraum für die Niederschriften seiner poetischen und naturwissenschaftlichen Eingebungen beließ. Aus der Riesenfülle des klassischen Gesamtwerkes sei hier der Blick wenigstens noch auf drei besonders beziehungsreiche Schöpfungen gelenkt: auf Tasso, Wilhelm Meister und Faust.

Das Drama des Dichterjuristen Torquato Tasso

„Ich lese jetzt das Leben des Tasso",

schrieb Goethe am 28. März 1788 aus Rom an den Herzog.

„Meine Absicht ist, meinen Geist mit dem Charakter und den Schicksalen dieses Dichters zu füllen ... Wie der Reiz, der mich zu diesem Gegenstande führte, aus dem Innersten meiner Natur entstand; so schließt sich auch jetzt die Arbeit, die ich unternehme, um es zu endigen, ganz sonderbar ans Ende einer italienischen Laufbahn, und ich kann nicht wünschen, daß es anders sein möge. Wir wollen sehen, was es wird."[209]

Der historische Tasso (1544–1595) hatte wie Goethe Rechtswissenschaft studiert (u. a. an der namhaften Rechtsschule Bologna), war – ähnlich wie Goethe mit dem „Werther" – durch ein jugendliches Epos berühmt geworden und hatte am Hof des Herzogs Alfonso II. in Ferrara eine reine Mäzenatenstelle als

Hofdichter erhalten, jedoch, – insoweit anders als Goethe – ohne ein Staatsdieneramt auszuüben. Der Herzog von Ferrara stand ähnlich wie Carl August einem Kleinstaat vor und liebäugelte mit einem aristokratischen Gehorsamsanspruch:

„Es ist kein schönrer Anblick in der Welt
Als einen Fürsten sehn, der klug regiert;
Das Reich zu sehn, wo jeder stolz gehorcht,
Wo jeder sich nur selbst zu dienen glaubt,
Weil ihm das Rechte nur befohlen wird." (Vers 639–643).

Und als der Hofdichter Tasso den Taten eines großen, klugen, erfahrenen Staatsmannes der äußeren Welt innerlich nachsinnt, sich plötzlich „doppelt" fühlt und in „streitende Verwirrung" gerät, tröstet ihn die Schwester des Mäzens:

„Begnüge dich, aus einem kleinen Staate,
Der dich beschützt, dem wilden Lauf der Welt,
Wie von dem Ufer, ruhig zuzusehn." (Vers 808–810).

Auf dem Hintergrund dieses staatlich-rechtlichen Bühnenbildes läßt Goethe seinen hypochondrischen Dichterhelden, dessen Grab er in Ferrara aufgesucht hatte, mit dem weltgewandten herzoglichen Staatssekretär Antonio zusammenprallen. Uns ist, als mußte er sich mit diesen zwei widerstreitenden Charakteren prüfend auseinandersetzen, um in seiner eigenen Existenz einen Ausgleich zwischen dem neuentfachten Schöpferdrang und der zukünftigen Amtsbürde zu finden.

Die beiden Gegensätze aus Idealismus und Realismus, die Goethe im Schauspiel wie im eigenen Leben letztlich vereint wissen wollte, klingen in der bekannten Stelle an:

„Es bildet ein Talent sich in der Stille,
Sich ein Charakter in dem Strom der Welt." (Vers 304 f.).

Der in der Stille dichtende Titelheld, der keinen Weltberuf ausübt, hängt ganz von der Gunst des herzoglichen Mäzens ab. Schon um deswillen ist er in seiner geistigen und seelischen Entwicklung gehemmt, – eine Empfindung, die dann und wann auch Goethe am Hof in Weimar befallen haben dürfte:

„Nun muß ich schweigen lernen, wenn er spricht,
Und tun, wenn er gebietet, mögen auch
Verstand und Herz ihm lebhaft widersprechen."
(Vers 935–937).

Der innere Widerspruch als Kapitulation vor der Charakterbildung, die nur im Weltgetriebe möglich ist, wird von unserem rechtshistorisch bewanderten Dramatiker zwei rechtlich bedeutsamen Höhepunkten zugeführt: der Dichterkrönung und dem Burgfriedensbruch.

Als der Herzog seine Schwester anweist, den Lorbeerkranz von der Büste Virgils auf das Haupt des abwehrenden Tasso zu legen, rechtfertigt Alfons die Ehrung mit dem Hinweis auf einen Rechtsakt, der bis in die römische Kaiserzeit zurückweist:

„Es ist ein Vorbild nur von jener Krone,
Die auf dem Capitol dich zieren soll." (Vers 484 f.).

Dieser schon von Horaz besungene Rechtsbrauch ist in der italienischen Renaissance erneuert, von den römischen Kaisern deutscher Nation übernommen und später mit der Institution der Pfalzgrafenwürde verbunden worden.[210]

In einem widerstreitenden Dialog bespöttelt der Staats- und Weltmann Antonio die erfolgte Dichterkrönung, die allenfalls der blinden Göttin „Glück" zuzuschreiben sei. Der vormalige Jurist Tasso beruft sich auf die Göttin Justitia und kontert:

„Auch die Gerechtigkeit trägt eine Binde
Und schließt die Augen jedem Blendwerk zu." (Vers 1308 f.).

Nach immer heftiger werdendem Wortwechsel spielt der rechtskundige Antonio auf den strafrechtlich geschützten Friedensbereich von Haus und Burg an:

„Es ziemt der hohe Ton, die rasche Glut
Nicht dir zu mir, noch dir an diesem Orte . . .
Du zeigst mir selbst mein Recht, dich zu verschmähn!"
(Vers 1344 f., 1362).

Wort und Gegenwort bringen den aufgewühlten Hofdichter so in Rage, daß er den Degen zieht.

Nun ist der Rechtsfriede zutiefst verletzt und Antonio verweist auf die damals angedrohten schweren Strafen „Verbannung, Kerker, Tod". Beide streiten über Recht und Unrecht, Sitte und Gesetz. Der hinzukommende Herzog erklärt seinen Hofdichter als Friedensbrecher zum Gefangenen. Der sensible Künstler zerbricht und resigniert:

„Gehorchen ist mein Los und nicht zu denken!" (Vers 1568).

Der kühle Staatsbeamte Antonio gibt sich selbstzufrieden:

„Er fühle sich gestraft, und strafen heißt
Dem Jüngling wohltun, daß der Mann uns danke ...
Gar leicht gehorcht man einem edlen Herrn,
Der überzeugt, indem er uns gebietet." (Vers 1604 f., 1647 f.).

Im letzten Auftritt steigert sich Tasso noch einmal zu einem Gefühlsausbruch mit einer zerknirschenden Rechtssymbolik – dem Zerbrechen des Richterstabes über dem Kopf des Angeklagten –, indem er dem „Marterknecht" Antonio ins Gesicht schreit:

„Vollende nur dein Amt, und martre mich,
Da mir der Stab gebrochen ist, noch langsam
zu Tode! Ziehe! Zieh' am Pfeile nur ..." (Vers 3296–98).

Vergeblich scheinen die beiderseitigen Versöhnungsgesten zu sein, die Tasso als Schiffbrüchigen zu dem Schlußwort bewegen:

„Ich fasse dich mit beiden Armen an!
So klammert sich der Schiffer endlich noch
am Felsen fest, an dem er scheitern sollte." (Vers 3451–53).

Die Talente des Hofdichters und die des Staatsbeamten in Ferrara sind auf der Bühne nicht mehr zu einem einheitlichen, kunst- und weltoffenen Charakterbild zusammengewachsen. Doch damit hat Goethe von dieser Gegensätzlichkeit im eigenen Leben Abschied genommen und sich für seine Person zu einer ausgleichenden Form des Dichter- und Beamtenberufes in Weimar durchgerungen. Wiederholt hat er das abschließende Bild der gefährlichen Seefahrt mit der eigenen Lebensfahrt verglichen, aber noch ein Jahr vor seinem Tod dazu erklärt:

> „Indessen muß man nicht versäumen, Ruder und Segel und sonstige Griffe des Handwerks zu benutzen, um über die Welle des Augenblicks wegzukommen. Als Poet denk ich immer, daß aufs stranden sich landen reime und somit Gott befohlen.“[211]

Recht und Staat im Altersroman „Wilhelm Meisters Wanderjahre“

> „Hier kommen also die Wanderjahre angezogen; ich hoffe, sie sollen bei näherer Betrachtung gewinnen; denn ich kann mich rühmen, daß keine Zeile drinnen steht, die nicht gefühlt oder gedacht wäre“,

schreibt Goethe am 19. Okt. 1821 im Alter von 72 Jahren.[212] Er deutet damit die autobiographischen Züge seines großen Altersromans an, der ohne seine juristische Bildung und seine Weimarer Amtstätigkeit so nicht hätte entstehen können. Im Jahr zuvor hatte er am 30. Mai im Tagebuch u. a. notiert:

> „Besuch von Bergrichter Meyr und Appellationsgericht-Advokat Schemberger ... Wundersamer Entschluß den ‚Verräter sein selbst‘, den ich heute und gestern durchgedacht, aufzuschreiben.“

Mit diesem Hinweis nach dem Besuch zweier Juristen meinte er die nachher umbenannte Novelle „Wer ist der Verräter?“, die er in das Erste Buch seiner dreibändigen Wanderjahre eingebaut hat und deren „Held“ ein Jurist ist. Freilich, „wundersam“ erscheint uns nicht nur dieser Entschluß, sondern das Gesamtwerk. Er begriffe wohl, sagte er zu seinem Amtskollegen Kanzler v. Müller, daß den Lesern vieles „rätselhaft“ bleibe. Es sei alles nur „symbolisch“ zu nehmen.

Symbolisch und damit in zeitloser Sinnbildlichkeit sind auch die verstreuten Einblendungen zum Rechts- und Staatsleben aufzufassen. Als roter Faden schimmert die Entwicklung des Einzelmenschen Wilhelm aus den vorhergegangenen „Lehrjahren" zum Gemeinschaftsmenschen der „Wanderjahre" durch. Auch in der angesprochenen Verräter-Novelle haben wir einen noch in der Lebenslehrzeit steckenden Juristen als Einzelmenschen vor uns, der später im symbolischen Vorbild Wilhelms beim Durchwandern der „Pädagogischen Provinz" zur Meisterschaft des Gemeinschaftsmenschen geführt werden soll. Entstehungsgeschichtlich ist erst die spätere Endfassung des Werkes für die Ausgabe letzter Hand von 1829, also im 80. Lebensjahr unseres Autors und Staatsministers, zum großen Roman visionärer und utopischer Gemeinschaftsformen mit rätselhaft innewohnenden oder überflüssig erscheinenden Rechts- und Staatsvorstellungen geworden.[213]

Die zur Aufheiterung vorausgeschickte „Verräter"-Novelle bekam ihren Namen daher, daß der jugendliche Juristenheld durch lautstarke Selbstgespräche, die abgehorcht wurden, sein kompliziertes Heiratsverlangen selber verraten hat: Er wollte von den zwei Töchtern eines Oberamtmannes nicht die ihm von den Vätern zugedachte Julie, sondern Lucinde haben. Schon die ständigen Monologe weisen ihn als einen introvertierten Einzelmenschen aus, der bei seiner Kontakthemmung noch weit entfernt ist von einem idealen Gemeinschaftsmenschen. Sein gelehrter Vater mit dem Professorentitel – anscheinend ein Rechtslehrer – hatte mit dem juristisch bewanderten Oberamtmann über den Kopf des Sohnes hinweg vereinbart, daß der Sohn und künftige Schwiegersohn in das Haus mit der „lebenslänglichen Stelle" des Oberamtmanns einheiraten, in die juristischen Geschäfte eingearbeitet und dazu auf die Universität geschickt werden sollte:

„Nun sollte, nach einem verständigen Familien- und Ministerialplan, sich Lucidor zu dem wichtigen Posten des künftigen Schwiegervaters bilden. Dies gelang ihm auch von Stufe zu Stufe. Man versäumte nichts, ihm alle Kenntnisse zu überlie-

> fern, alle Fähigkeiten an ihm zu entwickeln, deren der Staat jederzeit bedarf: die Pflege des strengen gerichtlichen Rechts, des läßlichern, wo Klugheit und Gewandtheit dem Ausübenden zur Hand geht; der Kalkühl zum Tagesgebrauch, die höheren Übersichten nicht ausgeschlossen, aber alles unmittelbar am Leben, wie es gewiß und unausbleiblich zu gebrauchen wäre. In diesem Sinne hatte Lucidor seine Schuljahre vollbracht und ward nun durch Vater und Gönner zur Akademie vorbereitet. Er zeigte das schönste Talent zu allem und verdankte der Natur auch noch das seltene Glück, aus Liebe zum Vater, aus Ehrfurcht für den Freund seine Fähigkeiten gerade dahin lenken zu wollen, wohin man deutete, erst aus Gehorsam, dann aus Überzeugung. Auf eine auswärtige Akademie ward er gesendet und ging daselbst, sowohl nach eigener brieflicher Rechenschaft als nach Zeugnis seiner Lehrer und Aufseher, den Gang, der ihn zum Ziele führen sollte. "

Der zweiväterliche Plan war als ein familiärer, egozentrischer „Verbund" beider Häuser in einem „glücklichen Fürstenlande" gedacht, ein beschauliches patriarchalisches Verhältnis also, ohne die sich im 19. Jahrhundert neuformierende „Gesellschaft" mit ihren länderübergreifenden Aufgaben der Menschengemeinschaft ins Auge zu fassen.

> „ So waren Jahre vergangen, wie sie denn gar leicht vergehen: Lucidor stellte sich dar, vollendet, alle Prüfungen bestehend, selbst zur Freude der obern Vorgesetzten, die nichts mehr wünschten, als die Hoffnung alter, würdiger, begünstigter, gunstwerter Diener mit gutem Gewissen erfüllen zu können. Und so war denn die Angelegenheit mit ordnungsgemäßem Schritt endlich dahin gediehen, daß Lucidor, nachdem er sich in untergeordneten Stellen musterhaft betragen, nunmehr einen gar vorteilhaften Sitz nach Verdienst und Wunsch erlangen sollte, gerade mittewegs zwischen der Akademie und dem Oberamtmann gelegen. "

Das war das Spiegelbild einer Staatsdienerlaufbahn in einem aufgeklärten Fürstentum aus der zweiten Hälfte des 18. Jahrhunderts, sich „musterhaft" unterordnend und nach den „obern

Vorgesetzten" eines kleinstaatlichen Agrarlandes ausrichtend, ohne die bevorstehenden Umwälzungen im Rechts-, Staats- und Wirtschaftsleben nach der französischen Revolution, nach Napoleon und nach dem Wiener Kongreß mit den notwendigen Reformen zu ahnen. Für den alten Goethe stand die Reform des Bildungswesens im Vordergrund, die auf ein neues Menschenbild in neuen Gemeinschaftsformen hinauslief.

Der in seinem privaten Liebesanliegen noch ungelenke Musterjurist wird vom bildungsbeflissenen Autor in einem Selbstgespräch aufgefordert, sich endlich zu ermannen:

> „Du hast viel Ernstes gelernt und durchdacht; was soll denn Rechtsgelehrsamkeit, wenn du jetzt nicht gleich als Rechtsmann handelst?"

Ein Reitknecht bespöttelt den „juristischen Trab", der zu einem „raschen Lebensgalopp" angeregt werden sollte. Julie wehrt diesen seltsamen Rechtsmann als Ehegefährten ab:

> „Frau Oberamtmännin zu sein, welche schreckliche Lage! Einen tüchtigen braven Mann zu haben, der den Leuten Recht sprechen soll und vor lauter Recht nicht zur Gerechtigkeit kommen kann! der es weder nach oben noch unten recht macht und, was das Schlimmste ist, sich selbst nicht. Ich weiß, was meine Mutter ausgestanden hat von der Unbestechlichkeit, Unerschütterlichkeit meines Vaters. Endlich, leider nach ihrem Tod, ging ihm eine gewisse Mildigkeit auf, er schien sich in die Welt zu finden, an ihr sich auszugleichen, die er sich bisher vergeblich bekämpft hatte."

Hier springt uns das Mißverhältnis zwischen der praktischen Anwendung des positiven Rechts und der von Goethe herausgeforderten Idee der Gerechtigkeit ins Auge; letztere bedarf einer „gewissen Mildigkeit", um in der unerschütterlichen Juristenwelt „auszugleichen".

Dieser Gedanke aus dem ersten Wandererbuch trifft sich mit Forderungen, nach welchen Goethe im Blick auf die fortschrittlichen Lehren der italienischen Juristen Beccaria und Filangieri auf die übergeordneten „Maximen einer allgemeinen Menschlichkeit" verweist. Danach stellt er eine Inschrift mit zwei anscheinend gegensätzlichen Rechtsbegriffen zur Diskussion: „Besitz und Gemeingut." Eine Mitwanderin erklärt dazu:

> „Jeder suche den Besitz, der ihm von der Natur, von dem Schicksal gegönnt ward, zu würdigen, zu erhalten, zu steigern, er greife mit allen seinen Fertigkeiten so weit umher, als er zu greifen fähig ist; immer aber denke er dabei, wie er andere daran will teilnehmen lassen: denn nur insofern werden die Vermögenden geschätzt, als andere durch sie genießen."

Man wetteiferte, um die lakonischen Worte recht wahr zu finden:

> „Warum hieß es, verehrt man den Fürsten, als weil er einen jeden in Tätigkeit setzen, fördern, begünstigen und seiner absoluten Gewalt gleichsam teilhaft machen kann? Warum schaut alles nach dem Reichen, als weil er, der Bedürftigste, überall Teilnehmer an seinem Überflusse wünscht? ... Nun hieß es ferner im allgemeinen: Jede Art von Besitz soll der Mensch festhalten, er soll sich zum Mittelpunkt machen, von dem das Gemeingut ausgehen kann; er muß Egoist sein, um nicht Egoist zu werden, zusammenhalten, damit er spenden könne. Was soll es heißen, Besitz und Gut an die Armen zu geben? Löblicher ist, sich für sie als Verwalter betragen. Dies ist der Sinn der Worte ‚Besitz und Gemeingut'; das Kapital soll niemand angreifen, die Interessen (Zinsen) werden ohnehin im Weltlaufe schon jedermann angehören."

Hier kündigt sich der Übergang vom absoluten Wohlfahrtsstaat des Fürsten zum modernen Staat kapitalistischer Prägung an, mit einem vorausschauenden Grundzug zum Sozialstaat, der bei uns erst 100 Jahre später in der Weimarer Verfassung und dann im Bonner Grundgesetz zu dem Grundrechtssatz führte: „Eigentum verpflichtet."

Es würde zu weit führen, aus den drei Büchern der Wanderjahre die offenen und versteckten Anspielungen auf die sich wandelnden Rechts- und Staatsverfassungen in ihrer ganzen Breite und Tiefe aufzuzeigen. Die Spur des erwähnten „verräterischen" Musterjuristen alter Schule verliert sich in der repräsentativen Aus- und Fortbildung des Hauptschelden Wilhelm Meister. „Mache ein Organ (der Gemeinschaft) aus dir und erwarte, was für eine Stelle dir die Menschheit im allgemeinen Leben zugestehen werde", lautet das allgemeine Bildungsmotto, mit dem Zusatz:

> „Doch was der Mensch auch ergreife und handhabe, der einzelne ist sich nicht hinreichend, Gesellschaft bleibt eines wakkern Mannes höchstes Bedürfnis."

Die Wanderung des Meisters vom Einzelmenschen zum Gemeinschaftsmenschen führt aus dem privaten Familienkreis über Jugend- und Männerbund, Erziehungs- und Arbeitsgemeinschaft, Weltbund der Amerika-Auswanderer bis zum Staatsverband.

> „Das größte Bedürfnis eines Staats ist das einer mutigen Obrigkeit",

heißt es noch in der Terminologie des Obrigkeitsstaates. Und zur Rechtsentwicklung lesen wir:

> „Man bemerkt, daß strenge Gesetze sich sehr bald abstumpfen und nach und nach loser werden, weil die Natur immer ihre Rechte behauptet. Wir haben läßliche Gesetze, um nach und nach strenger werden zu können."

Als Quintessenz richtet sich der Blick „wie natürlich, zuletzt auf das, was Menschen eigentlich zusammenhält: auf Religion und Sitte". Im Zentrum soll hierbei nicht die Furcht, sondern die „Ehrfurcht" stehen, die zwischen der persönlichen Freiheit und der gemeinschaftlichen Bindung die harmonische Mitte bildet und „dasjenige vereinigt, was andere trennt". Der greise Autor zieht uns hier mit Wilhelm Meister in eine Mystik hinein, die er mit seinem lebenslangen Hauptschelden Faust dann im Schlußteil seiner größten dramatischen Dichtung enträtselt.

Der Jurist und Mensch in der Tragödie „Faust"

„Es sind über sechzig Jahre", schrieb Goethe am 17. März 1832 – fünf Tage vor seinem Tod – „daß die Konzeption des Faust bei mir jugendlich von vorneherein klar, die ganze Reihenfolge hin weniger ausführlich vorlag. Nun hab' ich die Absicht immer sachte neben mir her gehen lassen und nur die mir gerade interessantesten Stellen einzeln durchgearbeitet."[214]

Das Tagebuch der letzten fünf Lebensjahre des Weimarer Staatsministers ist voll von Eintragungen über die mühsame Vollendung seines lebenslangen „Hauptgeschäftes", wie er es immer wieder nannte. Der gedankliche Vorentwurf reicht über zwei Menschenalter zurück in die Jahre 1770/71, als Goethe in Straßburg sein juristisches Studium zum Abschluß brachte. Dort gab es damals vier Fakultäten. Nachdem ihn die Juristerei nicht ausfüllte, sah er sich zugleich in den anderen Wissenschaftsbereichen um.

Aus dieser Erinnerung heraus, und nach dem Studium früherer Fausterzählungen, kam die bekannte Eröffnungsszene der Tragödie erster Teil zustande:

„Habe nun, ach! Philosophie,
Juristerei und Medizin,
Und leider auch Theologie
Durchaus studiert, mit heißem Bemühn.
Da steh' ich nun, ich armer Tor!
Und bin so klug als wie zuvor . . ." (Vers 354–59).

Die Autobiographie „Dichtung und Wahrheit" berichtet zur Straßburger Studienzeit, daß bei der Konzeption auch die althergebrachte „Puppenspielfabel" über den umhergetriebenen Teufelskerl Doktor Faust mitgeklungen habe: „Auch ich hatte mich in allem Wissen umhergetrieben und war früh genug auf die Eitelkeit desselben hingewiesen worden. Ich hatte es auch im Leben auf allerlei Weise versucht, und war immer unbefriedigter und gequälter zurückgekommen." Zur geistigen Unzufriedenheit war damals eine seelisch-physische Qual hinzugekommen,

„als mich mein leidenschaftliches Verhältnis zur Friederiken nunmehr zu ängstigen anfing", nachdem man allgemein glaubte, „auf meine Rechtlichkeit völlig vertrauen zu können".[215]

Die doppelte Pein fiel mit der aufklärerischen Abkehr des Rechtsstudenten von der überkommenen Kirchenlehre zusammen; hatte er doch neben dem weltlichen Recht auch das kanonische studiert und mit seiner staatskirchenrechtlichen Dissertation – wie oben im III. Teil geschildert – eine herbe Abfuhr hinnehmen müssen.

Von daher mochte die Zurückstellung der Theologie vom mittelalterlichen ersten Platz der historischen Fakultätsreihe auf den letzten herrühren, wobei der Zusatz „leider" eine besondere Bedeutung in sich trug; denn der schwungvoll angegangene und immer wieder stockende Gang der Faustbearbeitung strebte weit über die fachliche Erkenntniswelt des immatrikulierten Jurastudenten hinaus in eine stark religiös geprägte Dichtung hinein.

Nach dem Rechtsstudium im September 1771 zum Advokaten in Frankfurt bestellt, ging Goethe unter dem Eindruck eines Kindsmordprozesses gegen Susanne Margaretha Brandt an die Niederschrift einiger Faustszenen, darunter die Gretchentragödie, in die er auch Sätze aus den ihm zugänglichen Prozeßakten wörtlich übernahm. Die religiöse Zielsetzung am Schluß der Kerkerszene mit dem „Gericht Gottes" wollte noch nicht gelingen. Deutlich aber arbeitete Goethe nun im „Urfaust", der neben der Advokatur um 1773 entstand, den unersättlichen Wissensdrang des Gretchenverführers heraus, der nach der obigen Fakultätsbespöttelung verlangte:

„Daß ich erkenne, was die Welt
Im Innersten zusammenhält." (Vers 382 f.).

Diese Wißbegier nach dem belebenden Kern und Sinn der Weltordnung bedrängte Goethe auf eine neue Weise, als er im Weimarer Staatsdienst aus der Sturm- und Drang-Periode herauswuchs und in der Schaltstelle der Regierung erleben wollte, „wie einem die Weltrolle zu Gesicht stünde". Rückschauende Selbsterkenntnis und zunehmende Lebenserfahrungen mit den vielen Menschen seiner Umwelt veranlaßten ihn zur Überprüfung seines Faustprogrammes. Besonderen Auftrieb vermittelte ihm der Gedankenaustausch mit Friedrich Schiller, der „die Forderung an eine symbolische Bedeutsamkeit" des noch fragmentarischen Fauststückes betonte mit dem Ziel, „die Duplizität der menschlichen Natur und das verunglückte Bestreben, das Göttliche und Physische im Menschen zu vereinigen". Das führte zur vertieften Aus- und Umgestaltung des Stoffes, als deren Ergebnis im Jahre 1808 „Faust, Der Tragödie erster Teil" erschien.

Jetzt war und ist der große Schauspielrahmen für die Weltfahrt des Dramahelden inmitten des Weltgeschehens zwischen Gott und Mephistopheles sichtbar. Der Name des Widerparts Gottes geht vermutlich auf hebräisch „Mephir" (Zerstörer) und „tophel" (Lügner) zurück; Goethe gibt ihm die Züge einer geistvollen, weltmännisch gewandten und zur Satire neigenden Teufelsfigur, die sich bald auch über die Rechtsgelehrsamkeit lustig macht. Im einleitenden „Vorspiel auf dem Theater" wird als „höchstes Recht" des Dichters „das Menschenrecht, das ihm Natur vergönnt" (Vers 135 f.), hervorgehoben, womit seine schöpferische Gestaltungsfreiheit als Naturrecht verteidigt wird.

Im neu hinzugefügten „Prolog im Himmel" entwickelt sich zwischen dem Herrn und Mephisto ein Gespräch über den „Doktor Faust", das der Teufel in eine juristisch verpflichtende „Wette" kleiden möchte:

„Der Herr: Wenn er (Faust) mir jetzt auch nur verworren dient,
So werd' ich ihn bald in die Klarheit führen ...
Mephisto: Was wettet Ihr? den sollt Ihr noch verlieren!
Wenn Ihr mir die Erlaubnis gebt,
Ihn meine Straße sacht zu führen.
Der Herr: Solang' er auf der Erde lebt,
So lange sei Dir's nicht verboten,
Es irrt der Mensch, solang' er strebt ...
Ein guter Mensch, in seinem dunklen Drange,
Ist sich des rechten Weges wohl bewußt.

Mephisto: Schon gut! nur dauert es nicht lange.
Mir ist für meine Wette gar nicht bange. "
(Vers 308–331).

Es wird leicht übersehen, daß Gott den Wettvertrag nicht eingegangen ist; er läßt nicht mit sich wetten, sondern spricht nur die einseitige Gestattung aus, daß Mephisto den Doktor in Versuchung führen darf. Anders ist es mit dem „Teufelspakt", den dann Mephisto direkt mit dem Doktor abschließen wird. Goethe hat sich im Prolog nach eigenen Angaben an das alttestamentliche Buch „Hiob" angelehnt, das er in den Tagebüchern wiederholt erwähnt und in seiner Autobiographie (Sechstes Buch) als gültiges Zeugnis dafür benennt, „daß Poesie, Religion und Philosophie ganz in eins zusammenfielen". Auch im Buch Hiob gibt der Herr seinen „Knecht" an Satan zur Versuchung frei, ohne sich in einen Wettvertrag einzulassen. Allerdings ist die Zielsetzung der Versuchung in beiden Dichtungen verschieden. Während die Bibel in der gläubig demütigen Hiobsgestalt den Blick primär auf Gott richtet und prüfen läßt, ob der Mensch dem Herrn nur im Falle seines Wohlergehens und vollen Rechtsbesitzes treu ist, richtet Goethe das Interesse zuvörderst auf den Menschen, der in der zweiflerischen, aufbegehrenden Faustgestalt beweisen soll, daß er sich „des rechten Weges wohl bewußt" ist. Hiob muß ein schweres Leid, einen bitteren Rechtsverlust nach dem anderen erfahren, während Faust von einem verlockenden Genuß zum anderen bis zum Rechtszuwachs einer eigenen Landesherrschaft geführt wird. Dennoch treffen sich beide am Ende in einem höheren Versöhnungsakt wieder: Hiob erfährt die Wiederherstellung seiner wohlverdienten Rechte, Faust wird von oben durch das Begnadigungsrecht der Liebe gerettet.

Goethe befand sich in seinem sechsten Lebensjahrzehnt und war amtlich gerade mit dem Theaterwesen befaßt, als er jetzt – es war nach den unfaßbaren Auswüchsen der französischen Revolution – die poetisch und juristisch ausschlaggebende Wegemarke der nunmehr sog. „Tragödie" setzte: Den Vertrag des Faustmenschen mit dem Teufel. Der Dichter läßt den Titelhelden trotz dessen enttäuschenden Fakultätsstudien sich weiterhin strebend um Erkenntnis bemühen, nun aber in Vereinigung mit der Geistermacht des Bösen:

„Mephisto: Doch willst du mit mir vereint
Deine Schritte durchs Leben nehmen,
So will ich mich gern bequemen,
Dein zu sein, auf der Stelle.
Ich bin dein Geselle
Und mach' ich dir's recht,
Bin ich dein Diener, bin dein Knecht! . . .
Faust: Sprich die Bedingung deutlich aus!
Ein solcher Diener bringt Gefahr ins Haus.
Mephisto: Ich will mich *hier* zu deinem Dienst verbinden,
Auf deinen Wink nicht rasten und nicht ruhn;
Wenn wir uns *drüben* wiederfinden,
So sollst du mir das gleiche tun . . .
Faust: Werd' ich beruhigt je mich auf ein Faulbett legen,
So sei es gleich um mich getan!
Kannst du mich schmeichelnd je belügen,
Daß ich mir selbst gefallen mag,
Kannst du mich mit Genuß betrügen –
Das sei für mich der letzte Tag!
Die Wette biet' ich!
Mephisto: Top!
Faust: Und Schlag auf Schlag!
Werd ich zum Augenblicke sagen:
Verweile doch! du bist so schön!
Dann magst du mich in Fesseln schlagen,
Dann will ich gern zugrunde gehn!“

(Aus Vers 1642–1712).

Auf diese Weise kam ein beiderseits verpflichtender, durch Handschlag bekräftigter Wettvertrag zustande, den Mephisto noch schriftlich, und als Teufelspakt nach mittelalterlichen Rechtsvorstellungen mit einem Blutstropfen des neuen Weggefährten besiegeln ließ.

Der Inhalt dieser sog. „Vertragsszene" hat juristisch widersprüchliche Deutungen ausgelöst; sie sind jedoch belanglos, wenn wir die Poesie nicht mit einem Rechtskodex verwechseln.

Entscheidend bleibt die vereinbarte Bereitschaft Fausts, zugrundezugehen, sobald er sich aufs „Faulbett" legen, im Genuß „verweilen" und somit sein strebendes Erkenntnisbemühen aufgeben will.

Im Zusammenhang mit der „Vertragsszene" hat Goethe die – jetzt unmittelbar anschließende – „Schülerszene" umgeschmolzen und durch ein feinsinnig-ironisches Gespräch über die Rechtswissenschaft ergänzt. Hier klingen Reminiszenzen aus der eigenen Studienzeit und wohl auch Eindrücke aus der wachsenden Amtstätigkeit an der Universität Jena an. Das Prikkelnde ist hierbei, daß Faust die Wortführung seinem neuen, dienstfertigen Knecht Mephisto überläßt. Beim Herannahen des Schülers wirft sich Mephisto in die Kleidung seines Vertragspartners und räsonniert:

„Verachte nur Vernunft und Wissenschaft,
Des Menschen allerhöchste Kraft ..." (Vers 1858 f.).

Nach einleitenden Worten steigert sich das Gespräch:

„Schüler (zu Mephisto im Faustgewand): Ich wünschte recht gelehrt zu werden,
Und möchte gern, was auf der Erden
Und in dem Himmel ist erfassen,
Die Wissenschaft und die Natur ...
Mephisto: Doch wählt mir eine Fakultät!
Schüler: Zur Rechtsgelehrsamkeit kann ich mich nicht bequemen.
Mephisto: Ich kann es Euch so sehr nicht übel nehmen,
Ich weiß, wie es um diese Lehre steht.
Es erben sich Gesetz' und Rechte
Wie eine ew'ge Krankheit fort,
Sie schleppen von Geschlecht sich zum Geschlechte
Und rücken sacht von Ort zu Ort.
Vernunft wird Unsinn, Wohltat Plage;
Weh dir, daß du ein Enkel bist!
Vom Rechte, das mit uns geboren ist,
Von dem ist leider! nie die Frage."

(Aus Vers 1898–1979).

Diese in Juristenkreisen meistzitierten Verse aus dem Faust reizen zu mancherlei Nachfragen. Geben Sie Goethes oder Mephistos Ansicht wieder? Uns dünkt, daß hier beide im satirischen Wechselspiel übereinstimmen. Sind nur subjektive Rechte (Menschenrechte) oder ist auch objektives Recht (geschriebene Gesetze und ungeschriebenes Gewohnheitsrecht) angesprochen? Nach der Formulierung „Gesetz' (Mehrzahl) und Rechte" müssen beide gemeint sein. Tritt Goethe für die Rückkehr zum „mit uns geborenen" Naturrecht oder für ein wandlungsfähiges positives Recht oder für einen besseren Ausgleich beider ein? Wir neigen zur letzteren Ansicht, wobei der Stand der Rechtswissenschaft in der Entstehungszeit dieser Sätze um die Wende vom 18. zum 19. Jahrhundert zu berücksichtigen ist. Der große Rechtslehrer Friedrich Karl von Savigny hat später, nach Begründung der historischen Rechtsschule, im ersten Band seines „Systems des heutigen Römischen Rechts" (1840–1849), das Zitat im Blick auf die Widerstandskraft bestehender Gesetze, welche die Rechtsfortbildung hemmen können, gedeutet. Danach sollte nicht etwa ein Tadel des positiven Rechts und auch nicht das Bedauern über den Wegfall der Alleinherrschaft des Naturrechts zum Ausdruck kommen, sondern die Forderung nach einer regeren und lockereren Handhabung der Einzelgesetzgebung. Man kann diesen unsatirischen Hintergrundgedanken bis auf die oben behandelten Disputationsthesen des Straßburger Jurastudenten zurückführen.

Die „Schülerszene" klingt in der Verführung zur Abkehr von der „grauen Theorie" und zur Hinwendung an „des Lebens goldenen Baum" mit einem Sinnspruch für das Stammbuch des Studienbewerbers aus:„Eritis sicut Deus, scientes bonum et malum." (Vers 2048). Die Übersetzung lautet: „Ihr werdet sein wie Gott und wissen, was gut und böse ist." Es handelt sich um ein Bibelwort aus der Schöpfungsgeschichte, mit dem die Schlange das erste Menschenpaar entgegen Gottes Gebot dazu verführte, vom Baum der Erkenntnis zu essen (1 Mose 3,5).

Damit ist zugleich der rote Faden für die Fortsetzung der Tragödie gegeben: Wie der Schüler soll auch Faust weggeführt werden zum „goldenen Baum" des sinnlichen Lebens. Ganz im materialistischen Geist Mephistos sollen die positiven Hintergedanken der vorigen Rechtsbetrachtung ins Negative gekehrt werden: Das überkommene Erbe der Gesetze und Rechte soll als „Krankheit" aufgehoben, die juristische Vernunft in „Unsinn" verkehrt und die Unterscheidung von recht und unrecht wie die von „gut und böse" im Sinnengenuß des Lebens hinfällig sein.

Entsprechend dem Herrenwort im Prolog weiß Mephisto zu genau: „Es irrt der Mensch, solang er strebt." Und eben diese menschliche Irrtumsfähigkeit, die den Juristen beim Streben nach Wahrheit und Gerechtigkeit erfassen kann, will sich der Juristen- und Menschenverführer Mephisto zunutze machen.

Es würde den Rahmen dieser einführenden Darstellung sprengen, die zahlreichen weiteren Bezüge des strebenden und irrenden Doktor Faust zum Rechtswesen alle aufzuführen und sich mit der häufig widersprüchlich oder rätselhaft erscheinenden Poesie hier auseinanderzusetzen. Wir legen dem Leser die vollständige Lektüre beider Faustteile zum eigenen Aufspüren, Nachdenken und zum selbstironischen Schmunzeln ans Herz. Wer die juristischen Details ganz genau untersuchen möchte, sei auf die umfangreiche Monographie eines hochrangigen Richters mit dem Titel „Das Recht in Goethes Faust" verwiesen, eine akribische Juristenarbeit aus dem Jahre 1912, die seitens der Literaturwissenschaft freilich eine deftige Schelte einstecken mußte.[216]

Was den schwer zugänglichen Faust II betrifft, wissen wir aus unserem juristischen Umfeld, daß er meist gar nicht oder nur stückweise und dann mit Kopfschütteln gelesen wird. Die Forschung hat jedoch durch diese phantastische Poesie mit ihrem Dickicht von Symbolik, Allegorie und scherzhafter Ironie oder Satire in neuerer Zeit aufhellende Breschen geschlagen.[217] Wir möchten hier nur noch den fragwürdigen Schluß der „Tragödie" aufgreifen.

Ein Jahr nach Erscheinen des ersten Faustteiles hat Riemer, ein Vertrauter des Dichters, „aus Goethes Munde notiert: Die poetische Gerechtigkeit sei eine Absurdität. Das allein Tragische ist das injustum und praematurum", d. h. das Ungerechte und Unzeitige, letzteres wohl im Sinne eines ungestümen, unbeherrschten und ungeduldigen Verhaltens.[218]

Hier hören wir den Dichterjuristen heraus, der von den Unrechtsgefahren menschlicher Sturm- und Drangzeiten weiß, sich jetzt um die klassische Form der Poesie und als Staatsdiener um berufliche Selbstbeherrschung und gerechtes Handeln bemüht, in seiner Umwelt und Umbruchzeit aber immer wieder tragisches Fehlverhalten der Menschen erfahren muß. So läßt er dann in seiner letzten großen Schaffensperiode den Titelhelden in Faust II als Hof-, Staats- und Weltmann agieren, der über die eigene „Weltrolle" des Staatsbeamten Goethe weit hinausgreift und in seinem übersteigerten Tatendrang keine Identifizierung mit ihm zuläßt. Was unausweichlich zum leidvollen Konflikt bis zur Tragödie führt, liegt in der fortwirkenden Einlassung Fausts auf die Versuchungen durch den Wettpartner, der ihn zuletzt nach Erfüllung des rechten staatsmännischen „Gemeindrangs" zu unrechter Herrschaftsausübung, ja nochmals zur strafwürdigen Unrechtstat verleitet.

Zu der uns juristisch besonders interessierenden Schuldfrage des irrenden Faust erklärte der Staatsminister im Herbst 1820 während seiner Universitätsaufsicht in Jena:

> „Meine Behandlung mußte ihren eignen Weg nehmen, und es gibt noch manche herrliche, reale und phantastische Irrtümer auf Erden, in welchen der arme Mensch sich edler, würdiger, höher, als im ersten, gemeinen Teile geschieht, verlieren dürfte... Mephistopheles darf seine Wette nur halb gewinnen, und wenn die halbe Schuld auf Faust ruhen bleibt, so tritt das Begnadigungs-Recht des alten Herrn sogleich herein, zum heitersten Schluß des ganzen."[219]

Die poetisch heitere Note war schon im Prolog zum Ausdruck gekommen, wo Gottvater, „der alte Herr", zu Mephisto sagte:

> „Ich habe deinesgleichen nie gehaßt.
> Von allen Geistern, die verneinen,
> Ist mir der Schalk am wenigsten zur Last." (Vers 336–38).

Die frohgestimmte Betrachtungsweise läßt uns an den jungen Goethe denken, der, ein Jahr nach Abweisung seiner staatskirchenrechtlichen Doktorarbeit durch orthodox beeinflußte Juristen, als frisch bestallter Advokat in beschwingter Manier für religiöse Toleranz eintrat mit dem Kerngedanken, „daß Gott und Liebe Synonyme sind" und der Mensch trotz Verirrungen ein „Ebenbild der Gottheit" (Faust Vers 516) bleibt; denn „Um wieviel Millionen Meilen verrechnet sich der Astronom? Wer der Liebe Gottes Grenzen bestimmen wollte, würde sich noch mehr verrechnen . . ."[220]

Während der langwierigen Stoffbearbeitung räumte Goethe 1827, im Alter von 78 Jahren, wieder Identifikationen mit beiden Wettpartnern ein: „indem er nicht bloß das düstere, unbefriedigte Streben der Hauptfigur, sondern auch den Hohn und die herbe Ironie des Mephistopheles als Teile meines eigenen Wesens bezeichnet".[221] Im gleichen Jahr 1827, das ihn mit der Schuld- und Gerichtsfrage beschäftigte, bekannte sich der Dichterjurist zu einem poetischen Kunstgriff:

> „Ich mußte hierbei eine Zuflucht zu wohltätigen mächtigen Geistern nehmen, wie sie uns in der Gestalt und im Wesen von Elfen überliefert sind. Es ist alles Mitleid und das tiefste Erbarmen. Da wird kein Gericht gehalten und da ist keine Frage, ob er es verdient oder nicht verdient habe, wie es etwa von Menschen-Richtern geschehen könnte."

Hier trennt sich der Dichter vom Gedanken einer abschließenden Gerichtsszene, wie er sie in einem schematischen Entwurf ursprünglich vorgesehen hatte, und verlegt die Entscheidung in das Sittliche. Dazu hat er Grundsätzliches wie folgt dargelegt:

> „Das Hauptfundament des Sittlichen ist der gute Wille, der seiner Natur nach nur aufs Rechte gerichtet sein kann; das Hauptfundament des Charakters ist das entschiedene Wollen, ohne Rücksicht auf Recht und Unrecht, auf Gut und Böse, auf Wahrheit oder Irrtum: es ist das, was jede Partei an den ihrigen so höchlich schätzt. Der Wille gehört der Freiheit, er bezieht sich auf den innern Menschen, auf den Zweck; das

Wollen gehört der Natur und bezieht sich auf die äußere Welt, auf die Tat: und weil das irdische Wollen nur immer ein beschränktes sein kann, so läßt sich beinahe voraussetzen, daß in der Ausübung das höhere Rechte niemals oder nur durch Zufall gewollt werden kann."[222]

Diese Psychologie an der Nahtstelle von Recht und Sittlichkeit führt in Goethes Vorstellungen von einer moralischen Weltordnung mit dämonischen Zügen, aber auch in seine tolerante Weltfrömmigkeit mit dem Glauben an eine höhere Liebe für die ganze Menschheit. Zu den fragwürdigen Folgerungen irdischer Straffreiheit und der umstrittenen Angemessenheit überirdischer Erlösung des Titelhelden erteilen wir unserem Dichterjuristen selber das letzte Wort. Es stammt aus dem letzten einschlägigen Gespräch mit Eckermann, dem er den versiegelten Faust II zur posthumen Veröffentlichung anvertraute:

„Wir sprachen sodann über den Schluß, und Goethe machte mich auf die Stelle aufmerksam, wo es heißt:
Gerettet ist das edle Glied
Der Geisterwelt vom Bösen:
Wer immer strebend sich bemüht,
Den können wir erlösen,
Und hat an ihm die Liebe gar
Von oben teilgenommen,
Begegnet ihm die selige Schar
Mit herzlichem Willkommen.
‚In diesen Versen', sagte er, ‚ist der Schlüssel zu Fausts Rettung enthalten. In Faust selber eine immer höhere und reinere Tätigkeit bis ans Ende, und von oben die ihm zu Hülfe kommende ewige Liebe. Es steht dieses mit unserer religiösen Vorstellung durchaus in Harmonie, nach welcher wir nicht bloß durch eigene Kraft selig werden, sondern durch die hinzukommende göttliche Gnade.
Übrigens werden Sie zugeben, daß der Schluß, wo er mit der geretteten Seele nach oben geht, sehr schwer zu machen war und daß ich, bei so übersinnlichen, kaum zu ahnenden Dingen, mich sehr leicht im Vagen hätte verlieren können, wenn ich nicht meinen poetischen Intentionen, durch die scharf

umrissenen christlich-kirchlichen Figuren und Vorstellungen, eine wohltätig beschränkende Form und Festigkeit gegeben hätte.'"[223]

Goethes Nachgesang auf die Jurisprudenz

Noch bevor Goethe seinen tiefsinnigen Altersroman der „Wanderjahre" und sein lebenslanges Hauptwerk „Faust" abgeschlossen hatte, wurden ihm in seinem 76. Lebensjahr außergewöhnliche wissenschaftliche Ehrungen zuteil. Es geschah aus Anlaß seines 50jährigen Weimarer Dienstjubiläums. Kanzler F. v. Müller, sein Juristenkollege im Staatsdienst, berichtet:

„Am 7. November feierten wir, feierten Hof und Stadt das dritte goldene Jubelfest, das Jubelfest unseres Goethe. Am frühesten Morgen dieses Tages (vor 50 Jahren) im Jahre 1775 war er, kurz nach dem Regierungsantritt und der Vermählung unseres Großherzogs, und einer dringenden Einladung des jungen fürstlichen Paares folgend, zuerst in unseren Mauern gastlich eingezogen, und von der Huld und dem Vertrauen des Hofes, sowie von eigener Neigung und ahnungsvoller Stimmung festgehalten, am 11. Juni 1776 als Geheimer Legationsrat, mit Sitz und Stimme im damaligen Geheimen Conseil, als weimarischer Staatsdiener verpflichtet worden ... Der Großherzog beschloß, daß die fünfzigste Wiederkehr des Tages, wo Goethe zuerst in Weimar einging, zugleich als sein Dienstjubiläum angesehen und gefeiert werden sollte, weil der Freund und Vertraute seiner Jugend nicht erst durch förmlichen Diensteid sich ihm auf ewig verpflichtet und verbündet habe. In tiefster Stille und allen ein Geheimnis, ließ der erhabene Fürst durch denselben wackern Künstler, Brandt zu Berlin, der die Medaille auf des Großherzogs Jubelfest so vortrefflich ausgeführt hatte, nun auch auf seines ersten Staatsdieners und Jugendfreundes goldenen Tag eine goldene Denkmünze gravieren und ausprägen ...
Die feierlichen Deputationen der Akademie Jena, der Landeskollegien hier und zu Eisenach, des Stadtrats und der Frei-

> maurerloge traten nun vor, Glückwunsch und würdigste Jubelgabe bringend. Die philosophische und medizinische Fakultät zu Jena überreichten ihm in sinnreich abgefaßten Diplomen die Insignien ihrer Doktorwürde ... Die theologische Fakultät übergab ein eigenes, geistreich verfaßtes Gratulationsdiplom mit einem höchst würdevollen Schreiben, voll des tiefsten und reichsten Sinnes. Die Juristenfakultät fügte ihrem Glückwunsche den Ausdruck ihres Bedauerns bei, daß ihr die Universität Straßburg schon vor 54 Jahren in Erteilung des Doktorhuts zuvorgekommen sei ...“[224]

Im gleichzeitigen Erlebnisbericht von A. Frommann heißt es: „... Die Juristen konnten kein Diplom schicken, da Goethe schon in Straßburg Doktor geworden; Konopak war aber als Deputierter da.“ Dr. iur. Christian Gottlieb Konopak (1767–1841), der die Juristische Fakultät vertrat, war ordentlicher Professor der Rechte und Oberappellationsgerichtsrat, viermal Dekan und einmal Prorektor der Universität Jena.

In Briefen von Eckermann lesen wir: „Deputierte der Universität Jena beschenkten ihn mit Doktor-Diplomen aller Fakultäten.“ – „Goethe selbst ist an diesem Tage von der Universität Jena zum Doktor aller Fakultäten gemacht.“ – Die Unterstellung, daß Goethe schon in seiner Straßburger Studienzeit den juristischen Doktortitel erhalten habe, beruhte auf einem Irrtum, der – auch nach einem Zeitablauf von 55 Jahren – einer hohen Juristischen Fakultät nicht hätte passieren dürfen. Wie wir sahen, war Goethe allerdings auch nach seinem Eintreffen in Weimar amtlich als „Doktor“ ausgegeben und dann auch im Volksmund oder – wie bei Eckermann – im Freundeskreis so bezeichnet worden. Wie oben zur Promotion nachgewiesen, hat Goethe in Straßburg den akademischen Grad eines Lizentiaten beider Rechte erhalten und nur diesen hat er im Amtsverkehr selber gebraucht. Allerdings taucht nach 1825 gelegentlich der dreifache Doktortitel auf, so im Staatshandbuch für 1827: „Johann Wolfgang Goethe, Doktor der Rechte, der Medizin und der Philosophie, Staatsminister.“ Nach einem Brief vom 9. Sept. 1828 hätte der Straßburger Juraprofessor J. G. D. Arnold dem Dichter nachträglich gern den Straßburger Doctor juris honoris causa verschafft; doch waren nach dem dortigen Universitätsrecht Ehrenpromotionen damals grundsätzlich unzulässig.

Goethe bedankte sich beim Senat der Universität Jena, betonte seine bisherige Fürsorge für die dortigen Wissenschaften, für die er sich mit Eifer „auch fortan betätigen" werde. Das wichtigste Selbstzeugnis für unsere Fachbiographie aus jener Alterszeit des Dichterjuristen ist sein Dankschreiben an die Juristische Fakultät in Jena:[225]

An die juristische Facultät der Universität Jena.

[7. December 1825.]

Einer hochansehnlichen juristischen Facultät, zu der ich, meinen früh'sten Studien und Bestimmungen zu Folge, mich anzuschließen geeignet bin, finde ich mich für die Aufmerksamkeit, welche sie an dem gnädigst angeordneten Festtage mir geneigt erzeigen wollen, dankbar verpflichtet.

Auch noch in gegenwärtigem Zeitmomente muß es mich höchlich freuen, in frühester Jugend dasjenige gewahrt zu haben, was in den Folgejahren als Grund aller rechtlichen Einsicht, als Regel des gesetzlichen Denkens und Urtheilens ohne Widerrede anerkannt wird. Ja ich darf wohl hinzufügen: wäre dieses Fach zu jener Zeit auf Akademieen wie gegenwärtig behandelt worden, so würde ich mich demselben ganz mit dem größten Eifer gewidmet haben.

Denn die Geschichte des Rechts und dessen Herankommen aus den früh'sten Zuständen, aus jenen der rohen und einfachen Natur, wie zu solchen die schon eine National- und Localbildung wahrnehmen lassen, blieb von jeher der Gegenstand meiner angelegentlichsten Betrachtungen.

Die römischen Antiquitäten, durchaus nicht begreiflich ohne Vergegenwärtigung des strengen Formelwesens dieser Nation, welches zuletzt der Anarchie und Tyranney selbst noch eine gewisse legale Gestalt zu geben trachtete, verfehlten ihre Wirkung nicht auf meinen jugendlich strebsamen Geist; aber nur jetzt, nach dem Verlauf von so vielen Jahrzehnten, wird mir durch die Bemühungen der außerordentlichsten Männer im Einzelnen klar, was ich im Ganzen keineswegs übersah, obwohl ahnungsvoll mir die Stelle bezeichnete, wo solches zu finden und zu entdecken seyn möchte.

Ebenfalls ward ich früh genug durch den Zeitsinn aufmerksam für das Verhältniß der Staatsgewalt auf Sitte und Unsitte, nicht minder für den kaum auszugleichenden Antagonismus des Geistlichen und Weltlichen, zweyer Kräfte, die vereint das Heil der Welt bewirken sollten.

Nur mit Lächeln kann ich an die Versuche denken, die ich damals in diesem Fache, blos geleitet durch allgemeine Ansichten, in einer, zwar nicht tadelnswerthen, aber doch nur in's Ferne gehenden Richtung entworfen, begonnen und ausgeführt: Alles Bestrebungen, die ich weder mißbilligen noch schelten kann, da ich in diesen Anfängen nichts gewahr werde, was meinen gegenwärtigen Überzeugungen und der Überzeugung verdienter, mitlebender Männer geradezu widersprechen möchte. Wie mich denn auch diese Gesinnungen und Grundsätze in einem langen, vielfachen Geschäftsleben, theils zu eigner Leitung, theils zu Beurtheilung fremden Beginnens, niemals ohne Anweisung und Beyhülfe gelassen haben.

Möge dieses vielleicht zu umständlich Ausgesprochene von einsichtigen Männern verziehen seyn, indem dadurch nur angedeutet werden sollte, wie ich von allem was auch in diesem Fache auf der jenaischen Akademie gewirkt worden und in fremde Länder ausgegangen, mir zu Nutzen und Frommen den geziemenden Theil anzueignen, nicht verfehlt habe.

Der ich mir, so lange es in meinem Kreise zu wirken vergönnt seyn wird, das Wohlwollen des ganzen hochansehnlichen Körpers, wie der einzelnen Glieder, dankbar anerkennend erbitte.

Weimar den 24. November 1825. J. W. v. Goethe.

Dieses Stimmungsbild Goethes stand im Zeichen des Aufblühens der modernen Rechtswissenschaft. Die beiden ihm persönlich bekannten Rechtsgelehrten Thibaut (1772–1840) und Savigny (1779–1861) hatten im Jahre 1814 ihre zukunftsweisenden Programmschriften veröffentlicht, und 1815 war mit der „Zeitschrift für geschichtliche Rechtswissenschaft" die historische Rechtsschule begründet und damit eine neue Ära der Fachwissenschaft eingeleitet worden. Was jetzt an prinzipiellen und rechtshistorischen Erkenntnissen aufkam, hatte Goethe in vielem schon lange vorausgedacht; wären diese Einsichten bereits in seiner Jugendzeit durch eine attraktive Interpretations-, Konstruktions- und Systemlehre ergänzt worden, hätte der Dichterjurist seiner Studienzunft wohl auch früher entsprechende Loblieder gesungen, ohne dabei als Dichter seine aufreizenden und notfalls auch kreischenden Töne preisgeben zu müssen. Eine juristische Würdigung Goethes darf nicht den Ausbildungszustand des 18. Jahrhunderts vergessen, als für das Studentenniveau noch kein Reifezeugnis verlangt und die Lehrer darauf Rücksicht nehmen mußten, auch daß die professionellen Rechtslehrer noch keiner Habilitation bedurften. Der Lehrbetrieb war auf das Lernen und Aneignen, nicht auf produktive Wissenschaft angelegt. Kein Wunder, daß unser Leipziger und Straßburger Rechtsstudent bei seinem Wissensdurst und Schöpferdrang den damaligen fachspezifischen Vorlesungen so weit als möglich ausgewichen ist und in seiner Autobiographie das oben im II. und III. Teil geschilderte Klagelied über die damalige Rechtsgelehrsamkeit gesungen hat.

Es lassen sich genügend Aussagen und Vorgänge finden, die den Gesinnungswandel des alten Sängers und Staatsministers Goethe unterstreichen. Wir greifen nur die juristische Erziehung seines Sohnes August (1789–1830) heraus. Um 1820 zurückschauend, schildert er in den autobiographischen Tag- und Jahresheften:

> „Des persönlich Erfreulichen begegnete mir in diesem Jahre manches ...: Mein Sohn August zog rüstig und wohlgemut auf die Akademie Heidelberg, mein Segen, meine Sorgen und Hoffnungen folgten ihm dahin. An wichtige vormals jenaische Freunde, Voss und Thibaut, von Jugend auf empfohlen, konnte er wie im elterlichen Hause betrachtet werden.“[226]

In Briefen und Gesprächen während der Studienzeit des Sohnes hatte der Dichterjurist bekannt:

> „Mein August ... Es ist eine eigene Sache, wenn der Sohn ein Metier ergreift, das eigentlich das Metier des Vaters nicht ist. Doch mag es auch sein Gutes haben; wenn einerseits eine Trennung zu entstehen scheint, so entsteht von der andern eine Vereinigung, weil denn doch zuletzt alles Vernünftige und Verständige zusammentreffen muß. ... Im Grunde bin ich von Jugend her der Rechtsgelehrtheit näher verwandt als der Farbenlehre, und wenn man es genau besieht, so ist es ganz einerlei, an welchen Gegenständen man seine Tätigkeit üben, an welchen man seinen Scharfsinn versuchen mag.“[227]

Bis 1808 hatte Sohn August das Weimarer Gymnasium besucht und ist dann vom Vater – ganz ähnlich wie dieser von seinem Frankfurter Juristenvater – zum Jurastudium in Heidelberg und anschließend in Jena bewogen worden. Zwar schrieb Goethe an den Heidelberger Rechtslehrer Thibaut, August habe „sich zum Juristen bestimmt“; die Umstände sprechen jedoch für einen vorausgegangenen Entschluß des Vaters, der diesen in einen wohlmeinenden Ratschlag mit Erfolgssicherheit verwandelte. Dem Sohn schrieb er nach Heidelberg:

> „Empfiehl mich Herrn Hofrat Thibaut vielmals und danke ihm auf das beste in meinem Namen. Es gehört auch mit unter die

Wirkungen deines Glücksterns, daß du durch einen so gründlichen und angenehmen Lehrer in das akademische Wesen eingeleitet wirst."

Hiernach hatte der Vater einen Rechtsgelehrten ausgesucht, der nicht nur „gründlich", sondern auch „angenehm" war; hatte dieser doch in seiner Person den Widerstreit von Rechts- und Musikstudium überwunden und zu einem Ausgleich seiner Persönlichkeit gefunden, die den Ausspruch tat:

„Die Jurisprudenz ist mein Geschäft, mein Musiksaal ist mein Tempel."

An seinen Heidelberger Jurastudenten schrieb Goethe:

„Halte dich ja an diesen trefflichen Mann und Lehrer, so wird dir in jedem Falle geholfen sein."

Goethes Rückkehr zur Jurisprudenz über das Rechtsstudium des Sohnes wurde genährt durch die Berufsaussichten, die dem Sohn nach dem Vorbild des Vaters im höheren Staatsdienst winkten. August wurde 1811 zum Wirklichen Assessor beim Weimarer Kammerkollegium ernannt und 1815 zum Kammerrat befördert, was zugleich eine wirtschaftliche Absicherung für den kränklichen Filius bedeutete. So erwies sich die Jurisprudenz wiederum als erstrebenswertes Fundament des Berufslebens. Auch Goethes Enkel Wolfgang Maximilian (1820–1883), ein Sprößling des Kammerrates August, hat sich trotz vieler Bedenken der Jurisprudenz verschrieben, in Jena, Heidelberg und Berlin Rechtswissenschaften studiert und in Heidelberg zum Dr. jur. promoviert.

Ruhend auf der genannten Vereinigung „alles Vernünftigen und Verständigen" und dabei den erwähnten „Scharfsinn" der Jurisprudenz nutzend, hat der Dichterjurist in den letzten Lebensjahren noch eine erstaunliche Produktivität entfaltet. Wir schlagen abschließend sein Tagebuch für das Jahr 1832 auf.[228] Schon der erste Eintrag vom Neujahrstag zeugt von dem unermüdlichen Schaffensdrang des greisen Staatsministers:

„Die verschiedenen auszufertigenden Konzepte durchgesehen und überlegt. Gute Ordnung und Kassebestand in den oberaufsichtlichen Geschäften mit Vergnügen bemerkt; des ausgesprochenen Beifalls Serenissimi und des hohen Ministerii mich erfreut . . . Die diplomatischen Auszüge fortgelesen. Notiert und schematisiert was nächstens auszuführen ist."

Aus den darauffolgenden Tagesnotizen ergibt sich eine rastlose Tätigkeit für die „Oberaufsichtlichen Geschäfte" über die Anstalten für Kunst und Wissenschaft, für die er als Verwaltungsjurist im Ministerrang „ordnete, bestimmte, förderte". Noch am 14. und 15. März stoßen wir auf Notizen zu den Amtsgeschäften. Doch am 16. März brechen die Eintragungen ab mit dem letzten Satz:

„Den ganzen Tag wegen Unwohlseins im Bette zugebracht."

Die „Ordre zum Abmarsch" aus der Juristenlaufbahn und Poesie erging an den 83jährigen Goethe am 22. März 1832. Als Todesursache wurde ein Herzinfarkt mit kardiogenem Schock und Lungenödem festgestellt.

Nachgesänge von Rechtsgelehrten auf Goethe

Seit dem Tod des Dichterjuristen sind aus allen Sparten der Juristenzunft vieltönige Lieder auf seine Lebens- und Werkbezüge zu Recht und Staat erschallt. Die klangvollsten Hymnen brachten professionelle Rechtsgelehrte zustande. Wir können hier nur ein paar Einzelstimmen aus den gemischten Chören rund um die markantesten Goethe-Gedenkjahre anklingen lassen.

Die eigentliche Ouvertüre begann 1898, 66 Jahre nach Goethes Ableben und im Vorjahr zu den Gedenkfeiern seines 150. Geburtstages. Tonangeber war Ernst Landsberg, der Forschungspionier der Geschichte der deutschen Rechtswissenschaft des 18. und 19. Jahrhunderts.[229] In seinen zwei Großbänden stoßen wir auf mehr als ein Dutzend Goethe-Hinweisen, die eine Brükke schlagen von Goethes zeitgenössischen Rechtsfreunden bis zu den ersten namhaften Kritikern aus der Rechtswissenschaft um die Wende zum 19. Jahrhundert. Landsberg zeigt den großen wissenschaftlichen Sprung von den gelehrten Juristen aus Goethes Jugend- und Studienjahren zu den Avantgardisten Thibaut und Savigny in Goethes Spätzeit auf. Unser Dichterjurist wird nach dem Geist der Zeit als „Dichterfürst" und „alter Olympier" tituliert und mit Savigny verglichen: „Mit Goethe, mit dem er so manchen Zug gemeinsam hat, teilt sein Frankfurter Mitbürger Savigny auch das Glück, zur vollen Entfaltung seiner Gaben gelangt zu sein ..." Übereinstimmungen werden zu Goethes Rechtsauffassung vom Volksgeist für die Gesetzgebung, zu einigen Straßburger Promotionsthesen und zur Rechtskritik im Faust festgestellt.

Zu Fausts Pakt mit Mephistopheles haben der Rechtshistoriker E. Landsberg und Josef Kohler, der renommierteste Rechtsprofessor der wilhelminischen Kaiserzeit, köstlich-kritische Rechtsgutachten erstellt. Landsberg greift den Wettvertrag als unsittlich und nichtig an, stellt Faust im juristischen Sinne als Verlierer hin, erkennt aber die höhere, überjuristische Gerechtigkeit und auch die poetische Gerechtigkeit an. „Ich liege nun einmal", erklärt Landsberg, „an der juristischen Kette. Und mit der Kette, die man trägt, rasselt man". Kohler wendet sich gegen die Annahme, der Teufel könne die Wette gewonnen haben:

> „Von einem Sieg des bösen Geistes, von einem Recht auf die Seele des Helden kann in keiner Weise die Rede sein. Faust ist lediglich nach seinen Taten zu beurteilen, und diese vereigenschaften ihn zur Erlösung und empfehlen ihn der sühnenden Gnade des Himmels ... Naht sich solchen Schöpfungen der Fachgelehrte, so wird er oft feststellen können, daß der Dichter als einer der tiefsinnigsten seines Geschlechtes mit seiner Intuition ganz besonders feine Züge erhascht und ganz besonders tiefe Blicke in die Welt des Lebens und der Natur gehabt hat. Nicht selten hat die dichterische Intuition erreicht, was der langen Arbeit des Gelehrten kaum zugänglich geworden ist."

Oswald Marcuse steigerte den Lobgesang im 90. Todesjahr Goethes durch Erweiterung des Blickfeldes, wonach die maßgeblichen Aussprüche des Dichters „gleich einem Linsenfernrohr auf das gesamte Gebiet der Rechtsbildung ein so helles Licht warfen, daß die Träger der Wissenschaft wie der Gesetzgebung nicht anders konnten, als seinen Gedanken zu folgen".[230]

Höhepunkte rechtswissenschaftlicher Goethewürdigungen brachten vor allem die Gedenkfeiern zum 100. Todestag im Jahre 1932.[231] Der damalige dritte „Deutsche Rechtshistorikertag" wurde an Goethes amtliche Wirkungsstätte nach Jena einberufen, wo Rudolf Hübner in seinem Eröffnungsvortrag ein Doppeltes herausstellte: Goethes juristisches Verständnis und geschichtlichen Sinn.

„ Beides besaß Goethe in ausgeprägtem Maße ... als Kenner und Liebhaber der Rechtsgeschichte", der selber ein Rechtshistoriker „ohne Mühe hätte werden können, wenn es ihm im allergeringsten darum zu tun gewesen wäre ... So können wir morgen in seinem Zeichen an unsere Arbeit gehen. "

Der Tübinger Juraprofessor Arthur Benno Schmidt bekräftigte diese Gedanken, wies auf Goethes Empfehlung zu rechtshistorischen Studien an seinen Sohn August in Heidelberg hin und fügte anregende Beispiele hinzu, „wie die deutsche Rechtsgeschichte vom Standpunkte der Gegenwart aus gesehen selbst in Goethes Leben hineinragt".

Die Frankfurter Anwaltskammer brachte zum Goethejahr 1932 eine eigene Goethe-Nummer ihrer Zeitschrift heraus, in der Otto Rothbarth die Gegenwartsbedeutung des Juristen und Dichters beschwor mit dem Schlußwort:

„ Goethes Geist ruft uns an seinem 100. Todestag mit den Worten des ‚Symbolum' von ‚Drüben' zu:
‚Versäumt nicht zu üben
Die Kräfte des Guten'.
In diesem Sinne vorwärts an die Tagesarbeit. Dann, aber auch nur dann, wird der 100. Todestag Goethes von uns Juristen und Rechtsanwälten nicht vergeblich gefeiert werden. "

Zum Einleitungsbeitrag dieser Sondernummer war der namhafte Goetheforscher Ernst Beutler eingeladen worden, der betonte, daß Goethe „etwa ein Drittel seiner Tätigkeit als ‚Geschäftsmann' verbracht hat, d. h. als Beamter, als Staatsmann, als Jurist". Zum Schluß wies Beutler auf Goethes Zukunftsschau hin: „Er glaubte – und das hat ihn immer bei aller äußeren Unkirchlichkeit und dogmatischen Losgelöstheit zu einem Anhänger der christlichen Ethik gemacht – an einen Fortschritt nur aus ethischer Umwandlung."

Das Gedenkjahr 1932 brachte auch die fruchtbare Beziehung zwischen Goethe und dem namhaften Juristen und Politiker Eduard M. Simson (1810–1899) in Erinnerung. „Doktor juris Eduard Simson" war mit 18 Jahren von Königsberg nach Weimar zur Feier von Goethes 80. Geburtstag gereist und vom Dichter empfangen worden, worauf er sein „ganzes Leben unter das Zeichen Goethes" stellte. Als Simson von 1879–1891 als oberster Richter des Reiches Chefpräsident des Reichsgerichts in Leipzig war, wurde er im Gründungsjahr der Goethe-Gesellschaft in Weimar 1885 bei der Wahl des Präsidiums zum ersten Vorsitzenden gewählt, welches Amt er bis in sein höchstes Alter bekleidete. Es war eine Sternstunde der Hoffnung auf eine nicht nur literaturwissenschaftliche, sondern auch rechtswissenschaftliche Goetheforschung.

Zum 200. Geburtstag Goethes im Jahre 1949 hat Hans Liermann erneut „die Frage nach dem Verhältnis Goethes zur Rechtswissenschaft" aufgeworfen.[232] Er beschwor den „Fleiß ganzer Forschergenerationen", um das unerschöpflich reiche Leben des Dichters und Juristen auszuloten. Die von der Literaturwissenschaft längst registrierten Vorgänge und Gedanken würden „mehr Gestalt gewinnen, wenn man sie in den Strom der Rechtsgeschichte und vor allem der juristischen Geistesgeschichte mitten hinein stellt". Goethes Einsicht in die heraufkommende „höhere Stufe der Jurisprudenz" beflügelte den Erlanger Rechtsprofessor zu den Schlußsätzen:

> „Er sah den Fluß der Dinge und empfand die schöpferische Kraft des ewigen Stirb und Werde auch für die Rechtsordnung. Und damit war Goethe, der oft und mit Freude in die

Vergangenheit des Rechtslebens blickte, so daß ihn die Rechtshistoriker gern als einen der Ihren in Anspruch nehmen, doch auch die geniale Schau in die Zukunft der Jurisprudenz gegeben. Sie verbindet ihn mit unserer heutigen Rechtswissenschaft und mit uns."

Im Jubiläumsjahr 1982, 150 Jahre nach Goethes Tod, wurden an den Hochschulen Sonder- und Ringvorlesungen mit kritischen Bestandsaufnahmen gehalten. Noch unter der staatsrechtlichen Trennung von Bundesrepublik Deutschland und Deutscher Demokratischer Republik befindlich, wurde z. T. nach praktischen Lehranleihen aus Goethes Rechts- und Staatsweisheit gesucht.[233] Adalbert Pedloch, Ordinarius für Öffentliches Recht an der Technischen Hochschule Darmstadt, stellte „Goethe im Umbruch europäischer Rechtsordnungen" vor, wonach die gesellschaftlichen Kräfte zu seiner Lebenszeit „noch keine ihnen adäquate verfassungsrechtliche Form" gefunden hatten und der Weimarer Staatsminister sich in Bildungsideale zurückzog.

„Seine Lösung der Probleme, die ihn bedrängten, hieß Bildung, nicht politisches Handeln der Bürger . . .", was ihn „jedoch nicht blind für die Mängel der damaligen Rechts- und Gesellschaftsordnung machte."

Zur Goethefeier 1982 der Johann-Wolfgang-Goethe-Universität zu Frankfurt a. M.[234] kam Fritz Martini bei seinen Ausführungen über Goethes Staatsauffassung zu dem Ergebnis:

„Der erträgliche Staat war für Goethe ein Staat des Friedens, der gleichsam seinen Bürgern eine Unschuld bewahrte. Es gab keine Kultur und keine Freiheit ohne den Frieden. Es heißt in der Italienischen Reise: Ich bin ein Kind des Friedens, und ich will Frieden halten für und mit der ganzen Welt, da ich ihn einmal in mir selbst geschlossen habe."

Klaus Lüderssen wies auf manche Barrieren hin, die „unsere gebildeten juristischen Großväter" durch politische Inanspruchnahmen von Goethes Verhältnis zu Recht und Gerechtigkeit hinterlassen haben. Bei dem noch wenig bekannten Verwaltungsbeamten Goethe lenkte er den Blick auf das,

„was er mit seiner ganzen Existenz und Menschlichkeit einbrachte ... Jeweils war es so, daß ‚praktischer Geist und ethisches Empfinden', nicht analytisch-deduktive Gesetzesanwendung, das hervorgebracht haben, was wir heute Konkretisierung von Recht nennen würden. Das ist in dem Maße nachvollziehbar, wie man sich der Einsicht nicht verschließt, daß Moral und Recht näher aneinandergerückt sind, und an die Stelle eines absoluten, hermetischen Rechtsbegriffs, ein komparativer, offener Rechtsbegriff zu treten beginnt."

Der Gießener Rechtslehrer Meinhard Heinze brach, zwar kritisch die zwiespältigen Äußerungen Goethes zur Juristerei bedenkend, eine Lanze für die „neue Qualität der juristischen Rhetorik des jungen Goethe", die bisher zu Unrecht weithin unbeachtet geblieben sei.[235]

„Aber es ist einfach hinzunehmen, daß Goethe niemals ein umfassend rechtswissenschaftlich ausgebildeter und zivilistisch gebildeter Jurist gewesen ist ... Darüber sollten aber gerade Juristen nicht traurig sein: Auch als Nicht-Jurist hat Goethe den Juristen mehr gegeben als (fast) alle rechtswissenschaftlich hervorragenden Juristen seiner Zeit."

Zwischen den vorgenannten zwei Goethe-Gedenkjahren ist unter dem Patronat des Rechtslehrers Ernst von Hippel eine größere Monographie von Otto Badelt über das Rechts- und Staatsdenken Goethes erschienen.[236] Die Arbeit hebt als „das eigentlich Wesentliche der Wissenschaft Goethes" heraus, daß diese „die Urbilder und Urphänomene der gottgegebenen geistigen Ordnung der Welt erkennt". Im Zusammenhang damit wird erläutert, „wie Goethe diese göttliche Weltordnung als die unbedingt verbindliche Grundlage jeder Bildung des positiven Rechts und jeder Organisation der Gemeinschaft, insbesondere der staatlichen Gemeinschaft anerkennt".

Wir haben um die hundert Veröffentlichungen eingesehen, die sich mehr oder weniger auf Goethes Rechts- und Staatsauffassung beziehen. Sie kreisen im wesentlichen um drei Grundbegriffe: Frieden, Gerechtigkeit, Menschlichkeit. Was aus den wissenschaftlichen „Nachgesängen" wohl am sichersten Bestand haben wird, sind Goethes eigene Zitate, aus denen wir hier drei Schlußpunkte setzen:[237]

Zum Frieden:

„Es gibt zwei friedliche Gewalten: das Recht und die Schicklichkeit."

Zur Gerechtigkeit:

„Die Güte des Herzens nimmt einen weiteren Raum ein als der Gerechtigkeit geräumiges Feld."

Zur Menschlichkeit:

„So im Handeln, so im Sprechen
Liebevoll verkünd es weit:
Alle menschlichen Gebrechen
Sühnet reine Menschlichkeit."

Anhang

Abkürzungen benutzter Quellenwerke

A 1–24 Johann Wolfgang Goethe, Gedenkausgabe der Werke, Briefe und Gespräche in 24 Bänden, mit zusätzlichem Registerband (AReg), hrsg. von Ernst Beutler, Artemis-Verlag Zürich und Stuttgart, 1948–1971 (nach Sachgruppen geordnetes Quellenwerk mit einführenden Erläuterungen und Registern auf der Grundlage der Weimarer oder Sophienausgabe → WA).

A 25 Johann Caspar Goethe, Cornelia Goethe, Catharina Elisabeth Goethe, Briefe aus dem Elternhaus, Erster Ergänzungsband der Goethe-Gedenkausgabe, hrsg. von Wolfgang Pfeiffer-Belli, Zürich und Stuttgart, ^{2}1973.

A 26 Johann Wolfgang Goethe, Tagebücher, Zweiter Ergänzungsband der Goethe-Gedenkausgabe, hrsg. von Peter Boerner, Zürich und Stuttgart 1964.

B 1–5 Der junge Goethe, neubearbeitete Ausgabe in fünf Bänden und einem Registerband, hrsg. von Hanna Fischer-Lamberg, Berlin 1963–1974 (chronologisches Quellenwerk auf der Grundlage von Max Morris, Der junge Goethe, Leipzig 1909–1912).

C 1–5 Goethes Gespräche, Eine Sammlung zeitgenössischer Berichte aus seinem Umgang auf Grund der Ausgabe und des Nachlasses von Flodoard Freiherrn von Biedermann, ergänzt und hrsg. von Wolfgang Herwig, fünf Hauptbände, davon dritter Band in zwei Teilbänden, Zürich und Stuttgart, 1965–1987 (chronologisch-sachliches Quellenwerk auf der Grundlage von Woldemar Freiherrn von Biedermann, Leipzig 1889–1896, ^{2}1909–1911).

D 1–4 Goethes amtliche Schriften, Veröffentlichungen des Staatsarchivs Weimar, Goethes Tätigkeit im Geheimen Consilium, vier Bände, Weimar 1950–1987. Erster Band: Die Schriften der Jahre 1776–1786, bearbeitet von Willy Flach. Zweiter Band (in zwei Halbbänden): Die Schriften der Jahre 1788–1819, bearbeitet von Helma Dahl. Dritter Band: Erläuterungen zu den Schriften der Jahre 1788–1819, bearbeitet von Helma Dahl. Vierter Band: Register, bearbeitet von Helma Dahl. (Chronologisches Quellenwerk mit überwiegend Erstveröffentlichungen zu Goethes Tätigkeit im Staatsdienst).

H 1–14 Goethes Werke. Hamburger Ausgabe in 14 Bänden, hrsg. von Erich Trunz, seit 1972 bei C. H. Beck, München, mit unterschiedlichem Auflagenstand der Einzelbände (Neubearbeitete, textkritische, durch ein Mitarbeiterteam kommentierte Werkausgabe).

H 15–20 Goethes Briefe und Briefe an Goethe. Hamburger Ausgabe in 6 Bänden. Textkritisch durchgesehen und mit Anmerkungen versehen von Karl Robert Mandelkow, 6 Bände, München 1988.

M 1–21 Johann Wolfgang Goethe. Sämtliche Werke nach Epochen seines Schaffens. Münchner Ausgabe, 21 Bände (Band 1, 2, 4, 6, 11 u. 20 je in 2 Teilbänden, abgekürzt M 1/1 = Band 1, Erster Teilband), hrsg. von Karl Richter, mit Einführungen, Textkritiken und Kommentaren eines Mitarbeiterteams. München 1985–1996.

WA Weimarer Ausgabe (oder Sophienausgabe): Goethes Werke, hrsg. im Auftrag der Großherzogin Sophie von Sachsen, Abteilung I–IV. 133 Bände in 143 Teilen, Weimar 1887–1919. Reprint-Ausgabe München 1987.

Anmerkungen mit Primärquellen und Sekundärliteratur

1 Aus: Dichtung und Wahrheit. Erster Teil, 4. Buch, in A 10 S. 161 f. (= H 9 S. 145 f. = M 16 S. 157). Zu den nachfolgend und in der ganzen Autobiographie erwähnten Juristen von Belang finden sich fachliche Angaben in: Stintzig-Landsberg, Geschichte der Deutschen Rechtswissenschaft, 4 Bde. 1880–1910.

2 A 10 S. 41.

3 A 10 S. 559.

4 A 10 S. 303.

5 B 1 S. 3–62; M 1/1 S. 7–72. – Jetzt Faksimile-Ausgabe: J. W. v. Goethe, Labores juveniles, 2 Bde. 1982; Teilabdruck in A 15 S. 7 ff.; ergänzend dazu Dichtung und Wahrheit, Erster Teil, A 10 S. 15 ff., 33 f., 38, 88, 162.

6 B 1 S. 11 f.

7 C 1 S. 32 ff.; A 22 S. 16 ff.

8 A 10 S. 756. – Zu Goethes Berufsweg grundlegend (nach dem Forschungsstand bis 1944): Eugen Wohlhaupter, Dichterjuristen, Bd. I, 1953 S. 169 ff., einer Vorarbeit, der wir besonders verpflichtet sind.

9 B. Dölemeyer, Frankfurter Juristen im 17. u. 18. Jahrhundert (Abkürzung „Frankfurter Juristen"), 1993 S. 63 f.

10 Ebenda S. 290 u. 368, dort Hinweis auf G. Nick, Goethes Vater als Gießener Doktorand.

11 Vgl. Ernst Beutler in A 10 S. 102 f.

12 J. Behrens schreibt: „Goethes Vater hatte sich den Titel ganz einfach gekauft", in: Freies Deutsches Hochstift, Frankfurter Goethe-Museum, 1992 S. 23.

13 Das Bittgesuch befindet sich heute im Goethe-Schiller-Archiv zu Weimar, dazu A 10 S. 104 ff.

14 Die Verleihungsurkunde liegt im Adelsarchiv des k.k. Ministeriums des Inneren in Wien.

15 Dazu Beutler in A 25 S. 39, 166; U. Küntzel, Die Finanzen großer Männer, 1964 S. 337 ff.; S. Unseld, Goethe und seine Verleger, 1991 S. 16 ff.

16 Zahme Xenien (benannt nach Martials „Xenia" in der Form von Distichen = Doppelversen) in A 1 S. 669 f. – Zu diesem Kapitel: Beutler in A 25 S. 247 ff.; Dichtung und Wahrheit A 10 S. 45 ff., 79, 94, 262; Frankfurter Juristen (oben Anm. 9) S. 209 ff.; K. Knetsch, Ahnentafel berühmter Deutscher, NF. Heft 1, Johann Wolfgang von Goethe, 1932; S. Rösch, Goethes Verwandtschaft, 1954.

17 Vgl. M. Stolleis, Geschichte des öffentlichen Rechts in Deutschland, 1988 S. 235, 244. Zu den Schriften des Stadtschultheißen Textor vgl. Frankfurter Juristen (oben Anm. 9) S. 276–278.

18 Goethes Gespräche in A 22 S. 371 f.; über das Dämonische: A 10 S. 840.

19 „Erstes Schema" von 1809, in A 10 S. 866, i. V. m. Dichtung und Wahrheit, Erster Teil, in A 10 S. 87 ff.

20 Nähere Daten bei Dölemeyer (oben Anm. 9) S. 144, 279.

21 Weitere Hinweise ebenda S. 103, 287 f. und in Handwörterbuch zur deutschen Rechtsgeschichte (abgekürzt: HRG), Bd. 3 Sp. 1239 f.

22 „Urteil des Herrn von Oleschlager" v. 29. 3. 1757 über Goethes Stechschrift, in B 1 S. 26; vgl. auch v. 26. 9. 1757, ebenda S. 29.

23 Zu diesem Kapitel: Dichtung und Wahrheit, Erster und Zweiter Teil, A 10 S. 38 ff., 241 ff., 774, 778, 867; Der junge Goethe, B 1 S. 81 ff.; Goethes Gespräche, C 1 S. 27 ff.; J. Vogel, Goethes Leipziger Studentenjahre, 1922; E. Wohlhaupter, Dichterjuristen I S. 190 ff.

24 Siehe unten im V. Teil das Kapitel „Goethes Nachgesang auf die Jurisprudenz", S. 254.

25 Dichtung und Wahrheit, Sechstes Buch, A 10 S. 266 ff.

26 Brief vom 28. April 1766 an seinen ältesten Frankfurter Schulfreund und jetzigen Marburger Jurastudenten Johann Jakob Riese (1746–1827).

27 A 18 S. 14 ff., mit Übersetzung auf S. 988; B 1 S. 81 ff.

28 Brief an Johann Jacob Riese v. 21. Okt. 1765, in: A 18 S. 16 f., B 1 S. 84 f.

29 Brief an Riese v. 30. Okt. 1765 in: A 18 S. 19, B 1 S. 86.

30 Brief an Cornelia Goethe v. 6. Dez. 1765, in: A 18 S. 27, B 1 S. 93.

31 Hierzu die Schriften in Anm. 23, besonders Vogel S. 49 ff.

32 Xenien Nr. 289 in: A 2 S. 481.

33 Brief vom 11. Mai 1767, in: A 18 S. 54, B 1 S. 126.

34 Dichtung und Wahrheit, 8. Buch, A 10 S. 364 f.

35 Vgl. aus Anm. 23: Vogel S. 51 ff., Wohlhaupter S. 192 ff.

36 Dazu Kleinheyer/Schröder (Hrsg.), Deutsche Juristen aus fünf Jahrhunderten, 1976 S. 122 ff.; zu Hommel als „deutscher Beccaria" und Kämpfer für eine vernunftgemäße Strafrechtsreform vgl. auch H. Conrad, Deutsche Rechtsgeschichte II S. 438 ff.

37 Nach Wohlhaupter (Anm. 23) unter Hinweis auf E. Landsberg, Geschichte der deutschen Rechtswissenschaft III, 1, Noten S. 259.

38 So J. Kluge, Wissenschaftskritik in Goethes Faust, 1982 S. 41; dazu auch H. Conrad, Deutsche Rechtsgeschichte II S. 344 ff., ferner K. Luig „Mos gallicus, mos italicus" in: Handwörterbuch zur deutschen Rechtsgeschichte Bd. 2 Sp. 87 ff.

39 Zu Pütter: Kleinheyer/Schröder (Anm. 36) S. 210 ff.; zu Moser A 10 S. 90 f., 157, 305, 561 f.

40 Zur Geschichte von Joseph: A 10 S. 101, 155–158. Vgl. Goethes „Josephsidentifikation" bei K. R. Eissler, Goethe, Eine psychoanalytische Studie, Bd. 2, 1987 S. 1230 ff.

41 Brief vom 14. Okt. 1767, in: B 1 S. 142.

42 Brief seines Frankfurter Jugendfreundes und Leipziger Studiengenossen J. A. Horn an L. Moors (später Advokat in Frankfurt) v. 12. 8. 1766, in: A 22 S. 13 = C 1 S. 27.

43 Brief vom 3. Okt. 1766, in: A 22 S. 15 = C 1 S. 29.

44 Brief des Leipziger Zeitgenossen B. F. Rummel, in: C 1 S. 36.

45 Laut Erinnerung von Marie Körner über den Leipziger „Student der Rechte", in: C 1 S. 34 f.

46 Erstes Schema für Dichtung und Wahrheit v. 11. Okt. 1809, in: A 10 S. 867; zu den einzelnen Namen vgl. Vogel (Anm. 23) S. 53 ff.

47 A 10 S. 344.

48 Brief vom 6. Dez. 1765, in: B 1 S. 88 f.

49 Brief an seinen Mentor Behrisch v. 12. Okt./Nov. 1767 in: B 1 S. 155.

50 A 18 S. 15, 388. Fundstellen zu den folgenden Briefzitaten: B 1 S. 85, 103, 107, 112, 137, 143, 153.

51 A 10 S. 331.

52 Der Lügner, Erster Auftritt, in: A 15 S. 161 = B 1 S. 203. Der Text wird von der Goetheforschung in die Leipziger Studentenzeit gelegt.

53 Vgl. Vogel (Anm. 23) S. 81.

54 Aus Briefen an seinen Mentor Behrisch vom 2. und 11. Nov. 1767, in: A 18 S. 75, 83 = B 1 S. 147, 155.

55 Tagebucheintragung vom 18. Mai 1811, in: A 26 S. 302. Vorausgegangen waren Goethes naturwissenschaftliche Arbeiten über die Metamorphose der Pflanzen und der Tiere, in: A 17 S. 22 ff., 267 ff.; dazu E. Beutler in A 10 S. 885, 925.

56 A 7 S. 542.

57 A 26 S. 302.

58 In den Goethe-Ausgaben beim „Jungen Goethe" zu finden, so in: A 4 S. 15 ff., B 1 S. 209 ff.

59 Vgl. A 4 S. 38 u. A 10 S. 313 f.

60 A 10 S. 311 f.

61 Zu diesem Kapitel: Dichtung und Wahrheit, Siebentes Buch, in: A 10 S. 314–324.

62 Gespräch mit Riemer am 5. 3. 1809 in: A 22 S. 543.

63 Von Goethe in Leipzig vorbereitet und während seines anschließenden Genesungsaufenthaltes in Frankfurt 1769 in zwei Fassungen niedergeschrieben. Abgedruckt in A 4 S. 39 ff. = B 1 S. 309 ff.; dazu Goethe in A 10 S. 314 f. und 384.

64 Einführung zu „Der junge Goethe", in A 4 S. 1002 ff.

65 Originaltext des Briefes in französischer Sprache, in A 18 S. 38.

66 Gustav Radbruch, Einführung in die Rechtswissenschaft, hrsg. von K. Zweigert, 1961 S. 154: das Zitat ist aus Goethes Ballade „Der Gott und die Bajadere", in A 1 S. 158.

67 A 10 S. 453 f.

68 A 26 S. 302.

69 Vgl. A 16 S. 579.

70 Brief vom 6. 2. 1770 an „Monsieur le Docteur Herrmann, Assesseur et Senateur à Leipzig", bei dessen Promotion Goethe als Opponent eingeteilt war, in: B 1 S. 287, 494. Dazu weitere Briefauszüge aus B 1 S. 256 ff.

71 Abdruck der Ephemeriden in A 4 S. 959 ff. mit Einführung von Beutler S. 1098 ff.; B 1 S. 426 ff. mit Erläuterungen S. 508 ff.; dazu E. Wohlhaupter, Dichterjuristen I S. 205 ff.

72 Im folgenden stützen wir uns auf: Dichtung und Wahrheit, Neuntes bis Elftes Buch, in: A 10 S. 389 ff.; Briefe und Werke, in B 2 S. 3 ff., 281 ff.; Gespräche, in C 1 S. 44 ff.; E. Traumann, Goethe der Straßburger Student, [2]1923; Direction de l'Education Publique (Hrsg.), Der Student in Straßburg (Reihe „Klassiker der Weltliteratur", mit Goethes Dichtung und Wahrheit Teil III), Einleitung S. V ff., [2]1947; E. Wohlhaupter, Dichterjuristen I S. 198 ff.

73 Die Briefauszüge zur Straßburger Studienzeit stammen aus B 2 S. 3–25.

74 Nachdruck des lat. Wortlauts dieser und der folgenden Eintragungen in die Straßburger Universitätsakten bei Traumann (Anm. 72) S. 74 f.

75 Vgl. Wohlhaupter, Dichterjuristen I S. 202.

76 E. Genton (Hrsg.), Goethes Straßburger Promotion, Urkunden und Kommentare, Basel 1971 S. 63.

77 Lateinischer Wortlaut beider Textstellen bei G. Schubart-Fikentscher, Goethes Straßburger Thesen, Weimar 1949 S. 18 f.

78 Vom 28. Sept. 1770 an den Frankfurter Gymnasialschüler J. L. Hetzler und vom 30. Sept. 1770 an seinen vormaligen Straßburger Studienkollegen und inzwischen zum Lizentiaten der Rechte promovierten J. C. Engelbach, abgedruckt mit Erläuterungen in: B 2 S. 74 f., 284. Hiernach ist entgegen verbreiteter Meinung nicht anzunehmen, daß Engelbach, der nur vom

2. 5. bis 19. 6. 1770 in Straßburg weilte, der Repetent war, von dem Goethe (ohne Namensnennung) in Dichtung und Wahrheit spricht.

79 Vgl. zu Herder und das Recht: Th. Würtenberger, in: Handwörterbuch zur deutschen Rechtsgeschichte, Bd. 2 Sp. 87 ff.

80 Belege und Erläuterungen zu Goethes Doktorarbeit insbesondere bei Genton (Anm. 76); vgl. auch Traumann (Anm. 72) S. 284 ff.; ferner Beutler in A 4 S. 1012, 1017, 1092 ff.; Fischer-Lamberg in B 2 S. 312, 321; zum Staatskirchenrecht vgl. HRG Bd. 2 Sp. 771 ff. mit Verweisungen.

81 In den Ephemeriden ist Thomasius an zwei Stellen verzeichnet, vgl. B 1 S. 434, 513; zu Thomasius und den Hexenprozessen vgl. Kleinheyer/Schröder, Deutsche Juristen aus fünf Jahrhunderten, 1976, S. 291 ff. und F. Merzenbacher in HRG Bd. 2 Sp. 145 ff.

82 Gottfried Arnolds unparteiische Kirchen- und Ketzerhistorien vom Anfang des Neuen Testaments bis auf das Jahr Christi 1688, zwei Bde. 1699 und 1700, von uns eingesehen die verbesserte und vermehrte Auflage Schaffhausen 1740. Schon das Register dieser umfangreichen Folianten weist auf die vielseitige Rechtskunde des Verfassers hin, der nach dem vorangestellten Lebenslauf „in vielen Wissenschaften und Studien gelehrt" war. Nach philosophischen, philologischen und theologischen Studien wurde Arnold 1697 Professor für Geschichte in Gießen und war zuletzt Superindendent in Perleburg.

83 Es handelt sich vor allem um Goethes anonym verfaßten „Brief des Pastors zu *** an den neuen Pastor zu ***" und „Zwo wichtige bisher unerörterte biblische Fragen" von 1773, abgedruckt in: A 4 S. 126 ff. = B 3 S. 108 ff.; dazu Erläuterungen in den Werken der Anm. 80.

84 Originalbrief vom 7. 8. 1771 in unbeholfener französischer Sprache (von uns übersetzt), abgedruckt in A 22 S. 26 (hier fälschlich einem Dr. med. J. D. Metzger zugeschrieben) und in C 1 S. 52 f. (hier fälschlich als Professor F. D. Metzger bezeichnet), Korrekturen bei Genton (Anm. 80) S. 15, 64, 84. Vgl. A. B. Wachsmuth, Stationen der religiösen Entwicklung

Goethes, in: Jahrbuch des Freien Deutschen Hochstifts, 1967 S. 271 ff., hier Seite 305 f.

85 Abgedruckt in A 22 S. 26 f., in C 1 S. 51 und bei Genton (Anm. 80) S. 19 f., 64.

86 Vgl. Abdruck bei Genton (Anm. 80) S. 27 mit A 22 S. 27 und C 1 S. 51 f.

87 Vgl. B 3 S. 23 i. V. m. 117 und 447 f.

88 Dazu: Cros u. Lühmann bei Genton (Anm. 80) S. 84 ff.

89 Vgl. A 22 S. 27 = C 1 S. 52; dazu Genton (Anm. 80) S. 27, Schubart-Fikentscher (Anm. 77) S. 23 FN 1.

90 Abdruck in B 2 S. 70.

91 Nach Traumann (Anm. 72) S. 294 f.

92 Gertrud Schubart-Fikentscher (Prof. in Halle), Goethes sechsundfünfzig Straßburger Thesen vom 6. August 1771, Ein Beitrag zur Geschichte der deutschen Rechtswissenschaft, Weimar 1949. Die im Schrifttum erstmalige vollständige Übersetzung strebt eine „möglichst wortgetreue Wiedergabe des lateinischen Textes an, um so den Vergleich mit dem Original zu erleichtern". Die Übersetzung ist u. E. an mehreren Stellen anfechtbar; doch muß beim Original die vulgarisierte Gelehrtensprache des 18. Jahrhunderts berücksichtigt werden. Die Übersetzung wurde wörtlich auch von Fischer-Lamberg übernommen, in B 2 S. 317 f., und von Gerhard Sauder in M 1/1 S. 903 ff.

93 Wir stützen uns vor allem auf Schubart-Fikentscher (Anm. 92), die mit ihrer Pionierarbeit den Rahmen für weitere, ins Einzelne führende Forschungsarbeiten gespannt hat. Durch ihre Ergebnisse sind die wenigen Teildarstellungen und viele Bemerkungen in Aufsätzen der früheren Jahrzehnte weitgehend überholt oder korrigierungsbedürftig. Unter den zeitlich ersten Juristenarbeiten finden sich eigene Gedanken bei J. Meißner (Oberlandesgerichtsrat), Goethe als Jurist, 1885 S. 17 ff. mit Anhang; eine feinsinnige, jedoch nicht mehr voll überzeugende Studie lieferte G. Radbruch, Goethe: Straßburger Promotions-Thesen, in: ders., Gestalten und Gedanken, [1]1944, [2]1954 S. 70 ff., 212 ff.; eine kurze zutreffende Betrachtung findet sich bei E. Wohlhaupter, Dichterju-

risten I, 1953 S. 210 ff.; eine Art Rezension der grundlegenden Arbeit von Schubart-Fikentscher enthält Fischer-Lamberg, Der junge Goethe, Bd. 2, 1963 = B 2 S. 313 ff.; einen einführenden „Kommentar" in französischer Sprache schrieb C. Collot (Prof. an der Fakultät für Rechts- und Wirtschaftswissenschaften der Universität Nancy), „Les positions juris de Goethe", in: E. Genton (Hrsg.), Goethes Straßburger Promotion, Basel 1971 S. 101–119.

94 Maximen und Reflexionen aus Wilhelm Meisters Wanderjahren, A 9 S. 590.

95 Erörterungen über die Bestrafung des Kindesmordes im Geheimen Consilium vom 25. Okt. bis 4. Nov. 1783 in Weimar, mit Gutachten des Wirklichen Geheimen Rats Freiherr von Fritsch, der in Leipzig und Göttingen Jura studiert hatte, und des Geheimen Assistenzrates Schnauss, der nach akademischen Studien in Jena in die Weimarer Hofkanzlei berufen worden war; Wortlaut in: B 1 S. 245–251 mit eigenhändiger Zustimmung Goethes (näheres unten S. 193 ff.).

96 Vgl. Genton (Anm. 80) S. 19, 64, 84, des weiteren A 10 S. 523 f.

97 Ephemerides 1770/71, in A 4 S. 970.

98 Brief an Hofmeister E. Th. Langer in Leipzig vom 8. 8. 1771, in A 18 S. 158 = B 2 S. 22.

99 Dichtung und Wahrheit, Zwölftes Buch, A 10 S. 552. Die autobiographischen Zitate zu diesem Abschnitt entstammen dem Dritten und Vierten Teil von Goethes Lebensbeschreibung; zur Advokatur besonders Bücher 13 und 17, zum Rechtspraktikum in Wetzlar Buch 12; Goethe ging hier nicht chronologisch vor, sondern nahm das Praktikum vorweg.

100 So Goethe im Entwurf eines Vorwortes zum Dritten Teil von Dichtung und Wahrheit; H 9 S. 854.

101 A 18 S. 159 f. = B 2 S. 61 f.

102 Vermerk im Frankfurter Bürgerbuch vom 3. Sept. 1771, B 2 S. 321 Nr. 87.

103 Entdeckt und mit Einführungen herausgegeben von Stadtarchiv A. L. Kriegk, Deutsche Kulturbilder aus dem 18. Jahrhundert nebst einem Anhang „Goethe als Rechtsanwalt",

1874 S. 265–547; Teilabdruck in B 2–5 u. in M 1/2 S. 557 ff.; zwei Rechtsanwaltseingaben, erläutert von E. Beutler, in A 4 S. 937 ff., 1095 ff.; vgl. dazu die Monographie von Johannes Fuchs, Advokat Goethe, 1932, mit dem damaligen Stand der Literatur S. 113 ff.

104 Fundstellen in Anm. 102; die Originalhandschriften in 32 Bänden stehen heute im Frankfurter Goethe-Museum unter Verschluß; vgl. Freies Deutsches Hochstift, Katalog der Handschriften, 1982 S. 217.

105 Aus Goethes Schriftsätzen v. 3. 2. u. 30. 3. 1772 im ersten Prozeß, vollständig zu finden in B 2 S. 239 ff., hier der heutigen Rechtschreibung angepaßt.

106 Schriftsatz vom 24. 7. 1773, in B 3 S. 369 ff.

107 Fundstelle in Anm. 102 bei Kriegk S. 287.

108 W. Scherer, Aufsätze über Goethe, 1886 S. 45. Vgl. auch L. Mackensen, Goethe und die Rechtssprache, in Vjschr. f. LitWiss u. Geistesgeschichte, 1923 S. 462 f.; M. Heinze betont in NJW 1982 S. 624 ff., daß die juristische Rhetorik in Goethes Anwaltsschriftsätzen von hohem Niveau und von unverminderter Aktualität sei.

109 Ganzer Wortlaut in B 2 S. 69 f.

110 „Geschichte Gottfriedens von Berlichingen mit der eisernen Hand" (= Urgötz), in B 2 S. 88 ff.; dazu: E. Gerstenberg, Recht und Unrecht in Goethes „Götz von Berlichingen", Jahrbuch der Goethe-Gesellschaft NF Bd. 16, 1954 S. 258 ff., wo der Bezug zum Advokaten jedoch fehlt. Vgl. dazu Goethe-Handbuch 1917, Bd. II S. 53.

111 Im „Urgötz", der im Spätherbst 1771 während Goethes Anwaltszeit abgefaßt wurde, lautet die Stelle im Dritten Aufzug: „Sag deinem Hauptmann, vor ihro Kaiserlichen Majestät hab ich, wie immer, schuldigen Respekt. Er aber sag's ihm, er kann mich im Arsch lecken."

112 Abdruck in B 2 S. 255. Goethes eigene Schilderungen über Wetzlar finden sich im Zwölften Buch von Dichtung und Wahrheit: A 10 S. 573 ff. Dazu: H. Goël, Der Wetzlarer Goethe, 1961; A. Laufs, Reichskammergericht, in HRG IV S. 655 ff.; Hartmut Schmidt, Der Rechtspraktikant Goethe

(Vortragstext), Heft 15 der Schriftenreihe der Gesellschaft für Reichskammergerichtsforschung, Wetzlar, 1993.

113 Nach A 22 S. 31 f. v. Mai/Juni 1772 (gekürzt); nach C 1 S. 60 ff. (hier zwei verschiedene Konzepte) vom Herbst 1772.

114 Vgl. Goël (Anm. 112) S. 21; Schmidt (Anm. 112) S. 17; Goethe-Handbuch 1918 Bd. III S. 188.

115 So Wohlhaupter, Dichterjuristen I S. 223.

116 So Erler in HRG I Sp. 1732.

117 Goethe hat nicht aus Archivquellen geschöpft, sondern aus der Sekundärliteratur seiner Zeit. Nach einer Tagebuchnotiz vom 10. 4. 1813 hat er für Dichtung und Wahrheit nebst „anderen zu dieser Materie Gehörigem" vor allem ein Werk des Juristen J. Ph. Datt ausgewertet mit dem Titel „Volumen rerum Germanicarum novum sive de pace imperii publica libri V" (= Handbuch über die neuen deutschen Rechtsfälle oder Die fünf Bücher über den allgemeinen Frieden des Reiches), Ulm 1698.

118 Vgl. A. Pausch, Ordnung des Gemeinen Pfennigs, Köln 1982; A. u. J. Pausch, Kleine Weltgeschichte der Steuern, Bd. 2 Steuerobrigkeit, Köln 1989 S. 70 ff.

119 Briefe vom 16. 2. 1772 u. 11. 9. 1773, in C 1 S. 67 u. 70; zur folgenden Rezension vgl. R. Stammler, Deutsches Rechtsleben in alter und neuer Zeit, Bd. 1, 1928 S. 407 ff.

120 Goethes Rezension zu „Patriotische Betrachtungen über die Polizey", Prag 1771, besprochen unter der Überschrift „Über die Liebe des Vaterlandes", abgedruckt in B 2 S. 264 ff., dort weitere Rezensionen, deren Urheberschaft jedoch umstritten ist.

121 B 4 S. 264 mit 388; die im Brief genannte „Supplick für Arnsteinen" fehlt in den Akten, was für ihre Unvollständigkeit spricht. Fundstellen zu den Prozeßakten oben in Anm. 103.

122 Im Siebzehnten Buch von Dichtung und Wahrheit, diktiert 1830/31 in Goethes 81. Lebensjahr: A 10 S. 756 ff.

123 Vgl. oben Anm. 83.

124 Ephemerides, Ende 1771, in B 2 S. 75.

125 Götz von Berlichingen mit der eisernen Hand, ein Schauspiel, 1773, II. Akt, letzte Szene, in B 3 S. 228 f.

126 Dazu B. Mahl, Urfaust-Edition, 1991 S. 78 i. V. m. Faust I-Edition, 1991 S. 153 ff.; H 3 S. 478.

127 Von Rechtsanwalt Dr. E. Boesebeck, Frankfurt a. M., in: Zeitschrift der Anwaltskammer im Oberlandesgerichtsbezirk Frankfurt-M., Januar 1932 S. 3–14; Aktenabdruck bei Kriegk (oben Anm. 103) S. 360 ff., Teilabdruck in B 3 S. 395 f. – RA Dr. P. Sina, Aachen, meint: „Nach dem Maßstab der Juristen von heute und wahrscheinlich auch derer von damals hatten die Schriftsätze Goethes juristisch ein mäßiges, höchstens durchschnittliches Niveau", in: Goethe als Jurist, NJW 1993 S. 1430 ff., 1432. Ein Zeitgenosse und Hausbesucher Goethes, der „weltmännische Arzt" J. G. Zimmermann, schrieb zu Beginn von Goethes letztem Advokatenjahr: „Er (Goethe) macht zuweilen, willig oder unwillig, den Advokaten, wobei er sich vorzüglich gut bewährt" (Brief v. 19. 1. 1775, in französisch), in C 1 S. 129.

128 Art. 4 der Advokaten-Ordnung vom 21. April 1750, in: Beyerbach, Sammlung der Verordnungen der Reichsstadt Frankfurt, 5. Teil 1798 S. 1591.

129 Erstfassung von 1774 in B 4 S. 105 ff. mit Anmerkungen und mit Kestners Vorbericht über den Juristen Jerusalem.

130 Gespräch mit Eckermann vom 2. 1. 1824, in A 24 S. 545.

131 Goethe-Handbuch, hrsg. von J. Zeitler, 1917 Bd. 2 S. 77 u. 235.

132 Brief Goethes vom 25. 12. 1773, in B 3 S. 59 f.

133 Vgl. Dichtung und Wahrheit, 13. Buch, in A 10 S. 644, u. Gespräche mit Eckermann, in A 20 S. 546.

134 Goethe, Über Naturwissenschaft im allgemeinen, in WA II. Abt., 11. Bd. S. 138. Zu diesem und zum nachfolgenden Zitat aus Faust vgl. Goethe-Zitate für Juristen S. 7 u. 27.

135 Wilhelm Meisters Wanderjahre III, 9; A 8 S. 414.

136 Gespräche mit Eckermann: A 24 S. 732.

137 Brief an Voigt: A 19 S. 588; Geschichte der Farbenlehre, 4. Abt.: A 16 S. 401.

138 Handwörterbuch zur deutschen Rechtsgeschichte, Bd. 1 Sp. 1732. Erler meint in seinem Goethe-Stichwort von 1971: „Goethe war kein ‚Dichterjurist'; aber sein Lebensweg und sein universaler Geist haben ihn doch in viele Berührungen oder Spannungen mit den Bereichen des Staates und des Rechtes geführt." Demgegenüber hat Ruth Schmidt-Wiegend in ihrem lehrreichen Stichwort „Recht und Dichtung" (HRG Bd. 4 von 1990, Sp. 232 ff.) Goethe in Anlehnung an den Rechtshistoriker E. Wohlhaupter mit vollem Recht unter den „Dichterjuristen" aufgeführt, die „im Beruf Juristen, gleichzeitig aber Dichter aus Berufung gewesen sind"; sie weist darauf hin, daß Wohlhaupters Goethe-Kapitel „inzwischen überholt ist", was aufgrund der neuen, erweiterten Quellenwerke und einiger Fachuntersuchungen zutrifft. – Zu Goethes amtlichen Schriften s. Anhang unter D 1–4.

139 Eduard Spranger, Lebensformen, 8. Aufl. 1966, S. 376 ff.

140 Dazu und zur amtlichen Tätigkeit in Weimar: W. Flach und H. Dahl in: Goethes Amtliche Schriften, hier im Anhang unter D 1–4; E. Wohlhaupter, Dichterjuristen I, Tübingen 1953 S. 235 ff. mit Schrifttum S. 386 ff.; E. Hübener, Der Verwaltungsmann Goethe im Amt und dichterischen Werk, in: Goethe-Jahrbuch 1954 S. 111 ff.; Goethe-Handbuch Bd. I, Stuttgart 1961 Sp. 218 ff., 222 ff.; H. Tümmler, Goethe als Staatsmann, Göttingen 1976; G. Schubart-Fikentscher, Goethes amtliche Schriften, Sitzungsbericht der sächsischen Akademie der Wissenschaften zu Leipzig, Bd. 119 Heft 2, Berlin 1977; N. Boyle, Goethe der Dichter in seiner Zeit, Bd. I (bis 1790), München 1995 S. 271 ff. mit weiterführenden Hinweisen S. 797 ff.

141 A 10 S. 701 ff., 708 ff., 789 f., 837 ff., 843, 845 f., 851 f.; H 12, 320 f.

142 Dazu L. Hertig, Johann Wolfgang von Goethe der Mentor, Darmstadt 1991 S. 73 ff.

143 Justus Möser, Anwalt des Vaterlandes, Leipzig und Weimar 1978; Handwörterbuch zur deutschen Rechtsgeschichte, Bd. 3, Sp. 705 ff.; B. Mahl, Goethes ökonomisches Wissen, Frankfurt a. M. 1982 S. 243 ff.; H. 9 S. 839; A 11 S. 618;

R. Stammler, Deutsches Rechtsleben in alter und neuer Zeit, Bd. 1, 1928 S. 407 ff.

144 Nach E. Beutler, Essays um Goethe, Zürich und München 1980 S. 102. Näheres bei: E. Gothein, Johann Georg Schlosser als badischer Beamter, Neujahrsblätter der Badischen Historischen Kommission, Neue Folge 2, Heidelberg 1899 S. 8 ff.: Die Besoldung Schlossers als Oberamtmann in Emmendingen betrug das Dreifache der Karlsruher Hofratsgehälter und er setzte eine weitere Erhöhung auf 2000 Gulden durch; er wurde nach badischen Begriffen ein „sehr reicher Mann"; vgl. zum Juristen Schlosser auch H. Bräuning-Oktavio, Neues zur Biographie Johann Georg Schlossers, Jahrbuch des Freien Deutschen Hochstifts 1963, Tübingen 1965 S. 19–99.

145 Briefauszüge vom 22. 1.–6. 3. 1776 in H 15 S. 205–210.

146 Dazu: Tagebuch vom März bis Juni 1776 in W III/1 S. 9 ff.; H 14 S. 405 f.

147 H 18 S. 573; H 20 S. 414, 705. Vgl. dazu: A. u. J. Pausch, Vom Fürstendiener zum Staatsdiener, in: Kleine Weltgeschichte der Steuerobrigkeit, Köln 1989 S. 82.

148 Brief an die Familie von J. Christian Kestner, der in Göttingen Jura studiert hatte und in Wetzlar Legationssekretär bei der Visitationskommission gewesen war: H 15 S. 220.

149 H 10 S. 170; A 26 S. 15; C 1 S. 202, 213; D 1 S. 3, 10.

150 C 1 S. 194.

151 Dazu: D 1 S. 3 f.; C 1 S. 213; W III/1 S. 13; Goethe-Handbuch I, 1961 Sp. 222.

152 C 1 S. 213.

153 Vgl. D 1 S. XLIV ff.; D 2/1 S. 39, 187 f., 190 f.

154 A 26 S. 18 ff. mit Einführung S. 597 ff. und Register S. 672 ff.

155 Dazu: D 1 S. XIV ff. und Fundstellen in Anm. 140.

156 Zum ganzen Finanz- und Steuerbereich vgl. A. Pausch, Goethe und die Steuern, Stuttgart 1961 (Neubearbeitung in Vorbereitung). Zur landesfürstlichen Kammer und Finanzverwaltung vgl. ders. in: Im Dienste der Gleichmäßigkeit der Besteuerung, Heft 21 der Schriftenreihe des Bundesministeriums der Finanzen, Bonn 1976 S. 23 ff.

157 Wir stützen uns soweit als möglich auf Goethes amtliche Schriften D 1–4 sowie auf die ersten beiden rechtshistorischen Gesamteinführungen von E. Wohlhaupter (nach dem Forschungsstand bis 1945) und G. Schubart-Fikentscher (nach dem Stand von 1973) in Anm. 140; die letztere Fachautorin, die erstmals D 1–3 auswertete, spricht nur von einer kleinen Arbeitsauswahl mit dem Versuch anzudeuten, welche Möglichkeiten zu weiteren Forschungen gegeben sind. Es liegt ein weites Feld für Dissertationen und rechtshistorische Einzeluntersuchungen bereit.

158 D 1 S. 3 f.; dazu A 26 S. 69, 97 f.

159 Zweiter Paulusbrief an Timotheus Vers 2,3 nach der Lutherübersetzung; lat. im Tagebuch vom 31. März 1780 A 26 S. 100, später unter den Gedichten „Sprichwörtlich" übersetzt: A 1 S. 432. – Das Motto findet sich im Schema zur Fortsetzung von Dichtung und Wahrheit: A 10 S. 874.

160 Gedicht „Ilmenau" vom 3. Sept. 1783: H. 1 S. 107 ff., 503 f.

161 D 1 S. XCII ff., S. 286–295, 342–344; D 2/2 S. 650 f., D 3 S. 289 f.

162 D 1 S. 115 ff.; dazu P. Meinhold, Goethe zur Geschichte des Christentums, Freiburg/München 1958 S. 106 ff. (mit Auszug aus der Weimarischen Kirchenordnung von 1664).

163 D 1 S. 245–251. Dazu: F. W. Lucht, Die Strafrechtspflege in Sachsen–Weimar und Eisenach unter Carl August, Berlin–Leipzig 1929, jur. Dissertation Bonn 1930; Wieruszowski, Goethe und die Todesstrafe, JW 1932 S. 842 ff.; K. Kastner, Der Kindsmord: historische, rechtliche und literarische Aspekte, NJW 1991 S. 1443 ff.; R. Steding, Goethe und die Todesstrafe, NJW 1992 S. 1293 f.; vgl. auch Goethe-Jahrbuch IV, 1883 S. 368; 1986 S. 18; 1994 S. 277 ff.

164 H 12 S. 379; zu den „Wanderjahren": H 8 S. 330 i. V. m. S. 66.

165 D 1 S. 170–175, 306 f.; D 2 S. 75; Gespräch mit Kanzler v. Müller vom 31. 3. 1824: C 3/1 S. 673; über die Vorführung von Straftätern siehe Brief an Charlotte v. Stein: H 15 S. 317 f.

166 Brief an C. v. Knebel vom 17. 4. 1782: A 18 S. 659 f.

167 Brief vom 27. 2. 1782: H 15 S. 401 mit 719.
168 Vgl. D 1 S. 454 ff.; D 2/1 S. 544 ff.; D 2/2 S. 1018 ff. dazu: Julius Voigt, Goethe und Ilmenau, Leipzig 1912 S. 108–134.
169 D 1 S. 227 ff.
170 D 1 S. 354.
171 Diktierte Ausarbeitung Goethes über die Einziehung rückständiger Steuer v. 11. 6.–3. 7. 1779: D 1 S. 74–83.
172 Eigenhändige Niederschrift Goethes über die Revision der Ordinarsteuern und Rechtsfragen zum Erbzins v. 20. 2. 1785: D 1 S. 344–359; dazu: A. Pausch, Goethes Steuergutachten aus dem Jahre 1785, Faksimiledruck mit Einleitung, 4. Aufl. Köln 1984.
173 A 26 S. 59, 67; W III/4 S. 161, 173.
174 A 18 S 907.
175 Dazu die wegweisende und materialreiche Studie (phil. Diss.) von B. Mahl in Anm. 143.
176 W II/13 S. 341 ff., 343, 347; Goethe-Handbuch 1961, I S. 1053 ff.
177 Goethes Reden, hrsg. von G. Ueding, Frankfurt a. M./Leipzig 1994 S. 17–40; J. Voigt (Anm. 168) S. 135–282, 341–368.
178 Nachfolgende Beispiele in: D 1 S. 16, 19; 131, 136, 200, 203; 237; D 2 S. 497 f.; D 1 S. 304 f., 132 f., 135.
179 Gespräch mit Eckermann am 21. 2. 1827: A 24 S. 599 f.
180 Beispiele in D 1 S. 84, 29; 374 ff., 113 f., 119 ff., 130 ff.
181 Ausführliche Belege zu diesem Rechtsstreit in D 1 S. 113 f., 119 ff., 130 f., 189 f., 217 f., 301 ff., 381 ff.; dazu Brief über den „bösen Prozeß" vom 12. 9. 1780: W IV/4 S. 291 und eingehende Untersuchung von W. Flach in Goethe-Jahrbuch 1954 S. 57–110.
182 Eigenhändige Niederschrift Goethes zu einem Votum des Consiliumsmitglieds Schnauß in D 1 S. 111–115; das Gutachten zur Konkursordnung in D 1 S. 156–161.
183 Eigenhändiges Gutachten Goethes v. 2. Febr. 1779: D 1 S. 52 ff., mit weiteren Dokumenten S. 45 ff., 60 ff., 139 f.
184 Protokoll der Erläuterungen im Geheimen Consilium über den Beitritt des Herzogs Carl August zum Fürstenbund vom 28./29. August 1785, nebst Schreiben Goethes an den Mini-

ster von Sachsen-Gotha vom 2. u. 20. Sept. 1785: D 1 S. 386–391.

185 Dazu: D 2/2 S. 861–866; Belege für die weiteren Angaben ebenda S. 870 ff.

186 D 2/2 S. 898, 900.

187 Brief vom 21. 12. 1815: W IV/26 S. 193; dazu Beilage im Brief vom 19. 12. 1815, ebenda S. 184 f.

188 Amtsschreiben vom 11. 4. 1777: D 1 S. 21 f., dann S. 187, 214 f.

189 Dazu: D 2/2 S. 971–979.

190 D 2/2 S. 936 f., 982 f.

191 Dazu der Reihe nach: D 1 S. 153 f.; D 2/1 S. 135, 137; D 1 S. 427–436.

192 D 2/1 S. 173 ff., S. 203–208. – Über nachfolgende Unruhen und Abzug von Studenten aus Jena s. umfangreiche Aktenbelege ebenda S. 227–270.

193 Hauptbelege zu diesem Kapitel: D 2/1 S. 416 ff. von 1795; D 2/2 S. 612 ff. von 1799 und S. 941 ff. v. 1816.

194 Vertraulicher Bericht aus der „Oberaufsicht" v. 27. 1. 1819: D 2/2 S. 994.

195 A 9 S. 624.

196 A 26 S. 362 i. V. m. A 21 S. 276.

197 Vgl. D 1 S. 165 f.; D 2/2 S. 654 ff., S. 789 f., S. 882 ff.; D 3 S. 416; Rosenmayer, Goethe und das Theaterrecht, in: Zeitschrift der Anwaltskammer im OLG-Bezirk Frankfurt/M., Jan. 1932 S. 14 ff.

198 A 11 S. 845; vgl. auch die Texte in: Pausch, Goethe-Zitate für Juristen, S. 120 ff.

199 Hierzu ausführlich: Heinz Fröbe, Die Privilegierung der Ausgabe „letzter Hand" Goethes sämtliche Werke, jur. Diss. Erlangen 1951, Abdruck in: Börsenblatt für den Deutschen Buchhandel Nr. 95a vom 1. 12. 1958 S. 1561 ff.

200 W IV/39 S. 82–85.

201 W IV/40 S. 90. Über den weiteren Verlauf s. A. B. Schmidt, Goethekreis und deutsche Rechtsgeschichte, Weimar 1935 S. 26 ff.

202 Gespräche mit Goethe in den letzten Jahren seines Lebens: M 19 S. 281 f.
203 Gespräch vom 2. 5. 1824, ebenda S. 106.
204 Schreiben an den Juristen und Oberbergrichter F. v. Schuckmann vom 14. 4. 1791: D 2/1 S. 191.
205 Der Reihe nach: W IV/4 S. 299, 5 S. 55, 6 S. 97 f., 7 S. 241; W III/1 S. 117.
206 Italienische Reise, Venedig den 3. Okt. 1786: H 11 S. 75 (mit Fortsetzung bis S. 77).
207 Tagebuch der italienischen Reise für Frau von Stein, 1786: M 3/1 S. 98 mit 101 u. 1016 f.
208 Briefe vom 27. 5. 1787 u. vom 17. 3. 1788: H 11 S. 53 ff., 84 ff.
209 H 16 S. 90; zum Schauspieltext mit den Versnummern: M 3/1 S. 426 ff. = H 5 S. 73 ff.
210 HRG 1 Sp. 728 f.
211 Brief vom 7. 9. 1831: H 18 S. 444.
212 Fundstellen zu den ersten Zitaten: A 21 S. 471; W III/7 S. 179; C 3/1 S. 251.
213 Zum folgenden die Werkausgaben in A 8 S. 7 ff. = H 8 S. 7 ff.; dazu juristische Betrachtungen in: G. Radbruch, Gestalten und Gedanken, Stuttgart 1954 S. 84 ff. („Sozialroman"); E. Wohlhaupter, Dichterjuristen I, Tübingen 1953 S. 342 ff. („Staatsroman").
214 Brief an W. v. Humboldt vom 17. 3. 1832: A 21 S. 1042 f.
215 Dichtung und Wahrheit, 10.–12. Buch, A 10 S. 453 ff., 509, 545, 56 ff. – Zu den folgenden Zitaten und zur Entstehungsgeschichte der Faustdichtungen: A 5, H 3, M 3/1, M 6/1.
216 Das Recht in Goethes Faust, Juristische Streifzüge durch das Land der Dichtung, von Georg Müller, damals Oberlandesgerichtsrat in Naumburg a. S., dann Reichsrichter in Leipzig, Berlin 1912, 354 Seiten mit 657 Anm. – Dazu der Literaturkritiker Kurt Tucholski (Gesammelte Werke Bd. 1, Reinbek bei Hamburg 1975, verfaßt als Jurastudent 1913): „Die mißlungene Arbeit eines trockenen Schleichers könnte uns in keinem andern Falle die Zunft verekeln. Hier tut sie es. Hier offenbart sich die kurzstirnige und begrenzte Arbeitsweise dieses schwerfälligen Apparats, der zwischen Tritt

und Schritt mit staubigen Wälzern operiert, um zu beweisen, daß er überhaupt geht, hier ist in Reinkultur der Typus einer Sorte, die belastet von einem Wust von Einzelheiten und historischem Wissen, nichts als gegeben hinnimmt, nicht heilt, wenn man sie zu Hilfe ruft, nie aktiv ist, sondern – in der Nase bohrend – geruhig meditiert, einhertrottelt. Jurisprudenz ... Juristerei ist keine Wissenschaft. Sie ist bestenfalls ein Handwerk. Aber Richten und Entscheiden ist oft mehr: das ist eine Kunst." – Sehr anregend zu Mephisto: M. Kilian, in „Jurisprudenz zwischen Techne und Kunst", Tübingen 1987 S. 34–95.

217 Dazu: Werner Keller (Hrsg.), Aufsätze zu Goethes „Faust I", und Aufsätze zu Goethes „Faust II", 2 Bde., Darmstadt 1991, sowie die laufenden Goethe-Jahrbücher.

218 Gespräch vom 31. 3. 1809: C 2 S. 431 f.; zum folgenden vgl. auch: Werner Keller in Anm. 217, dort Bd. 2 S. IX ff., 316 ff.

219 Brief an den Berliner Pädagogen K. E. Schubarth vom 3. 11. 1820: H 17 S. 493 f.

220 Goethes anonymer „Brief des Pastors zu *** an den neuen Pastor zu ***" von 1772: H 12 S. 228 ff.

221 Zu Eckermann am 3. 5. 1827: M 19 S. 564.

222 Materialien zur Geschichte der Farbenlehre: H 14 S. 173, hier bezogen auf Newton, dann ebenso auf Napoleon und andere „außerordentliche Menschen": C 2 S. 190. Dazu W. Keller (Anm. 217) Bd. 2 S. 338 ff.

223 Gespräch mit Eckermann v. 6. 6. 1831: A 24 S. 504 = M 19 S. 456.

224 Bericht des Kanzlers von Müller vom 12. u. 14. 11. 1825: C 3/1 S. 850 ff., 867; dazu ebenda S. 846 u. Goethe-Jahrbuch 1925 S. 321. Briefe Eckermanns in C 3/1 S. 844 f.

225 W IV/40 S. 151–161: Schreiben an Senat und alle vier Fakultäten, z. T. in: H 18 S. 160–164, jeweils im Konzept mit Datum v. 24. 11., in der Reinschrift vom 7. 12. 1825.

226 A 11 S. 831, im Rückblick auf das Jahr 1808. Zu den weiteren Zitaten: A 19 S. 588, A 22 S. 569.

227 Brief an Voigt vom 26. 9. 1809 und Gespräch mit Riemer vom gleichen Tag. Zu den folgenden Angaben: Zahlreiche

Briefe in W IV/20, z. B. S. 41, 74, 286, 294; A 19 S. 547. Vgl. Werner Völker, Der Sohn August von Goethe, Frankfurt u. Leipzig 1992 (belletristischer Versuch).

228 W III/13 S. 198 ff.

229 Ernst Landsberg, Geschichte der deutschen Rechtswissenschaft, Abt. 3 (18./19. Jh.), 3 Bde. (als Fortsetzung zur ersten und zweiten Abt. von Roderich Stintzing). Dazu: Gutachten von E. Landsberg und J. Köhler zu „Fausts Pakt mit Mephistopheles" in: Goethe-Jahrbuch 1903 S. 113–131.

230 Goethe als Rechtsbildner, Goethe-Jahrbuch 1922 S. 3–17.

231 Rudolf Hübner, Goethe als Kenner und Liebhaber der Rechtsgeschichte, Weimar 1932. Zu den folgenden Texten: A. B. Schmidt, Goethekreis und deutsche Rechtsgeschichte, Weimar 1935; „Goethe-Nummer" der Zeitschrift der Anwaltskammer im Oberlandesgerichtsbezirk Frankfurt-M., Januar 1932; Ernst Wolff, Goethe und Simson, Juristische Wochen-Schrift 1932 S. 852 f.

232 H. Liermann, Goethe und die Jurisprudenz, Juristische Rundschau 1949 S. 202 ff., 233 ff.

233 H. Böhme u. H. J. Gamm (Hrsg.), Ringvorlesung an der Technischen Hochschule Darmstadt im Sommersemester 1982 zum 150. Todestag von Johann Wolfgang Goethe, Darmstadt 1984, darin: A. Pedloch, Goethe im Umbruch europäischer Rechtsordnungen, S. 315 ff.

234 D. Kimpel (Hrsg.), Allerhand Goethe, Feier aus Anlaß des 150. Todestages von Johann Wolfgang Goethe an der Johann-Wolfgang-Goethe-Universität Frankfurt a. M. 1982, Bern 1985, darin: F. Martini, Goethes erträglicher Staat, Einige Anregungen zur Diskussion, S. 59 ff., K. Lüderssen, „Ich will lieber eine Ungerechtigkeit begehen als Unordnung ertragen", Notizen über Goethes Verhältnis zum Recht, S. 221 ff.

235 M. Heinze, Der Jurist Goethe oder „Ein höflich Recht will gar nichts heißen", NJW 1982 S. 622 ff.; dazu das „Goethe-Heft" NJW 1982 Nr. 12.

236 O. Badelt, Das Rechts- und Staatsdenken Goethes, Bonn 1966.

237 Fundstellen und weitere Sinnsprüche in „Goethe-Zitate für Juristen" S. 24, 27, 57 u. a.

Bildnachweis

Umschlag-Vorderseite:
Advokat Johann Wolfgang Goethe in Frankfurt a. M.
Kupferstich nach G. F. Schmoll(?), 1774.

Umschlag-Rückseite:
Advokat Riccaini vor dem Gerichtstribunal in Venedig.
Handzeichnung Goethes auf seiner italienischen Reise
am 3. Oktober 1786.

Fotos: Stiftung Weimarer Klassik, Weimar
(Inv.Nr.KGr/00352 und GSA 27/9)

Zu den Autoren

Ministerialrat a. D. Dr. jur. Alfons Pausch (vormals Referent im Bundesfinanzministerium sowie Dozent und Lehrgruppenleiter für den höheren Finanzdienst an der Bundesfinanzakademie) hat sich seit seinem Rechtsstudium in Vorträgen und Aufsätzen mit Goethes Juristenlaufbahn befaßt. In Gemeinschaft mit seiner Frau Jutta Pausch, durch mehrere Buchveröffentlichungen, insbesondere zur Steuergeschichte, bekannt, haben sich beide biographischen Arbeiten über bedeutende Juristen zugewandt. Sie sind auch Herausgeber des lexikalischen Sammelwerkes „Goethe-Zitate für Juristen".